LA HISTORIA DEL
PUEBLO
de
Estados
Unidos PARA JÓVENES

LA HISTORIA DEL PUEBLO
de Estados Unidos
PUEBLO
PARA JÓVENES

revisada y actualizada

HOWARD ZINN

Adaptada por
REBECCA STEFOFF

Con la colaboración de
ED MORALES

Traducido por
HUGO GARCÍA MANRÍQUEZ

SEVEN STORIES PRESS
TRIANGLE SQUARE BOOKS
FOR YOUNG READERS
New York · Oakland · London

SEVEN STORIES PRESS
140 Watts Street
New York, NY 10013
www.sevenstories.com

Los profesores universitarios y los maestros de secundaria y preparatoria
pueden solicitar copias de examen gratuitas de los títulos de Seven Stories
Press. Visite https://www.sevenstories.com/pg/resources-academics
o envíe un correo electrónico a academic@sevenstories.com.

Registro de Catalogación en Publicación de la Biblioteca del Congreso

Names: Stefoff, Rebecca, 1951- auther. | Zinn, Howard, 1922-2010. People's
history of the United States. | García Manríquez, Hugo, 1978-
translator.
Title: La historia del pueblo de Estados Unidos para jóvenes : revisada y
actualizada / Howard Zinn ; adaptada por Rebecca Stefoff ; traducido por
Hugo García Manríquez.
Other titles: Young people's history of the United States. Spanish
Description: New York : Triangle Square / Seven Stories Press, [2023] |
Series: For young people series | Original English title "A young
people's history of the United States" adapted from Howard Zinn's "A
people's history of the United States." | Audience: Ages 10 and up
(10UP) | Audience: Grades 7-9
Identifiers: LCCN 2022058233 | ISBN 9781644213032 (paperback) | ISBN
9781644213049 (ebook)
Subjects: LCSH: United States--History--Juvenile literature.
Classification: LCC E178.3 .S73518 2023 | DDC 973--dc23/eng/20221220

ISBN: 9781644213032 (LIBRO DE BOLSILLO)
ISBN: 9781644213049 (ELECTRÓNICO)

Diseño de Pollen, Nueva York

Impreso en los Estados Unidos de América

Contenido

SEGUNDA PARTE

Para los padres, madres y maestros que por años
han pedido una historia del pueblo para los jóvenes,
y para la generación más joven que, esperamos,
creará con su talento un mundo mejor.

Mi agradecimiento a Dan Simon, de
Seven Stories Press, por alentar esta *Historia*
del pueblo para jóvenes y a Theresa Noll de Seven
Stories Press, por guiar con suma dedicación
este proyecto en sus varias etapas.

Un agradecimiento especial para Rebecca
Stefoff, que se dio a la labor heroica de adaptar
Una historia del pueblo para los jóvenes lectores.

Por último, gracias a cuatro personas que
ayudaron a dar vida a esta edición revisada y
actualizada con su excepcional pasión y cuidado:
Myla Kabat-Zinn, Deborah Menkart, Ed Morales y
Hugo García Manríquez.

EN 2006, HOWARD ZINN FINALIZÓ SU RECUENTO revolucionario de la historia estadounidense. Aunque esta edición de *La historia del pueblo de Estados Unidos para jóvenes* no puede incluir toda la historia de Estados Unidos, más allá del punto donde él la dejó, en algunos momentos clave añade algo nuevo a esa historia. El investigador y educador Ed Morales ha contribuido con material nuevo sobre la historia de los latinos en los Estados Unidos. Por mi parte, he añadido un par de observaciones sobre la historia de los indígenas estadounidenses con base en nuevas investigaciones, además de revisar el activismo asiaticoestadounidense que floreció a la par de otros movimientos sociales, en la década del 60 y 70. De igual manera, asumiendo su desafío, al final del libro hablo de algunos jóvenes activistas estadounidenses que, según sus propias palabras, se levantan como leones para protestar contra la injusticia y a favor del cambio.

Dos principios me sirven de guía al adaptar libros de otros. El primero es el respeto por las palabras y la voz del autor original. El segundo es el respeto por los lectores que conocerán la obra del autor a través de mi adaptación. Muchas veces, el resultado final requiere una consideración cuidadosa. En esta edición, entre otros muchos ejemplos, siempre que ha sido posible, "esclavos" ha sido reemplazado por "personas esclavizadas".

Trabajar en la adaptación de un libro tan brillante y notable como *La historia del pueblo de Estados Unidos*, de Howard Zinn, con el fin de hacer una versión para lectores jóvenes, ha sido un momento culminante en mi carrera como escritora. Me siento honrada de ser parte de esta segunda edición.

—R. S., abril del 2022, Portland, Oregón.

DESDE LA PUBLICACIÓN DE MI LIBRO *LA HISTORIA del pueblo de Estados Unidos*, hace veinticinco años, padres, madres y maestros se han acercado a mí interesados en una edición dirigida a los jóvenes. Así que me llena de gusto que Seven Stories Press y Rebecca Stefoff se hayan dado a la heroica tarea de adaptar mi libro para lectores más jóvenes.

A lo largo de los años me han preguntado: ¿crees que tu historia, tan radicalmente distinta a las historias normativas sobre Estados Unidos, sea apropiada para gente joven? ¿No generará desencanto hacia nuestro país? ¿Es acertado ser tan críticos con las medidas del gobierno? ¿Es adecuado criticar a los héroes tradicionales de la nación, como Cristóbal Colón, Andrew Jackson, Theodore Roosevelt? ¿No es poco patriótico insistir en hablar de la esclavitud y el racismo, la masacre de indígenas, la explotación de los trabajadores, la expansión sin límites de los Estados Unidos, a costa de los indígenas y otros pueblos en otros países?

Me pregunto por qué algunos creen que es apropiado para un adulto escuchar perspectivas críticas y radicales, pero no para un adolescente o preadolescente. ¿Creen acaso que los jóvenes son incapaces de lidiar con estos temas? Me parece incorrecto tratar a los jóvenes lectores como si carecieran de la madurez suficiente para considerar de forma honesta las decisiones políticas de su nación. Sin duda se trata de una cuestión de honestidad. Si como individuos nos toca ser honestos sobre nuestros propios errores para así corregirlos, me parece que debemos hacer lo mismo cuando evaluamos nuestras decisiones políticas como nación.

Patriotismo, me parece a mí, no significa aceptar sin cuestionar todo aquello que el gobierno hace. Estar de acuerdo con todo lo que el gobierno hace no es característico de una democracia. Recuerdo mis propios años en la educación básica: aprendíamos que el no cuestionar lo que el gobierno hacía era señal de un estado totalitario, de una dictadura. Vivir en un estado democrático significa tener el derecho de criticar las medidas políticas de tu gobierno.

Los principios básicos de la democracia están

expuestos en la Declaración de Independencia, adoptada en 1776, para explicar por qué las colonias no deseaban continuar más bajo dominio británico. La Declaración establece claramente que los gobiernos no son sagrados ni tampoco inmunes a la crítica, porque se trata de creaciones artificiales hechas por el pueblo con el fin de proteger el derecho de todos a "la vida, la libertad y búsqueda de la felicidad". Y cuando el gobierno no cumple con esta obligación, la Declaración establece que "es el derecho del pueblo alterar o abolir el gobierno".

Y si el pueblo tiene el derecho de "alterar o abolir el gobierno", sin duda tiene entonces el derecho a criticarlo.

No me preocupa desilusionar a los jóvenes cuando señalo los errores en que incurrieron los héroes tradicionales. Hay que ser capaces de decir la verdad sobre aquellos a los que hemos aprendido a admirar como héroes pero que realmente no merecen nuestra admiración. ¿Por qué debemos aceptar como un acto heroico lo hecho por Colón: llegar a este hemisferio y perpetrar una violencia desenfrenada, con el fin de encontrar oro? ¿Por qué hay que aceptar como un acto heroico el que Andrew Jackson arrancara a los indígenas de sus tierras? ¿Por qué hay que ver a Theodore Roosevelt como un héroe que participó en la guerra entre Estados Unidos y España, con la cual se expulsó a España de Cuba?

Es cierto, todos necesitamos héroes, personas a las cuales admirar y ver como ejemplo de cómo los seres humanos han de vivir. Pero prefiero ver a un héroe en Bartolomé de Las Casas, por sacar a la luz la conducta violenta de Colón contra los indígenas que encontró en las Bahamas. Prefiero ver a los indígenas cheroqui como héroes, por resistirse a ser expulsados de las tierras que habitaban. Para mí, Mark Twain es el héroe, porque denunció al presidente Theodore Roosevelt después de que este elogiara al general estadounidense que había asesinado a cientos de personas en Filipinas. Veo una heroína en Helen Keller, al protestar contra la decisión del presidente Woodrow Wilson de enviar a jóvenes estadounidenses a la masacre de la Primera Guerra Mundial.

Mi perspectiva —que es crítica de la guerra, el racismo y la injusticia económica— incluye la situación en que vivimos hoy en los Estados Unidos.

Con la presente edición para jóvenes de *La historia del pueblo*, invito a los lectores de todas las edades a explorar esa perspectiva, para ver con nuevos ojos la historia que compartimos.

CUANDO CURSABA LA ESCUELA PRIMARIA ME
fascinaban los mapas. Mis primeros cuadernos
estaban llenos de dibujos de mapas que representaban los lugares donde había crecido: la Ciudad
de Nueva York, luego el estado de Nueva York, y
finalmente todo Estados Unidos. Un día estaba
viendo un mapa incluido en un libro de texto que
mostraba el continente americano, Norte y Sur. En
el Mar Caribe reconocí la isla donde mis padres
habían nacido. El mapa decía "Puerto Rico", y
debajo de estas palabras, entre paréntesis, "(US)".

Le pregunté a mi padre por qué decía que
Puerto Rico pertenecía a Estados Unidos. ¿Eso
significaba que no era un país propiamente? "No",
me respondió. "Puerto Rico es un país. Puerto
Rico es mi país".

En ese momento entendí que el estatus que Estados Unidos había otorgado a la patria de mi padre era el de una "posesión". Era un territorio que, tal como lo había establecido la famosa decisión llamada Downes v. Bidwell, de los tribunales de la Suprema Corte estadounidense, pertenecía a Estados Unidos pero no era parte de éste. De cierta manera, la isla tenía una doble identidad, y yo sentía algo parecido en mi interior. Aunque crecí como un neoyorquino cuya lengua era el inglés, jugando deportes estadounidenses, viendo programas de televisión estadounidense, inmerso en la cultura estadounidense, esas influencias estaban mezcladas con algo más: la cultura puertorriqueña de mis dos padres. Eso no iba a desaparecer pronto.

Nací como parte de lo que puede llamarse la generación "Nuyorican". Nuyorican es una categoría que viene de la mezcla de "Nueva York" y "Puerto Rican". La generación nuyorican estaba formada por los hijos de puertorriqueños que habían emigrado a lugares como Nueva York, Filadelfia y Chicago. Crearon una mezcla bicultural y bilingüe que apuntaba hacia el futuro de Estados Unidos, a una era de diversidad multicultural y multirracial que rápidamente se ha convertido en la realidad del siglo veintiuno en Estados Unidos.

La generación nuyorican se erigió de forma paralela a otras culturas híbridas creadas por hijos de inmigrantes de casi todos los rincones de Latinoamérica. Los chicanos en la costa oeste y el suroeste mezclaron la cultura mexicana e indígena, además de la cultura de ciudades estadounidenses como Los Ángeles, Tucson, y El Paso. En el sur de Florida, la Generación 1.5 de cubanoamericanos combinó los recuerdos de La Habana, la capital de su antigua patria, con sus nuevos hogares en Miami. Al norte, los dominicanos encontraron un poco de Santo Domingo, la capital de República Dominicana, en su nuevo hogar, la sección de Manhattan conocida como Washington Heights.

La narrativa de estas identidades culturales múltiples es una parte de la historia estadounidense de la que poco se habla. Sin embargo, nunca estuvieron aisladas o fuera del *mainstream*. En lugar de eso, se desarrollaron a la par de las tendencias más populares de la cultura estadounidense. La perspectiva de los descendientes latinoamericanos en los Estados Unidos es parte crucial para entender nuestra historia y saber hacia dónde se dirige nuestro país. Por esa razón, me llena de gusto contribuir con tres nuevas secciones a esta edición de *La historia del pueblo de Estados Unidos para jóvenes*, de Howard Zinn. Además de esta introducción, hay dos nuevos capítulos. "La emergencia latina" se enfoca en los principales movimientos en 1960 y 1970. "Nuestras voces deben ser escuchadas" trae la historia hasta el siglo veintiuno, momento en el cual, como los miembros de otras muchas comunidades y grupos, los estadounidenses latinos continúan haciendo que sus voces sean oídas en la política, el activismo y la cultura.

Tal como lo declaró el orador cubano José Martí, escritor y guerrero anti-colonial, una idea de "América" limitada a las naciones continentales de Norteamérica —Canadá, Estados Unidos y México— borra el hecho de que el continente americano es anglo y latino. Fue colonizado por poderes europeos, pero también es un lugar donde personas comunes y corrientes confluyeron en una mezcla racial y de clases sociales que hicieron del continente americano un verdadero "Nuevo Mundo". Entretejidas con las de indígenas estadounidenses, afroamericanos y asiaticoestadounidenses, las narrativas de los latinos estadounidenses son parte esencial de la historia del pueblo de los Estados Unidos.

Los latinos son también una fuerza política y cultural del presente. Los inmigrantes y sus descendientes, provenientes de veintiún países latinoamericanos, representan el 17 por ciento de la población de los Estados Unidos. Son, además, el grupo más numeroso del país, y durante una época fueron el subgrupo de mayor crecimiento del total de la población. A inicios del siglo veintiuno, sin embargo, el crecimiento de la población latina disminuyó debido a una desaceleración en la economía estadounidense. Las personas de descendencia asiática se volvieron el subgrupo de mayor crecimiento en el total de la población.

Las comunidades latinas se encuentran concentradas en diferentes proporciones por distintas regiones del país. El Corredor Noreste posee una de las poblaciones latinas más diversas. Las comunidades puertorriqueñas y dominicanas más numerosas han vivido ahí por mucho tiempo, y la cantidad de mexicanos, ecuatorianos y otros grupos sudamericanos va en aumento. El sur de Florida cuenta con los grupos cubanos más grandes, así como algunos puertorriqueños y sudamericanos. Las comunidades más numerosas de mexicanos y centroamericanos se encuentran en California y el suroeste.

Estigmatizados a veces como extranjeros, otras veces buscados como consumidores y votantes, los latinos con frecuencia son malentendidos. En el caso de la tercera generación, la mayoría es ya totalmente competente en el uso del inglés y participa con entusiasmo en los rituales sociales y culturales de la cultura dominante de los Estados Unidos. En general, también está muy involucrada en las responsabilidades cívicas. La contribución latina a la cultura estadounidense ejerce una influencia mucho mayor de lo que suele reconocerse. ¿Hay un ícono popular más estadounidense que el vaquero? Ese personaje tiene orígenes mexicanos. El *rock and roll* tiene fuertes raíces cubanas. Y los latinos de las zonas urbanas contribuyeron a los orígenes del estilo de poesía *spoken word* y el hip-hop.

Los latinos a menudo han trazado su historia estadounidense por medio de la interacción con otros grupos de inmigrantes e indígenas, que también son parte integral de la historia nacional, junto con los africanos traídos al continente americano como personas esclavizadas. En el suroeste, la historia de los mexicanos está entretejida con la de las tribus indígenas estadounidenses e inmigrantes anglosajones, en California y Texas. A mediados del siglo XIX, los mexicanos que vivían a lo largo de lo que ahora es la frontera entre EE. UU. y México formaban parte del "ferrocarril subterráneo del sur", el cual ayudó a afroamericanos esclavizados a escapar hacia la libertad en México, donde se puso fin a la esclavitud antes que en los Estados Unidos. En el noreste, puertorriqueños y cubanos convivieron en salones de mambo con inmigrantes europeos, y disfrutaban del rap y breakdance con afroamericanos y negros de origen caribeño. En Chicago, puertorriqueños y mexicanos se unieron a votantes afroamericanos y blancos para elegir a quienes serían algunos de los primeros alcaldes y otros funcionarios del país.

A medida que avanza el siglo XXI, quedan aún barreras por superar, si queremos comprender plenamente no solo el papel de los latinos en la historia y la cultura de los Estados Unidos, sino también la relación entre los Estados Unidos y sus vecinos latinos a lo largo del continente americano. La frontera sur de los Estados Unidos proyecta el dominio estadounidense, pero también es un espacio en disputa. Dentro del territorio estadounidense, quienes desconfían de aquellos que se aferran a su idioma originario han provocado ataques contra personas simplemente por el hecho de hablar español entre sí en público. La ciudadanía, no solo como un estatus legal sino como una visión limitada de quién puede ser considerado "estadounidense", todavía es usada como arma contra los latinos. Esta nueva edición de *La historia del pueblo de Estados Unidos para jóvenes* busca entretejer el hilo narrativo de los latinos con el contexto mayor de la historia estadounidense, uniendo nuestras contribuciones con las de todas aquellas personas que, juntas, componen la historia de estos Estados Unidos.

LA HISTORIA DEL
PUEBLO
de Estados Unidos **PARA JÓVENES**

PRIMERA PARTE:

DE COLÓN
al
IMPERIO ESTADOUNIDENSE

CAPÍTULO UNO

COLÓN Y LOS INDÍGENAS

LOS HOMBRES Y MUJERES ARAHUACOS SALIERON
de sus aldeas hacia la playa. Llenos de asombro,
nadaron un poco para ver de cerca aquella extraña
embarcación. Cuando Cristóbal Colón y sus soldados llegaron a la orilla cargados de armas, los
arahuacos se volcaron a saludarles. Colón después
escribió sobre los arahuacos en su *Diario de a bordo*:

> [Ellos] . . . nos traían papagayos y hilo de algodón en ovi-
> llos y azagayas, y otras cosas muchas, y nos las trocaban
> por otras cosas que nós les dábamos, como cuentecillas
> de vidrio y cascabeles. En fin, todo tomaban y daban de
> aquello que tenían de buena voluntad . . . y todos los que
> yo ví eran todos mancebos . . . muy bien hechos, de muy
> fermosos cuerpos, y muy buenas caras . . . Ellos no traen
> armas ni las cognocen, porque les amostré espadas y las
> tomaban por el filo, y se cortaban con ignorancia. No tienen
> algún fierro: sus azagayas son unas varas sin fierro . . . Ellos

(*izquierda, detalle*)
Ataque del capitán
Mason a una aldea
fortificada pequot,
1637.

deben ser buenos servidores y de buen ingenio ... porque
con cincuenta hombres los terná todos sojuzgados, y les
hará hacer todo lo que quisiere.

Los arahuacos vivían en las Islas Bahamas.
Al igual que los indígenas de la región central de
Estados Unidos, creían en la hospitalidad y la generosidad. Pero Colón, el primer mensajero llegado al
continente americano desde Europa, tenía hambre
de riquezas. En cuanto llegaron a las islas, se apoderaron de los arahuacos por la fuerza con el fin de
obtener información. La información que Colón
deseaba era esta: ¿dónde está el oro?

Colón había convencido al rey y la reina de
España de que financiaran su expedición. Como
otros estados europeos, España necesitaba oro.
Había oro en las Indias, como los pueblos de
Europa llamaban a la India y sudeste asiático. Las
Indias poseían otras riquezas, también, como la
seda y las especias. Pero viajar por tierra desde
Europa a Asia tomaba mucho tiempo y era un viaje
lleno de peligros; por eso las naciones de Europa
buscaban la forma de llegar a las Indias en barco.
España decidió apostar por el plan de Colón. A
cambio de traer a su regreso oro y especias, Colón
se quedaría con el 10 por ciento de las ganancias,

sería nombrado gobernador de todas las tierras descubiertas y recibiría el título de "Almirante de la Mar Océana". Partió con tres embarcaciones con la esperanza de convertirse en el primer europeo en llegar hasta Asia cruzando el Océano Atlántico.

Como otras personas educadas de su época, Colón sabía que la Tierra era redonda. Esto significa que podía navegar desde Europa y llegar a Asia. El mundo que Colón imaginaba, sin embargo, era pequeño. Nunca hubiera llegado hasta Asia, que se encontraba aún muchos miles de kilómetros más al este de lo que él había planeado. Pero tuvo suerte. Con una cuarta parte del camino recorrido, se encontró con una tierra desconocida entre Europa y Asia.

Treinta y tres días después de haber dejado atrás el mar conocido para los europeos, Colón y sus hombres notaron ramas que flotaban sobre el agua y una bandada de pájaros que cruzaba el aire. Estas eran señales de que había tierra firme cerca. Entonces, el 12 de octubre de 1492, un marinero llamado Rodrigo vio el brillo de la luna sobre la blanca arena, y lo anunció a todo pulmón. Era la isla de las Bahamas, en el Mar Caribe. Se supone que el primer hombre en ver tierra recibiría una gran recompensa, pero Rodrigo jamás recibió nada. Colón sostuvo que

NIÑOS MARINEROS

TAL COMO LA MAYORÍA DE LOS HISTORIADORES, YO
escribo sobre Colón y sus "hombres", pero muchos
de quienes zarparon con Colón en 1492, a bordo de
la Niña, la Pinta y la Santa María, eran niños. Uno
de esos niños era Diego Bermúdez, de doce años,
un paje que zarpó con Colón a bordo de la Santa
María. De los noventa marineros que zarparon en
las tres naves, ¡casi veinte eran niños!

Los niños que viajaron con Colón trabajaban
descalzos, tomaban duchas con baldes de agua sal-
ada sobre sus cabezas, y usaban un retrete ubicado
en una parte de la cubierta que daba al mar. Los
niños pequeños también tomaban vino fuerte con
sus alimentos.

Los niños mayores, llamados "criados", ayudaban
a los oficiales; eran aprendices de "grumetes" y subían por las cuerdas hasta lo más alto para recortar
las velas. Estos grumetes eran expertos haciendo
diferentes tipos de nudos. En sus cinturas llevaban
largos pedazos de cuerda y siempre llevaban consigo navajas para hacer mejor su trabajo. Los niños

más jóvenes como Diego trabajaban como "pajes", cocinaban y limpiaban la cubierta, pero su trabajo más importante era dar la hora. No había relojes a bordo, así que el tiempo se medía usando una ampolleta, que era un reloj de cristal lleno de arena que indicaba cuándo había transcurrido media hora. Al terminarse toda la arena, el paje tenía que darle vuelta y correr hasta popa, donde tocaba una campana y entonaba la oración que anunciaba que otra media hora había transcurrido. Los pajes tenían que memorizar dieciséis oraciones distintas, una diferente para cada media hora de la jornada de trabajo. Esta es una de ellas:

> *Bendita sea la luz*
> *y la santa Veracruz,*
> *Y el Señor de la verdad*
> *y la Santa Trinidad.*
> *Bendita sea el alma,*
> *y el Señor que nos la manda,*
> *Bendito sea el día*
> *y el Señor que nos lo envía.*

Fuente: Hoose, Philip. *¡Nosotros también estuvimos allí!: Los jóvenes en la historia de los Estados Unidos*. Nueva York: Farrar Straus Giroux, 2001.

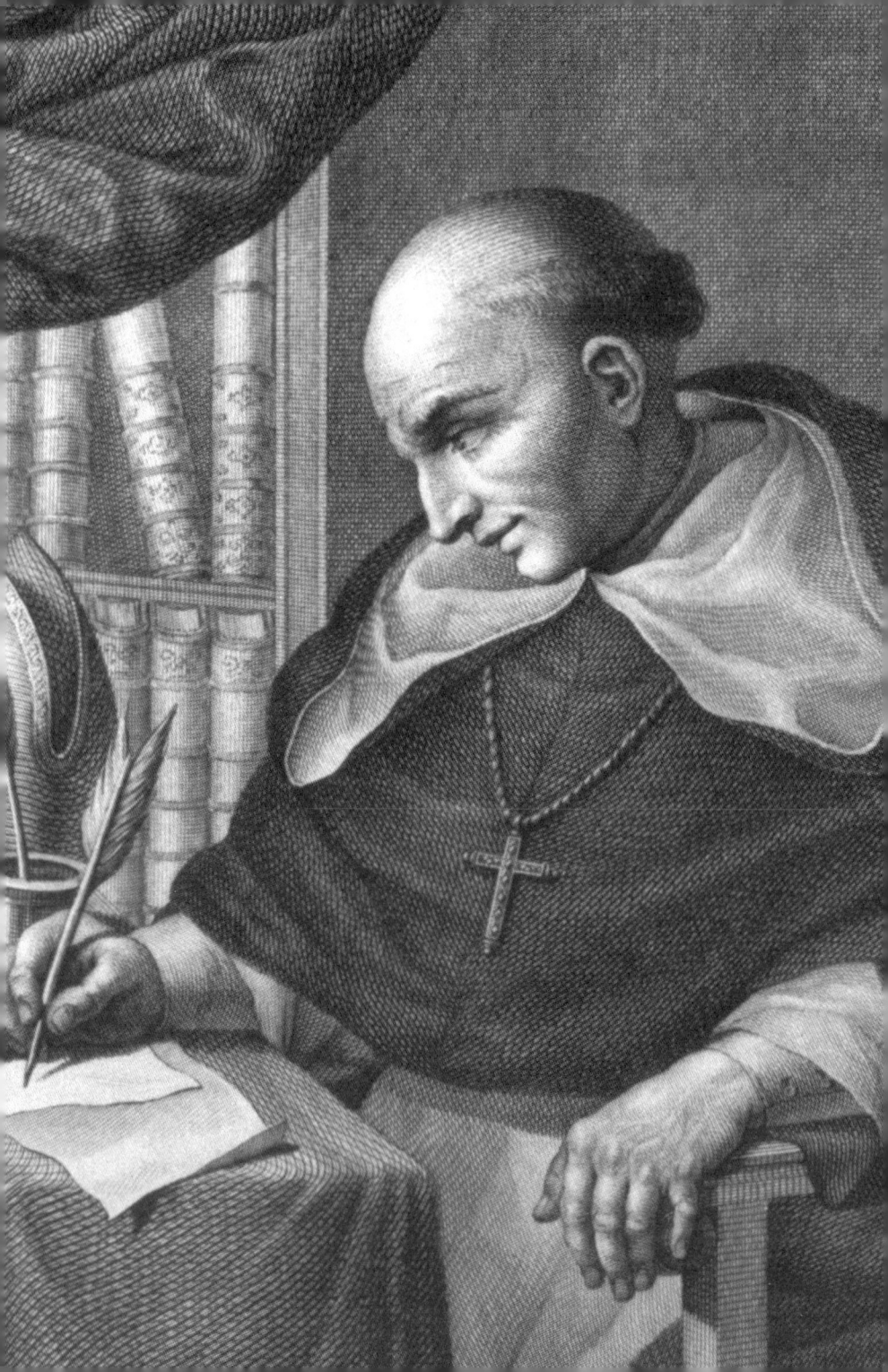

había sido él quien vio una luz la tarde anterior. Se quedó con la recompensa.

La imposible tarea de los arahuacos

LOS ARAHUACOS QUE DIERON LA BIENVENIDA A Colón vivían en aldeas y practicaban la agricultura. A diferencia de los europeos, no tenían caballos u otro tipo de bestias de trabajo, y tampoco tenían hierro. Lo que sí tenían era pequeños ornamentos de oro en sus orejas.

Esos pequeños ornamentos marcaron el curso de la historia. Fue a causa de ellos que Colón inició su relación con los arahuacos al hacerlos prisioneros, pensando que lo conducirían a la fuente del oro. Navegó por varias islas del Caribe, incluida Española, una isla hoy dividida en dos países: Haití y República Dominicana. Cuando una de sus embarcaciones encalló, usó la madera del naufragio para construir una fortaleza en Haití. Después, navegó de regreso a España con noticias de su descubrimiento, dejando atrás a treinta y nueve miembros en la fortaleza. Tenían órdenes de dar con el oro y reunirlo.

(*izquierda*)
Bartolomé de
Las Casas,
1791.

El reporte que Colón preparó para la corona española era parte realidad y parte fantasía. Decía haber llegado a Asia, y llamó a los arahuacos "indios", es decir, pobladores de las Indias. Colón estaba convencido de que las islas que había visitado se encontraban en las costas de China. Estaban repletas de riquezas:

> La Española es maravilla; las sierras y las montañas y las vegas y las campiñas y las tierras tan fermosas y gruesas para plantar y sembrar . . . Los puertos de la mar, aquí non habría creencia sin vista, y de los ríos muchos y grandes y buenas aguas: los más de los cuales traen oro . . . hay muchas especies, y grandes minas de oro y de otros metales.

Si el rey y la reina quisieran ayudar tan solo un poco más, decía Colón, haría otro viaje. Esta vez, al volver a España, "les daré oro cuanto hobieren menester . . . y esclavos cuantos mandaren cargar".

Con estas promesas Colón recibió diecisiete naves y más de mil doscientos hombres para su segunda expedición. El objetivo final era claro: esclavizar personas y el oro. Fueron de isla en isla, por todo el Caribe, capturando comunidades indígenas. Pero se corrió la voz; los españoles se encontraron cada vez más con aldeas vacías. Al llegar a Haití, encontraron muertos a los marineros que habían dejado. Los marineros recorrieron las islas en grupos buscando oro y esclavizando a las mujeres y niños, hasta que los indígenas les hicieron frente y les dieron muerte en batalla.

Los hombres de Colón buscaron oro en Haití, sin éxito. Tenían que llenar con algo las embarcaciones de regreso a España, así que en 1495 lanzaron una serie de ataques e invasiones con el fin de esclavizar a tantas personas como fuera posible. Después de esto, eligieron quinientos prisioneros para ser enviados a España. Doscientos murieron en el viaje. El resto llegó vivo y fueron puestos a la venta por un oficial de la iglesia local. Colón, que estaba lleno de jerga religiosa, escribió después: "[Permitidnos en] el nombre de la Santísima Trinidad, enviar todos los esclavos que pudiesen vender".

Pero muchas personas esclavizadas murieron en cautiverio. Colón tenía urgencia de mostrar que sus viajes generaban alguna ganancia. Tenía que cumplir con su promesa de llenar los barcos de oro. En cierta región de Haití donde Colón y sus hombres habían pensado encontrar grandes cantidades, ordenaron a todas las personas mayores de trece años a reunir oro. A quienes no lo encontraban, se les cortaban las manos y eran desangrados hasta morir.

A los indígenas se les había dado una tarea imposible. El único oro que había en los alrededores era polvo de oro en los riachuelos. Así que decidieron huir. Los españoles les dieron caza con perros, matándolos. Al capturar prisioneros, los colgaban o los quemaban vivos. Incapaces de poner resistencia a las armas de los españoles, sus armaduras, espadas y caballos, los arahuacos comenzaron a suicidarse de forma masiva con veneno. Cuando la búsqueda española de oro comenzó, en Haití vivía un cuarto de millón de personas. Dos años después, la mitad había muerto, ya fuera asesinados o por medio del suicidio.

Cuando quedó claro que no había más oro, los arahuacos fueron convertidos en personas esclavizadas para las inmensas haciendas propiedad de los españoles. Explotados y maltratados, miles murieron. En 1550, solamente quedaban quinientos. Un siglo después, ni un solo indígena arahuaco quedaba en la isla.

Contar la historia de Colón

ES GRACIAS A BARTOLOMÉ DE LAS CASAS QUE sabemos lo que ocurrió en las islas del Caribe con la llegada de Colón. Era un joven cura que ayudó a los españoles a conquistar Cuba. Por algún tiempo fue dueño de una plantación donde trabajaban indígenas esclavizados. Pero Las Casas renunció a su plantación y denunció la crueldad española.

Las Casas hizo una copia del diario de Colón, y también escribió un libro titulado *Historia de las Indias.* En este libro describió sus sociedades y costumbres. También narró la forma en que los españoles los trataron:

> Las criaturas nacidas, chequitas perecían, porque las madres, con el trabajo y hambre, no tenían leche en las tetas; por cuya causa murieron en la isla de Cuba, estando yo presente, siete mil niños en obra de tres meses. Algunas madres ahogaban de desesperadas las criaturas . . . Por manera que los maridos morían en las minas y las mujeres en las granjas, con los trabajos dellas, y las criaturas nacidas por se les secar la leche . . . Nuestros ojos vieron algunas veces muchas y grandes inhumanidades déstas, y Dios es testigo que tantas fueron las que cometían y cometieron en aquellos corderos.

Así fue el inicio de la historia de los europeos

en el continente americano. Fue una historia de conquista, esclavitud y de muerte. Pero por mucho tiempo, los libros de historia que leían los niños en los Estados Unidos contaban una historia diferente: una historia llena de aventuras heroicas, no de derramamiento de sangre. Solo hasta fechas recientes, la manera en que la historia es enseñada a los jóvenes apenas está comenzando a cambiar.

La historia de Colón y los pueblos con los que se encontró nos permite ver cómo se escribe la historia. Uno de los historiadores más famosos que ha escrito sobre Colón fue Samuel Eliot Morison. Incluso navegó a través del Océano Atlántico, siguiendo la ruta de Colón. En 1954, Morison publicó un famoso libro titulado *Cristóbal Colón, Marinero*. En ese libro decía que el trato cruel de Colón, y los europeos que vinieron después de él, provocó el "genocidio completo" de los pueblos originarios. *Genocidio* es una palabra muy fuerte. Es el nombre de un crimen terrible: el asesinato deliberado de todo un grupo étnico o cultural.

Morison no mintió sobre Colón. No dejó fuera los asesinatos masivos. Sin embargo, dijo la verdad de forma apresurada y pasó luego a ocuparse de otros temas. Al sepultar el hecho del genocidio entre el resto de la información, parecía sugerir que el asesinato masivo, en el panorama general, no era tan importante. Al hacer que el genocidio pareciera apenas una pequeña parte de la historia, le restó la fuerza de hacernos pensar de forma distinta sobre Colón. Al final del libro, Morison sintetizó su idea de Colón como un gran hombre. La cualidad más importante de Colón, dijo Morison, era su habilidad para navegar.

Un historiador debe elegir entre diversos hechos y decidir cuáles incluirá en su trabajo, cuáles omitirá y cuáles colocará en el centro de la historia. Las propias ideas y creencias de cada historiador influyen en la forma en que él o ella escriben la historia. A su vez, la forma en que se escribe la historia puede dar forma a las ideas y creencias de las personas que la leen. Una visión de la historia como la de Morison, una imagen del pasado que ve a Colón, y a otros como él, como grandes navegantes y descubridores, pero que casi nada dice sobre su genocidio, puede hacer que parezca que lo que hicieron estuvo bien.

Quienes escriben y leen historia se han acostumbrado a ver en cosas tan terribles como la conquista y el asesinato el precio que hay que

pagar por el progreso. Esto se debe a que muchos piensan que la historia es la historia de gobiernos, conquistadores y líderes. En esta forma de mirar el pasado, la historia es lo que les sucede a estados o naciones. Los actores de la historia son los reyes, presidentes y generales. ¿Pero qué hay de los trabajadores de las fábricas, los agricultores, las personas de color, las mujeres y los niños? Ellos hacen historia también.

La historia de cualquier país incluye conflictos feroces entre los conquistadores y los conquistados, los amos y aquellas personas que fueron esclavizadas, entre quienes tienen poder y los desamparados. Escribir historia es siempre cuestión de tomar partido. Por ejemplo, yo elijo contar la historia del descubrimiento de América desde el punto de vista de los arahuacos. Contaré la historia de la Constitución de los Estados Unidos desde el punto de vista de las personas esclavizadas, y la historia de la Guerra Civil desde el punto de vista de los irlandeses en la ciudad de Nueva York.

Estoy convencido de que la historia puede ayudarnos a imaginar posibilidades nuevas para el futuro. Una forma en que puede hacer esto es al permitirnos observar las partes ocultas del pasado,

(*izquierda*)
Ataque del Capitán Mason a la aldea fortificada de los pequots, 1637.

los momentos en que las personas demostraron que eran capaces de resistir a los poderosos o de hacer alianzas entre sí. Quizá nuestro futuro se pueda encontrar en los momentos de generosidad y valentía del pasado, en vez de los siglos de guerra. Ese es mi acercamiento a la historia de los Estados Unidos, que comenzó con el encuentro entre Colón y los arahuacos.

Más reuniones, más peleas

LA TRAGEDIA DE COLÓN Y LOS ARAHUACOS SE REPITIÓ una y otra vez. Los conquistadores españoles, Hernán Cortés y Francisco Pizarro, derrotaron a los aztecas de México y a los incas de América del Sur. Cuando los colonos ingleses llegaron a Virginia y Massachusetts, hicieron lo mismo con los indígenas que encontraron.

El primer asentamiento inglés permanente en el continente americano fue Jamestown, Virginia. Fue construido dentro de un territorio gobernado por un jefe indígena llamado Powhatan, quien observaba cómo los ingleses se asentaban en su tierra, sin atacarlos. En 1607, Powhatan se entrevistó con John Smith, uno de los líderes de Jamestown. La declaración que ha llegado a nosotros quizá no contenga realmente las palabras de Powhatan, pero se parece mucho a lo que otros indígenas dijeron y escribieron en épocas posteriores. Podemos leer la declaración de Powhatan como la esencia de sus pensamientos, mientras observaba a los hombres blancos entrar en su territorio:

> Sé distinguir entre la paz y la guerra mejor que cualquier otro hombre de mi país. ¿Por qué han de tomar ustedes por la fuerza aquello que pueden tener tranquilamente de forma amistosa? ¿Por qué nos destruirán a nosotros que les hemos dado alimento? ¿Qué han de conseguir con la guerra? ¿Por qué desconfían de nosotros? No tenemos armas, y estamos dispuestos a darles lo que pidan, si vienen de forma amistosa, y sabemos muy bien que es preferible comer buena carne, dormir bien, vivir tranquilos con esposas e hijos, reír y convivir con los ingleses, y hacer comercio con su cobre y sus hachas, en lugar de huir, yacer en el frío de los bosques, y alimentarnos de bellotas, raíces y basura, y ser perseguidos, sin poder comer o dormir.

"INDIOS BLANCOS"

AQUELLOS COLONOS INGLESES QUE ERAN CAPTURADOS en batalla por indígenas estadounidenses y que descubrían que, de hecho, preferían la vida en las comunidades indígenas a la suya, fueron conocidos como "indígenas blancos". Eunice Williams fue un ejemplo. Tenía siete años cuando los indígenas mohawk de Kahnawake la tomaron prisionera. Su madre y dos de sus hermanos estaban entre los asesinados. Sus otros dos hermanos también fueron capturados. Dos años y medio después, su padre, el reverendo John Williams, negoció el regreso de Eunice y sus hermanos, pero Eunice se negó a abandonar la comunidad indígena estadounidense. Como mohawk, se convirtió al catolicismo y se casó con otro mohawk.

Se decía que los mohawk eran más amables con los niños y que las mujeres eran respetadas como iguales a los hombres. Si los padres europeos consideraban esencial el castigo físico, los indígenas estadounidenses creían que los niños debían ser

"reprendidos con palabras amables", y que el castigo corporal debilitaría el carácter y volvería a los niños sumisos. En las culturas indígenas estadounidenses, el objetivo era infundir a los niños un sentido de independencia y valentía.

Benjamin Franklin escribió en 1753, "Cuando las personas blancas de cualquier sexo han sido tomadas prisioneras, jóvenes, por indígenas y han vivido un tiempo entre ellos, aunque sean rescatadas por amigos y tratadas con toda la ternura imaginable para convencerles de permanecer entre ingleses, al poco tiempo se fastidian con nuestra forma de vida y con los cuidados y penas necesarios para vivir en ella, y aprovechan la primera oportunidad que se les presenta para escapar de nuevo al bosque, donde no hay forma de recuperarlos".

Fuente: Mintz, Steven. *La balsa de Huck: una historia de la infancia estadounidense*. Boston: Harvard University Press, 2004, pág. 7, 8, 15, 35.

En el invierno de 1609-1610, los ingleses de Jamestown sufrieron una terrible escasez de alimentos a la que llamaron el "tiempo hambriento". Deambularon por los bosques en busca de nueces y bayas, y abrieron tumbas para comerse los cadáveres. De quinientos colonos, solo sesenta sobrevivieron.

Algunos de los colonos corrieron para unirse a los indígenas, donde al menos serían alimentados. Al verano siguiente, el gobernador de la colonia le pidió a Powhatan que los enviara de regreso. Cuando éste se negó, los colonos destruyeron un asentamiento indígena. Secuestraron a la reina de la tribu, arrojaron a sus hijos al agua y les dispararon y después la apuñalaron.

Doce años más tarde, los indígenas intentaron deshacerse de los crecientes asentamientos ingleses. Masacraron a 347 hombres, mujeres y niños. Fue entonces que se desencadenó la guerra total. Los ingleses no podían esclavizar a todos los indígenas y no deseaban vivir con ellos, por lo que decidieron exterminarlos.

En el norte, los peregrinos se establecieron en Nueva Inglaterra. Al igual que los colonos de Jamestown, llegaron a tierras indígenas. La tribu pequot vivía en el sur de Connecticut y Rhode Island. Los colonos querían esta tierra, por lo que iniciaron una guerra con los pequot. Se produjeron masacres en ambos bandos. Los ingleses emplearon formas de guerra que Cortés había usado en México. Para llenar de terror al enemigo, atacaban a civiles, personas que no eran combatientes. Prendieron fuego a unas viviendas llamadas wigwams, y cuando los indígenas huyeron corriendo para escapar de las llamas, los ingleses los cortaron en pedazos con sus espadas.

Cuando Colón llegó al continente americano, vivían diez millones de indígenas al norte de lo que ahora es México. Después de que los europeos comenzaron a adueñarse de ese territorio, el número de indígenas se redujo hasta que, con el tiempo, quedaron menos de un millón. Muchos indígenas murieron a causa de las enfermedades traídas por los blancos.

¿Quiénes eran estos indígenas? ¿Quiénes eran las personas que salían a las playas con regalos para Colón y su tripulación, y que observaban desde los bosques a aquellos primeros colonos blancos en Virginia y Massachusetts?

Alrededor de 75 millones de indígenas vivían

en el continente americano antes de Colón. Tenían cientos de distintas culturas tribales y cerca de dos mil lenguas. Muchas tribus eran nómadas, vivían viajando de un lugar a otro viviendo de la caza y de la recolección de alimentos. Otras, en cambio, eran agricultoras expertas y vivían en comunidades establecidas. Entre los iroqueses, la más poderosa de las tribus del noreste, la tierra no pertenecía a los individuos. Pertenecía a toda la comunidad. La gente se repartía el trabajo de la agricultura y la caza, y también compartían la comida. Las mujeres eran importantes y respetadas en la sociedad iroquesa, y ambos sexos compartían el poder. A los niños se les enseñaba a ser independientes. No solo los iroqueses, sino otras tribus indígenas, se comportaban de manera parecida.

Hoy, como nunca antes, sabemos más sobre cómo era el continente americano antes de que Colón desembarcara. En las últimas décadas del siglo XX, los historiadores estudiaron detenidamente registros y documentos antiguos. Los arqueólogos desenterraron y estudiaron los restos de antiguos asentamientos y estructuras, y de aquellas personas que los construyeron y utilizaron. A partir de fuentes como los anillos de los árboles, el polen de plantas centenarias y de la genética, los científicos han construido una imagen más detallada de la vida en el continente americano antes de la llegada de Colón.

En el libro *1491: Nuevas revelaciones de las Américas antes de Colón*, el escritor Charles C. Mann demostró cómo estos descubrimientos están transformando nuestra visión del pasado. Por ejemplo, generaciones de historiadores dieron respuestas muy diferentes a la pregunta de cuántas personas vivían en las Américas antes de que llegaran los europeos y comenzaran a colonizarlas. Según parece, ahora las cifras más altas, tal vez aun superiores a los 75 millones, son correctas.

Otro descubrimiento reciente es que los pueblos originarios de las Américas administraban territorios a gran escala. Numerosos grupos en América del Norte emplearon el fuego para remodelar el paisaje, quemando bosques para crear pastizales para la jardinería y para atraer vida silvestre para la cacería. Pero cuando los colonos europeos llegaron a América del Norte, los huertos, jardines y bosques abiertos que los indígenas habían administrado durante tanto tiempo se estaban volviendo más agrestes y boscosos, debido a que un gran número de habitantes originales de esos territorios había muerto a causa de enfermedades traídas por los primeros exploradores europeos.

Así pues, Colón y los europeos que lo siguieron no habían llegado a un desierto vacío. Llegaron a un mundo que, en algunos lugares, estaba tan poblado como Europa. Los indígenas tenían su propia historia, leyes y poesía. Vivían en una igualdad mayor que la gente en Europa. ¿Fue el "progreso" una razón suficiente para diezmar su población y atacar sus sociedades? El destino de los indígenas nos recuerda que hay que mirar a la historia como algo más que una historia de conquistadores y líderes.

NO HAY EN LA HISTORIA DEL MUNDO NINGÚN OTRO
país donde el racismo haya sido más importante
que en los Estados Unidos. ¿Cómo empezó este
racismo? ¿Cómo podría terminar? Otra forma de
hacer la pregunta puede ser: ¿El racismo es algo
natural?

Quizá la historia pueda ayudar a responder estas
preguntas. De ser así, la historia de la esclavitud en
Norteamérica puede ofrecer algunas pistas, porque
podemos rastrear la llegada de los primeros blancos
y los primeros negros a este continente.

En Norteamérica, la esclavitud se convirtió
en un sustituto generalizado al trabajo pago. Al
mismo tiempo, los blancos llegaron a creer que
los negros no eran iguales a ellos. Durante 350
años, los negros sufrirían un trato inhumano en

la sociedad estadounidense a causa del racismo, el cual combina ideas sobre inferioridad negra con el trato desigual hacia los negros.

¿Por qué recurrir a la esclavitud?

TODO LO QUE OCURRIÓ A LOS PRIMEROS COLONOS blancos los empujó a esclavizar a personas negras. En Virginia, a los colonos que habían sobrevivido el "tiempo hambriento" de 1609-1610, se unirían otros recién llegados. Estaban desesperados por mano de obra para cultivar suficiente comida para seguir vivos. Pero querían cultivar otras cosas además de maíz. Los colonos de Virginia habían aprendido de los indígenas a cultivar tabaco, y en 1617 enviaron el primer cargamento a Inglaterra. El tabaco se vendió a altos precios. Aunque algunas personas creían que fumar era pecado, los sembradores no iban a permitir que tales ideas fueran un obstáculo para obtener ganancias. Abastecerían de tabaco a Inglaterra.

Pero, ¿quién realizaría la ardua tarea de cultivar el tabaco y prepararlo para su venta? Los colonos no podían obligar a los indígenas a trabajar para ellos. Los indígenas los superaban en número y, aunque los colonos podían matarlos con sus armas, otros indígenas masacrarían a los colonos en respuesta. Tampoco podían capturar a todos los indígenas para que hicieran todo el trabajo. Ellos eran fuertes y rebeldes. Y aunque los bosques de América del Norte parecían extraños y hostiles a los colonos, los indígenas se sentían en casa. Podían evitar a los colonos o escapar de ellos.

Tal vez los virginianos estaban molestos porque eran incapaces de someter a los indígenas. Quizá envidiaban la forma en que los indígenas podían abastecerse mejor que los blancos, a pesar de que estos se consideraban civilizados y veían a los indígenas como salvajes. En su libro *Esclavitud estadounidense, libertad estadounidense*, el historiador Edmund Morgan intenta imaginar cómo se sintieron los colonos ante su incapacidad de vivir mejor que los indígenas o de controlarlos:

> Los indígenas, apartados, se reían de tus métodos superiores y vivían de la tierra más abundantemente y con menos esfuerzos que ustedes . . . Y cuando tu propia gente

empezó a desertar para vivir con ellos, fue demasiado . . .
Entonces mataste a los indígenas, los atormentaste, prendiste fuego a sus aldeas, a sus campos de maíz . . . Y aun así, el maíz que cultivaste era poco.

Tal vez esos sentimientos de envidia y enojo hicieron que los colonos estuvieran especialmente preparados para convertirse en dueños de personas esclavizadas. Era rentable para los virginianos importar negros como mano de obra esclava. Después de todo, otras colonias de las Américas ya lo estaban haciendo.

Para 1619, un millón de negros habían sido traídos a la fuerza desde África para trabajar como esclavos en las minas y plantaciones de azúcar de las colonias portuguesas y españolas en Sudamérica y las islas del Caribe. Incluso antes, cincuenta años antes de Colón, el comercio de personas esclavizadas comenzó cuando diez africanos fueron llevados a Portugal y vendidos. De modo que en 1619, cuando los primeros veinte negros fueron llevados a la fuerza a Jamestown y vendidos a los colonos, los blancos llevaban bastante tiempo pensando en los africanos como mano de obra esclava.

El hecho de que los africanos fueron arrancados

de su tierra y de sus culturas facilitó la esclavitud. Los indígenas estaban en su propia tierra. Los blancos estaban en un nuevo continente, pero habían traído consigo su cultura inglesa. Pero los negros habían sido arrancados de su tierra y de su cultura. Se vieron forzados a una situación en la que su herencia —idiomas, ropa, costumbres y vida familiar— fue aniquilada poco a poco. Solo con una asombrosa fuerza de voluntad los negros fueron capaces de aferrarse a partes de este patrimonio.

¿Fue fácil destruir la cultura africana porque era inferior a la cultura europea? La civilización africana era, en cierto modo, más avanzada que la europea. Era una civilización de cien millones de personas. Construyeron grandes ciudades, usaron herramientas de hierro y eran hábiles en la agricultura, el tejido, la alfarería y la escultura. Los europeos que viajaron por África en el siglo XVI quedaron impresionados con los reinos de Tombuctú y Malí. Dichos estados africanos eran estables y estaban organizados, en un momento en que los estados europeos apenas comenzaban a convertirse en naciones modernas.

La esclavitud existía en África, y los europeos a veces señalaron ese hecho para excusar su propia

(*al dorso*)
Una subasta de esclavos en Virginia, 1861.

NEGROES
FOR SALE
AT AUCTION
THIS DAY,
AT 1 O'CLOCK

THE NEW YORK HERALD

trata de esclavos. Pero, aunque las personas esclavizadas en África tenían una vida difícil, también poseían derechos que quienes fueron traídos a Estados Unidos no tenían. Hay dos razones por las que la esclavitud estadounidense fue la forma de esclavitud más cruel de la historia. Primero, fue impulsada por un frenesí de ganancias ilimitadas. En segundo lugar, se basaba en el odio racial, una visión que veía a los blancos como amos y a los negros como esclavos. Por estas razones, la esclavitud estadounidense trató a las personas esclavizadas como si no fueran humanas.

El trato inhumano comenzaba en África, donde las personas esclavizadas capturadas eran encadenadas y obligadas a caminar hasta la costa, a veces a mil millas. De cada cinco negros capturados, dos morían durante estas marchas de la muerte. Cuando los sobrevivientes llegaban a la costa eran encerrados en jaulas hasta ser vendidos.

Luego los subían a bordo de barcos para el comercio de personas esclavizadas, encadenadas juntas en la oscuridad, en espacios no mucho más grandes que ataúdes. Algunos morían por falta de aire dentro de las atestadas y sucias bodegas de los barcos. Otros se lanzaban por la borda poniendo

(*izquierda*)
Cautivos africanos saltando de un barco para comercio de esclavos frente a la costa de África, durante el 1700.

fin a su sufrimiento. Es posible que hasta un tercio de todos los africanos enviados al extranjero hayan muerto durante el viaje. Pero el comercio generaba ganancias, por lo que los comerciantes amontonaban a los negros como sardinas, en bodegas de barcos para el comercio de esclavos.

Al principio, los holandeses fueron los principales traficantes de personas. Más tarde, los ingleses lideraron el comercio. Algunos estadounidenses de Nueva Inglaterra también entraron en el negocio. En 1637, el primer barco estadounidense dedicado al comercio de personas esclavizadas zarpó de Massachusetts. Sus bodegas estaban divididas en bastidores de dos pies de ancho y seis pies de largo, con grilletes en las piernas para mantener a los cautivos en su lugar.

Para 1800, entre diez y quince millones de africanos habían sido traídos al continente americano. En total, África puede haber perdido cerca de cincuenta millones de seres humanos debido a la muerte y la esclavitud, durante los siglos que damos por llamar el inicio de la civilización moderna.

La esclavitud comenzó en las colonias estadounidenses porque los colonos de Jamestown estaban desesperados por encontrar mano de obra.

No podían usar indígenas estadounidenses para mantener el cultivo comercial que habían elegido; además, habría resultado difícil usar blancos. Pero los negros estaban disponibles en números crecientes, gracias a los traficantes de seres humanos que buscaban hacer ganancias. Y el trato terrible que sufrieron los africanos después de ser capturados dejó a muchos de ellos en un estado de indefensión. Todas estas cosas llevaron a la esclavitud de los negros.

Miedo y racismo

¿TODOS LOS NEGROS ERAN ESCLAVIZADOS? TAL VEZ los colonos consideraban a algunos negros como sirvientes, no esclavos. Los colonos también tenían sirvientes blancos. ¿Habrían tratado a los sirvientes blancos de manera diferente que a los negros?

Un caso de la Virginia en el periodo colonial muestra que los blancos y los negros recibían un trato muy diferente. En 1640, seis sirvientes blancos y uno negro intentaron escapar. Fueron atrapados. El hombre negro, llamado Emanuel en el registro judicial, recibió treinta golpes con un látigo. También lo marcaron en una mejilla y lo sentenciaron a trabajar con grilletes durante más de un año. Los hombres blancos recibieron penas más leves.

Este trato desigual era racismo, que se manifestaba en los sentimientos y en las acciones. Los blancos se sentían superiores a los negros y miraban a los negros con desprecio. También trataban a los negros con más dureza. ¿Era este racismo "natural"? ¿A los blancos les disgustaban y maltrataban a los negros debido a algún instinto en ellos? ¿O era el racismo resultado de ciertas condiciones que pueden eliminarse?

Una forma de responder a esas preguntas es averiguar si algunos blancos en las colonias estadounidenses veían a los negros como sus iguales. Y la evidencia muestra que sí. A veces, cuando los blancos y los negros compartían los mismos problemas y el mismo trabajo, y tenían al mismo amo por enemigo, se trataban como iguales.

No hace falta hablar de antipatía racial "natural" para explicar por qué se instauró la esclavitud en las plantaciones de las colonias estadounidenses.

La necesidad de mano de obra es razón suficiente. El número de blancos que llegaban a las colonias no alcanzaba para satisfacer las necesidades de las plantaciones, por lo que los colonos recurrieron a los esclavos para satisfacer esas necesidades. Y las necesidades siguieron aumentando. En 1700, Virginia tenía seis mil esclavos, una doceava parte de la población de la colonia. En 1763 había 170 000 esclavos, aproximadamente la mitad de la población.

Desde el principio, los hombres y mujeres negros se resistieron a su esclavitud. A través de la resistencia, mostraron su dignidad como seres humanos, aunque solo fuera ante ellos mismos, sus hermanos y hermanas. A menudo usaban métodos que eran difíciles de identificar y castigar, como trabajar lentamente o destruir en secreto la propiedad de los blancos. Otra forma de resistencia era huir. Los esclavos recién llegados de África, que aún se aferraban a la herencia de la vida del pueblo, huían en grupos y trataban de establecer comunidades en la naturaleza. Las personas esclavizadas que habían nacido en Estados Unidos tenían más probabilidades de huir solas y tratar de hacerse pasar por libres.

Aquellas personas esclavizadas que se fugaban se arriesgaban al sufrimiento y la muerte. Si se descubría tan solo que planeaban escapar, podían ser castigados de manera terrible. Las personas esclavizadas eran quemadas, mutiladas y asesinadas. Los blancos creían que los castigos severos evitarían que otros se rebelaran.

Los colonos blancos estaban aterrorizados por los levantamientos negros organizados. El miedo a las revueltas de personas esclavizadas, al parecer, era habitual en las plantaciones. Un dueño de plantaciones en Virginia, llamado William Byrd, escribió en 1736 que en caso de presentarse un líder audaz entre las personas que habían sido esclavizadas, "un hombre de fortuna intrépida", podría dar inicio a una guerra que "teñiría nuestros ríos de sangre".

Tales rebeliones tuvieron lugar, no muchas, pero las suficientes como para generar miedo constante entre los hacendados. En 1720, un colono de Carolina del Sur escribió a Londres sobre los planes para un levantamiento de personas esclavizadas que había sido descubierto justo a tiempo:

> Ahora debo informarles que hace poco hemos tenido un complot muy perverso y bárbaro . . . los negros se

levantan con el propósito de destruir a todos los blancos del país y luego tomar Charles Town . . . pero quiso Dios que fuera descubierto y muchos fueron hechos prisioneros y algunos quemados y otros ahorcados y otros desterrados.

Sabemos de unos 250 casos en los que diez o más personas esclavizadas se sumaron a una revuelta o complot. Pero no todas las rebeliones involucraban solo a personas esclavizadas. De vez en cuando, los blancos estaban involucrados en la resistencia de las personas esclavizadas. Ya en 1663, sirvientes blancos y personas negras esclavizadas en Virginia formaron una conspiración para rebelarse y obtener su libertad. Alguien informó sobre el complot y terminó con ejecuciones.

En 1741, Nueva York tenía diez mil blancos y dos mil negros esclavizados. Tras un duro invierno que trajo mucha miseria a los pobres de ambas razas, estallaron misteriosos incendios. Blancos y negros fueron acusados de conspirar de forma conjunta. El juicio estuvo lleno de emociones fuertes y declaraciones irresponsables. Algunas personas hicieron confesiones bajo presión. Finalmente, dos hombres blancos y dos mujeres blancas fueron ejecutados, dieciocho personas esclavizadas fueron ahorcadas y trece, quemadas vivas.

En las colonias estadounidenses solo existía un miedo mayor que el miedo a la rebelión negra. Ese era el temor de que los blancos que estaban descontentos con el estado de las cosas pudieran unirse a los negros para derrocar el orden social. Especialmente en los primeros años de la esclavitud, antes de que el racismo estuviera bien establecido, algunos sirvientes blancos eran tratados tan mal como los esclavos negros. Existía la posibilidad de que los dos grupos pudieran aliarse.

Para evitar que eso sucediera, los líderes de las colonias tomaron una serie de medidas. Otorgaron ciertos nuevos derechos y beneficios a los blancos pobres. Por ejemplo, en 1705 Virginia aprobó una ley que decía que los amos tenían que dar a los sirvientes blancos un poco de dinero y maíz cuando terminara su período de servicio. Los sirvientes recién liberados también recibirían algo de tierra. Esto hizo que los blancos pertenecientes a la clase de sirvientes estuvieran menos descontentos con su lugar en la sociedad y fueran menos propensos a aliarse con las personas negras esclavizadas en contra de los amos blancos.

Un nudo de hilos históricos atrapó a los negros en la esclavitud estadounidense. Estos hilos eran la desesperación de los colonos hambrientos, los muchos obstáculos que enfrentaron los africanos arrancados de sus tierras de origen, las altas ganancias disponibles para quienes traficaban personas esclavizadas y cultivaban tabaco, y las leyes y costumbres que permitían a los amos castigar a aquellas personas esclavizadas que se rebelaban. Finalmente, para evitar que blancos y negros se unieran como iguales, los líderes de las colonias otorgaron pequeños favores y dádivas en forma de estatus a los blancos pobres.

Los hilos que forman este nudo no son "naturales". Son históricos, han sido creados por circunstancias especiales. Esto no quiere decir que sean fáciles de desenredar. Pero sí quiere decir que existe la posibilidad de que negros y blancos vivan juntos de forma distinta, bajo circunstancias históricas diferentes.

CIEN AÑOS ANTES DE LA REVOLUCIÓN ESTADOUNIDENSE, estalló una rebelión en Virginia. Colonos furiosos incendiaron Jamestown, su capital. El gobernador huyó de la ciudad en llamas e Inglaterra envió mil soldados desde el otro lado del Atlántico con la esperanza de mantener bajo control a los cuarenta mil colonos.

Hablamos de la Rebelión de Bacon. No fue una guerra de colonos estadounidenses contra los británicos. En cambio, la Rebelión de Bacon fue un levantamiento de colonos pobres y enojados contra dos grupos que consideraban sus enemigos. Uno eran los indígenas. El otro, los líderes ricos y privilegiados de los propios colonos.

La Rebelión de Bacon unió a grupos de las clases pobres. Los pioneros blancos iniciaron el

(*izquierda*)
Nathaniel Bacon y sus seguidores queman Jamestown, Virginia, 1676.

43

levantamiento porque estaban enojados con la forma en que la colonia estaba siendo dirigida. Luego, los sirvientes blancos y los esclavos negros se unieron a la rebelión. También estaban molestos, principalmente por la enorme brecha entre ricos y pobres en Virginia.

Nathaniel Bacon y la rebelión

LA REBELIÓN DE BACON COMENZÓ CON PROBLEMAS en la frontera oeste de Virginia. En la década de 1670, terratenientes ricos controlaban la mayor parte del este de Virginia. Como resultado, muchas personas comunes sintieron que habían sido empujadas hacia la frontera. La vida era más peligrosa allí. Los colonos tenían problemas con los indígenas. Querían que los líderes de la colonia lucharan contra los indígenas, pero los políticos y los grandes terratenientes que dirigían la colonia no querían luchar, tal vez porque estaban usando a algunos indígenas como espías y aliados contra los otros.

Los pioneros sintieron que el gobierno colonial los había defraudado. Estaban enojados, y no eran los únicos. Eran tiempos difíciles. Muchos habitantes de Virginia se las arreglaban para sobrevivir en la pobreza o trabajaban como sirvientes en pésimas condiciones. En 1676, estos descontentos virginianos encontraron en Nathaniel Bacon a su líder.

Un informe del gobierno británico explica cómo Bacon atrajo a sus seguidores:

> Sedujo a las personas más Vulgares e ignorantes para que creyeran . . . con todo su corazón y con todas sus esperanzas en Bacon. Luego acusó al Gobernador de negligente y malvado, traidor e incapaz, y a las Leyes y los Impuestos de injustos y opresores . . .

Bacon poseía una buena porción de tierra. Probablemente le importaba más luchar contra los indígenas que ayudar a los pobres. Aun así, la gente común de Virginia sintió que él estaba de su lado. Eligieron a Bacon para el gobierno colonial, llamado Casa de los Burgueses. Él estaba listo para enviar milicias armadas, o grupos armados de ciudadanos, para luchar contra los indígenas. Estas milicias actuarían fuera del control del gobierno. Esto alarmó a William

Berkeley, el gobernador de la colonia, quien declaró rebelde a Bacon y ordenó capturarlo.

Después de que dos mil partidarios de Bacon marcharon hacia Jamestown, el gobernador lo dejó ir a cambio de una disculpa. Pero apenas quedó libre, Bacon reunió a su milicia y comenzó a asaltar a los indígenas. La rebelión se había puesto en marcha.

Bacon expuso sus razones para la rebelión en un documento llamado "Declaración del Pueblo". Mezclaba el odio de los pioneros hacia los indígenas con la ira de la gente común hacia los ricos. Bacon acusó al gobierno de Berkeley de cometer errores, tales como impuestos injustos y no proteger a los granjeros en el oeste de los indígenas.

Unos meses después, Bacon se enfermó y murió a la edad de veintinueve años. La rebelión no duró mucho después de eso. Un barco armado con treinta cañones cruzó el río York, una de las principales vías fluviales de la colonia, para restablecer el orden. Su capitán, Thomas Grantham, utilizó la fuerza y artimañas para desarmar a los últimos grupos rebeldes. En el bastión principal de la rebelión, Grantham encontró a cuatrocientos blancos y negros armados: hombres libres, sirvientes y personas esclavizadas. Prometió perdonarlos y liberar a los sirvientes y personas esclavizadas. En lugar de eso, dirigió los cañones de su barco contra los rebeldes y los despojó de sus armas. Luego envió a los sirvientes y a las personas esclavizadas de vuelta a quienes los tenían en su poder. Al final, veintitrés líderes rebeldes fueron ahorcados.

La Rebelión de Bacon se produjo debido a una serie de abusos en Virginia. Los indígenas tenían sus tierras confiscadas por los pioneros blancos. A su vez, los pioneros eran obligados a pagar impuestos y estaban bajo el control de las clases altas ricas de Jamestown. Y toda la colonia, rica y pobre, era usada por Inglaterra. Los colonos cultivaban tabaco para venderlo a Inglaterra, pero los ingleses fijaban el precio. Cada año, el rey de Inglaterra obtenía grandes beneficios de la colonia de Virginia.

La mayoría de la gente de Virginia había apoyado la rebelión. Un miembro del consejo del gobernador Berkeley dijo que los rebeldes querían despojar al rey de su colonia y tomarla en sus propias manos. Otro dijo que el problema indígena era la causa original de la Rebelión de Bacon, pero que los pobres se habían sumado porque querían apoderarse de la riqueza de los ricos y compartirla. ¿Quiénes eran estos rebeldes?

Los desposeídos

LOS SIRVIENTES QUE SE UNIERON A LA REBELIÓN DE Bacon eran parte de una gran clase desposeída de blancos miserablemente pobres. Habían llegado a las colonias estadounidenses desde ciudades inglesas y europeas cuyos gobiernos querían deshacerse de ellos. En Inglaterra, por ejemplo, los cambios en las leyes agrarias habían llevado a muchos agricultores a la pobreza y a la falta de vivienda en las ciudades. Se aprobaron nuevas leyes para castigar a los pobres, encarcelarlos en casas de trabajo o enviarlos fuera del país. Entonces, algunos entre los pobres se vieron obligados a abandonar sus hogares e irse a Estados Unidos. Otros viajaron movidos por la esperanza, o por promesas y mentiras sobre la buena vida que tendrían allí.

Un gran número de personas pobres que se dirigían a Estados Unidos se convirtieron en sirvientes no remunerados. Firmaban un acuerdo llamado "certificado para servicios no remunerados" que decía que pagarían el costo de su viaje a América trabajando para un amo durante cinco o siete años. A menudo eran encarcelados después de firmarlo para que no pudieran huir antes de que su barco zarpara.

El viaje a Estados Unidos desde Inglaterra o Europa duraba de ocho a doce semanas. Si el clima era malo, el viaje podía tomar más tiempo y los pasajeros podían quedarse sin alimentos. Los pobres que cruzaban el océano para trabajar como sirvientes en las colonias estadounidenses estaban hacinados en barrios sucios y abarrotados. No todos sobrevivían al viaje. Gottlieb Mittelberger, un músico que navegó de Alemania a América hacia 1750, escribió sobre el terrible viaje:

Durante el viaje, el barco está lleno de lamentables señales de angustia: olores, humos, horrores, vómitos, diversos tipos de mareos, fiebre, disentería, dolores de cabeza, calor, estreñimiento, forúnculos, escorbuto, cáncer, podredumbre bucal . . . Añádase a esa escasez de alimentos, el hambre, la sed, la escarcha, el calor, la humedad, el miedo, la miseria, la vejación y el llanto, así como otros problemas . . . A bordo de nuestro barco, un día en que tuvimos una gran tormenta, una mujer a punto de dar a luz, pero incapaz de hacerlo, dadas las circunstancias, fue empujada al mar por una de las portillas. . .

Al llegar a Estados Unidos, los sirvientes contratados eran comprados y vendidos como personas esclavizadas. El 28 de marzo de 1771, el Virginia Gazette informaba: "Recién ha arribado . . . el barco Justitia, con alrededor de cien sirvientes sanos, hombres, mujeres y niños . . . La venta comenzará el martes 2 de abril".

Más de la mitad de los colonos que llegaron a Estados Unidos llegaron como sirvientes. En su mayoría, eran ingleses en el siglo XVII; irlandeses y alemanes en el siglo XVIII. Muchos de ellos descubrieron que la vida en las colonias estadounidenses era peor de lo que habían imaginado.

Las palizas y los azotes eran cosa común. Las sirvientas eran violadas. Los amos tenían otras formas de control. Los recién llegados tenían que mostrar papeles para comprobar que eran hombres libres, no sirvientes fugitivos. Los gobiernos coloniales acordaron entre ellos que los sirvientes que escaparan de una colonia a otra debían ser enviados de regreso. (Esto luego se convirtió en parte de la Constitución de los Estados Unidos).

Los amos vivían con miedo a las rebeliones de los sirvientes. Después de la Rebelión de Bacon, los soldados ingleses se quedaron en Virginia para protegerse contra futuros problemas. Un informe de la época decía: "En este momento Virginia es pobre y está más poblada que nunca". El autor agregaba que muchas personas temían un levantamiento de sirvientes debido a la falta de artículos de primera necesidad, como la ropa.

Escapar era más fácil que rebelarse. El historiador Richard Morris, autor del libro *Gobierno y trabajo en los inicios de Estados Unidos*, estudió periódicos coloniales y encontró muchos informes de sirvientes blancos que se escapaban, a veces en grupos. Otros sirvientes se declaraban en huelga y se negaban a trabajar. En 1663, un amo de Maryland se quejó ante la corte de que sus sirvientes no hacían "su trabajo ordinario". Los sirvientes argumentaban que estaban demasiado débiles para trabajar, porque el amo solo les daba de comer frijoles y pan. El tribunal ordenó que los sirvientes recibieran treinta latigazos.

(*detalle*)
Nathaniel Bacon y sus
seguidores quemando
Jamestown, Virginia
1676.

Cada vez más, a medida que los sirvientes se escapaban o terminaban sus contratos, eran reemplazados por personas esclavizadas. ¿Qué pasaba con los sirvientes después de quedar libres? Las historias alegres hablan de antiguos sirvientes que se volvían ricos, poseían tierras y se convertían en personas importantes. Pero en su libro *Colonos en cautiverio*, el historiador Abbot Smith señala que de entre los hombres ricos e importantes de las colonias prácticamente ninguno había sido sirviente contratado, y solo unos pocos descendían de sirvientes.

Ricos y pobres

LAS DIVISIONES DE CLASE SE ENDURECIERON durante el período colonial. La diferencia entre ricos y pobres se agudizó. A inicios de la colonia de la Bahía de Massachusetts, en 1630, el gobernador John Winthrop era ejemplo del tipo de pensamiento entre los líderes de la colonia cuando dijo que "en toda época, algunos deben ser ricos, otros pobres". Los líderes de las colonias eran hombres de dinero y estatus. Querían que la sociedad de Norteamérica fuera un espejo de la de Inglaterra, donde un pequeño número de personas controlaba la mejor tierra y gran parte de la riqueza.

Las colonias crecieron rápidamente en el siglo XVIII. Entre 1700 y 1760, su población pasó de un cuarto de millón de habitantes a más de un millón y medio. La agricultura, el transporte marítimo y el comercio aumentaron. Se desarrollaron pequeñas fábricas. Boston, Nueva York, Filadelfia y Charleston duplicaron y triplicaron su tamaño.

Durante ese crecimiento, la clase alta obtuvo la mayor parte de los beneficios y mantuvo el poder político. Por ejemplo, en Boston en 1770, el uno por ciento de los propietarios tenía el 44 por ciento de la riqueza.

Los comerciantes adinerados de las colonias construyeron mansiones. La clase alta se retrataba y viajaba en carrozas o en sillas llevadas por sirvientes o personas esclavizadas. Mientras tanto, los pobres luchaban por mantenerse con vida y evitar congelarse en el frío. Y su número seguía aumentando. En la década de 1730, la gente exigía instituciones para contener a los "muchos mendigos que diariamente vagan por las calles".

Las ciudades construyeron asilos para ancianos, viudas, lisiados y huérfanos, y también para desempleados e inmigrantes recién llegados. Las casas que albergaban a los más pobres rápidamente se llenaron. Un ciudadano de Filadelfia escribió en 1748: "Es notable cómo ha crecido el número de mendigos en la ciudad este invierno". Nueve años después, los funcionarios de Boston hablaron de "un gran número de pobres" a quienes les era difícil alimentar a sus familias.

Las historias tradicionales de las colonias hacen parecer que los colonos estaban unidos en la lucha contra Inglaterra, su enemigo externo. Pero había muchos conflictos al interior de las colonias. Esclavos y libres, sirvientes y amos, arrendatarios y terratenientes, pobres y ricos, el desorden estalló a lo largo de estas líneas de tensión.

En 1713, Boston sufrió una grave escasez de alimentos. A pesar del hambre de la ciudad, un comerciante adinerado llamado Andrew Belcher envió granos a las islas del Caribe, porque allí la ganancia era mayor. Una multitud de doscientas personas se amotinó, irrumpió en los almacenes de Belcher en busca de alimentos y disparó al teniente gobernador de la colonia, cuando este intentó detenerlos. Más tarde, otra multitud en Boston golpeó al alguacil y rodeó la casa del gobernador para protestar por el servicio obligatorio en la Marina. En 1747, los bostonianos pobres sentían que Thomas Hutchinson, comerciante acaudalado y funcionario, los había discriminado. Su casa se quemó misteriosamente, mientras la multitud observaba y vitoreaba.

En Nueva Jersey, en las décadas de 1740 y 1750, los agricultores pobres se enfrentaron con los opulentos terratenientes. Ambos grupos afirmaban ser dueños de la tierra y los agricultores se amotinaron cuando los terratenientes exigieron el pago de renta. Durante esa época, Inglaterra luchó en guerras que trajeron riqueza a unos cuantos comerciantes y constructores de barcos coloniales. Pero para la mayoría de los colonos, las guerras de Inglaterra sólo trajeron altos impuestos, desempleo y pobreza, y más descontento en contra de los ricos y poderosos.

Cómo gobernar

EN LA DÉCADA DE 1760, LA ÉLITE ADINERADA QUE
controlaba las colonias británicas en América del
Norte tenía tres grandes temores: la hostilidad de
los indígenas, el peligro de la revuelta de personas
esclavizadas y el creciente malestar de clase entre
los blancos pobres. ¿Qué pasaría si estos tres grupos se unían?

La Rebelión de Bacon les había mostrado a los
líderes coloniales que ignorar a los indígenas era
arriesgado, porque eso enfurecía a los blancos que
vivían cerca de la frontera. Mejor hacer la guerra
a los indígenas y ganar el apoyo de los blancos. Al
poner a los pobres en contra de los indígenas, las
autoridades podrían evitar un posible conflicto de
clases entre pobres y ricos.

¿Podrían unirse los negros y los indígenas contra los blancos? Esta era una amenaza real. En las
Carolinas, en la década de 1750, los veinticinco mil
blancos eran superados en número por cuarenta
mil personas negras esclavizadas y sesenta mil
indígenas. Las autoridades decidieron enfrentar a
negros e indígenas entre sí. Sobornaron a los indígenas para que devolvieran a las personas esclavizadas que habían intentado encontrar la libertad,

y también declararon ilegal que los negros libres viajaran por territorio indígena. Las aldeas indígenas albergaron a cientos de personas esclavizadas fugitivas, pero los negros y los indígenas nunca se unieron a gran escala.

El mayor temor de los opulentos dueños de plantaciones del sur era que personas negras esclavizadas y blancos pobres se unieran en otro levantamiento como la Rebelión de Bacon. Una herramienta para evitar que negros y blancos se unieran fue el racismo. Edmund Morgan, un historiador de la esclavitud en Virginia, escribió en su libro *Esclavitud estadounidense, libertad estadounidense,* que el racismo no era un sentimiento "natural" sobre las diferencias entre blancos y negros. En cambio, los líderes blancos fomentaron una visión negativa de los negros. Si los blancos pobres sentían desprecio por los afroamericanos, sería menos probable que se unieran a ellos en rebelión.

A medida que las colonias crecían, la clase dominante descubrió otra forma de mantener el control. Junto con los muy ricos y los muy pobres, se estaba desarrollando una clase media blanca formada por pequeños hacendados, agricultores independientes, artesanos urbanos y rurales. Si estos colonos de clase media unían fuerzas con los comerciantes y los grandes dueños de plantaciones, funcionarían como un sólido amortiguador contra los indígenas fronterizos, las personas negras esclavizadas y los blancos pobres.

Las clases altas tenían que ganarse la lealtad de la clase media. Esto requería ofrecer algo a la clase media, pero ¿cómo podían hacerlo sin dañar su propia riqueza o poder? En las décadas de 1760 y 1770, el grupo en el poder encontró una herramienta increíblemente útil. Dicha herramienta fue el lenguaje de la libertad y la igualdad. Un lenguaje capaz de reunir a suficientes blancos para hacer una revolución contra Inglaterra —sin acabar con la esclavitud o la desigualdad—.

ALREDEDOR DE 1776, CIERTAS PERSONAS IMPORTANTES
en las colonias británicas de América del Norte
hicieron un descubrimiento. Se dieron cuenta
de que al crear una nación y un símbolo llamado
Estados Unidos, podían apoderarse de la tierra,
la riqueza y el poder político de aquellas personas
que habían gobernado las colonias en nombre de
Gran Bretaña.

Si vemos la Revolución estadounidense desde
esta perspectiva, se nos revela como una obra
maestra. Los padres fundadores crearon un nove-
doso sistema de control nacional que ha funcionado muy bien durante más de doscientos años.

Se necesitaba desesperadamente el control.
En las colonias hervía el descontento. Hacia 1760
hubo dieciocho levantamientos con el objetivo

(*izquierda*)
Hoguera en el Bowling
Green para protestar
contra la Ley del Sello,
Ciudad de Nueva
York, 1765.

de derrocar al gobierno de las colonias. También hubo seis rebeliones negras, desde Carolina del Sur hasta Nueva York, y otros cuarenta disturbios.

Pero en la década de 1760, también las colonias tenían personas a las que llamamos élites locales, formadas por líderes políticos y sociales de la ciudad, pueblo o colonia. La mayoría eran personas educadas, como abogados, médicos y escritores. Sus ideas tenían peso. Algunos de estos colonos de élite eran cercanos a los círculos dirigentes formados por gobernadores, recaudadores de impuestos y otros funcionarios que representaban a Gran Bretaña. Otros colonos de élite estaban fuera de los círculos dirigentes, pero todos tenían el respeto de sus compañeros colonos.

Estas élites locales estaban conmocionadas por el creciente desorden. Temían que si se derrocaba el orden social de las colonias sus propiedades y relevancia se verían afectadas. Entonces las élites vieron una forma de protegerse a sí mismas y a sus posiciones. Podrían encauzar la energía rebelde de los colonos en contra de Gran Bretaña y sus funcionarios. Este descubrimiento no fue un plan o una simple decisión. En lugar de eso, tomó forma durante unos pocos años a medida que las élites enfrentaban una crisis tras otra.

Ira y violencia

EN 1763, LOS BRITÁNICOS DERROTARON A FRANCIA en la Guerra de los Siete Años (llamada Guerra franco-indígena en las colonias). Francia ya no era una amenaza para las colonias británicas en Norteamérica. Pero después de la guerra, el gobierno británico reforzó su control sobre esas colonias, porque eran valiosas. Gran Bretaña necesitaba impuestos de los colonos para ayudar a financiar la guerra. Además, el comercio con las colonias traía grandes ganancias a Gran Bretaña año tras año.

Pero el desempleo y la pobreza aumentaban en las colonias. Los pobres vagaban por las calles, mendigando. Al mismo tiempo, los colonos más ricos controlaban fortunas hoy valoradas en millones de dólares. Había mucha gente muy pobre y solo un reducido número de personas muy ricas.

Las dificultades causaban inquietud entre algunos colonos e incluso provocaban ánimos rebeldes. En el campo, donde vivía la mayoría de la gente, los pobres y los ricos entraban en conflicto. Desde la década de 1740 hasta la de 1760, en Nueva York y Nueva Jersey los inquilinos se amotinaron y se rebelaron contra los propietarios.

Los granjeros blancos de Carolina del Norte formaron un "Movimiento Regulador" en 1766. Los reguladores se identificaban como campesinos y trabajadores pobres. Decían defender a la gente común contra los funcionarios ricos y poderosos que gobernaban de manera injusta. Los reguladores estaban enojados por los altos impuestos. También les molestaba que abogados y comerciantes llevaran a los pobres ante los tribunales por deudas. Cuando los reguladores se organizaron para evitar que se recaudaran los impuestos, el gobernador empleó la fuerza militar contra ellos. En mayo de 1771, un ejército con cañones derrotó a miles de reguladores. Seis fueron ahorcados.

En Boston, las clases bajas comenzaron a utilizar las asambleas municipales para ventilar sus quejas. Un gobernador de Massachusetts escribió que la gente pobre y la gente común de

Boston asistían regularmente a las reuniones. Había tantos de ellos que superaron en votos a los "Caballeros" y otros bostonianos cercanos al círculo gobernante.

Algo importante estaba sucediendo en Boston. Comenzó con hombres como James Otis y Samuel Adams. Pertenecían a la élite local, pero no formaban parte del grupo gobernante vinculado a Gran Bretaña. Otis, Adams y otros líderes locales reconocieron los sentimientos de los bostonianos más pobres. A través de poderosos discursos y artículos escritos, despertaron esos sentimientos de ira y llamaron a las clases bajas a la acción.

La multitud de Boston demostró lo que podía hacer después de que el gobierno británico aprobó la Ley del Sello de 1765. Esta ley impuso impuestos a los colonos para pagar la Guerra de los Siete Años. Los colonos ya habían sufrido durante la guerra y ahora no querían pagar para financiarla. Multitudes destruyeron las casas de un comerciante adinerado y de Thomas Hutchinson, uno de los que gobernaban en nombre de Gran Bretaña. Destrozaron la casa de Hutchinson con hachas, bebieron su vino y se llevaron sus muebles y otras pertenencias.

Los funcionarios informaron a Gran Bretaña que la destrucción de la propiedad de Hutchinson era parte de un plan para atacar a otras personas ricas. Se trataría de "una guerra de saqueo, de nivelación general para borrar la distinción entre ricos y pobres". Pero tales estallidos preocupaban a líderes locales como James Otis. Querían que el odio de clase de los pobres se volviera solo contra la gente acaudalada que trabajaba para los británicos, no contra ellos mismos.

Un grupo de comerciantes, propietarios de barcos y maestros artesanos de Boston formó una agrupación política con el nombre Los Nueve Leales. Organizaron una marcha para protestar contra la Ley del Sello. Los Nueve Leales pertenecían a las clases media y alta, pero animaron a las personas de clase baja, trabajadores de barcos, aprendices y artesanos, a sumarse a su protesta (pero no incluyeron a los negros). Entre dos y tres mil personas se manifestaron frente a la casa de un funcionario local. Pero después de que los "señores" que planearon y organizaron la protesta se marcharon, la multitud fue más allá y destruyó algunas de las propiedades del funcionario. A continuación, los líderes dijeron que rechazaban la violencia. Dieron la espalda a la multitud y cortaron todo vínculo con los agitadores.

La siguiente vez que el gobierno británico intentó cobrar impuestos a las colonias, las élites coloniales convocaron a otras manifestaciones. Pero en esta ocasión, líderes como Samuel Adams y James Otis insistieron: "Sin multitudes, sin confusiones, sin tumultos". (Un "tumulto" era un motín). Querían que la gente mostrara su ira contra Gran Bretaña, pero también querían que las "personas y propiedades" no sufrieran daños.

Aires de revolución

A MEDIDA QUE PASABA EL TIEMPO, EL ENOJO CONTRA los británicos aumentaba. Después de 1768, en Boston se habían instalado dos mil soldados ingleses.

En un momento en que escaseaba el trabajo, estos soldados comenzaron a tomar los empleos de los trabajadores. El 5 de marzo de 1770, el conflicto entre los trabajadores locales y los soldados británicos estalló en un tumulto llamado la Masacre de Boston.

Los soldados dispararon sus armas contra una multitud de manifestantes, matando a un trabajador mestizo llamado Crispus Attucks y luego a otros. El colono John Adams, que era abogado, defendió durante el juicio a los ocho soldados británicos. Adams calificó a la multitud de la masacre "una chusma variopinta" y la describió en términos despectivos. Dos de los soldados fueron dados de baja del ejército. Los otros seis fueron declarados inocentes, lo que enfureció aun más a algunos bostonianos. Gran Bretaña sacó a sus tropas de la ciudad, con la esperanza de que las cosas se calmaran.

Pero la ira de los colonos no se disipó. Los líderes políticos y sociales de Boston formaron un Comité de Correspondencia para planificar acciones contra los británicos. Una de sus acciones fue el Motín del té de Boston de 1773. Para protestar por el impuesto al té, un grupo de colonos se apoderó del cargamento de un barco británico y lo arrojó al puerto de Boston.

La respuesta de Gran Bretaña al Motín del

té de Boston fue un conjunto de leyes nuevas y más estrictas. Los ingleses cerraron el puerto de Boston, disolvieron el gobierno colonial y enviaron tropas. Los colonos llevaron a cabo mítines masivos en protesta.

¿Qué pasaba con las otras colonias? En Virginia, la élite culta quería dirigir la ira de las clases bajas contra Gran Bretaña. Encontraron cómo hacerlo en Patrick Henry y su talento para dar discursos. Con frases inspiradoras, Henry explicó a los colonos por qué deberían estar molestos con Gran Bretaña. Al mismo tiempo, evitó suscitar conflictos de clases entre los colonos. Sus palabras alimentaron un sentimiento de patriotismo, una creciente resistencia contra Gran Bretaña.

Otras palabras llenas de emoción ayudaron a convertir el movimiento de resistencia en uno independentista. En 1776, Thomas Paine publicó un folleto, o libro corto, llamado *Sentido Común*. Por primera vez lanzó la audaz idea de que las colonias debían estar libres del control británico.

Paine argumentó que adherirse a Gran Bretaña no haría ningún bien a los colonos y que separarse de Gran Bretaña no les haría ningún daño.

COMMON SENSE:

ADDRESSED TO THE

INHABITANTS

OF

AMERICA.

On the following interesting

SUBJECTS.

I. Of the Origin and Design of Government in general, with concise Remarks on the English Constitution.

II. Of Monarchy and Hereditary Succession.

III. Thoughts on the present State of American Affairs.

IV. Of the present Ability of America, with some miscellaneous Reflections.

Written by an ENGLISHMAN.

By Thomas Paine

Man knows no Master save creating HEAVEN,
Or those whom choice and common good ordain.
THOMSON.

PHILADELPHIA, Printed

And Sold by R. BELL, in Third-Street, 1776.

Les recordó a sus lectores todas las guerras a las que Gran Bretaña los había arrastrado, y las vidas y el dinero que esas guerras les habían costado. Finalmente hizo una declaración atronadora: "Todo lo que es correcto o razonable demanda separación. La sangre de los asesinados, la voz llorosa de la naturaleza grita: 'LLEGÓ LA HORA DE SEPARARSE'".

Sentido Común fue el folleto más popular en Estados Unidos en la era colonial. Pero causó cierta alarma en los colonos de élite, como John Adams. Estas élites apoyaban la causa patriota de la independencia de Gran Bretaña pero no querían ir al extremo de la democracia. El gobierno del pueblo tenía que mantenerse dentro de ciertos límites, pensó Adams, porque las masas tomaban decisiones precipitadas y absurdas.

Thomas Paine no pertenecía a la élite. Llegó a América como un emigrante pobre de Inglaterra. Pero una vez iniciada la Revolución, se separó de las acciones multitudinarias de las clases bajas. Aun así, las palabras de Paine en *Sentido Común* se convirtieron en parte del mito de la Revolución: que era el movimiento de un pueblo unido.

(*izquierda*) Portada del folleto revolucionario de Thomas Paine, *Sentido común*, 1776.

¿La independencia de quién?

LA SEVERIDAD DE CADA ACTO DE CONTROL BRITÁNICO tuvo como efecto volver más rebeldes a los colonos. En 1774 ya habían establecido el Congreso Continental. Se trataba de una organización política ilegal pero también era un paso hacia un gobierno independiente.

El primer enfrentamiento militar entre los colonos y las tropas británicas se produjo en Lexington y Concord, en abril de 1775. Posteriormente, el Congreso Continental decidió separarse de Gran Bretaña. Thomas Jefferson escribió una Declaración de Independencia. El Congreso lo adoptó el 2 de julio de 1776 y lo anunció dos días después.

Un fuerte sentimiento de independencia estaba presente en todas las colonias. Las palabras iniciales de la Declaración capturaban ese sentimiento:

Sostenemos que estas verdades son evidentes por sí mismas, que todos los hombres son creados iguales, que su Creador los dotó de ciertos Derechos inalienables, que entre estos están la Vida, la Libertad y la búsqueda de la Felicidad; que para asegurar estos derechos, se instituyen entre los hombres los gobiernos, que derivan sus poderes legítimos del consentimiento de los gobernados; que siempre que alguna forma de gobierno se haga destructora de estos principios el pueblo tiene el derecho a reformarla o abolirla e instituir un nuevo Gobierno . . .

A continuación, la Declaración enumeraba los actos injustos o nocivos del rey británico. Describía su gobierno como una tiranía, o la opresión, es decir, el gobierno por la fuerza, sin igualdad. La Declaración pedía que el pueblo tuviera el control de su gobierno. Recordó las penas y dificultades que Gran Bretaña les había causado. Este lenguaje hizo posible que se crearan alianzas entre diversos grupos de colonos. Incluso fue capaz de hacer que quienes estaban en desacuerdo entre sí se volvieran contra Gran Bretaña.

Pero la Declaración no incluía a los indígenas, a los negros esclavizados ni a las mujeres. En cuanto a los indígenas, apenas veinte años antes, el gobierno de Massachusetts los había calificado de "rebeldes, enemigos y traidores" y había ofrecido dinero en efectivo por cada cabellera india.

Los esclavos negros representaban un problema para el autor de la Declaración. Al principio, la Declaración de Jefferson culpaba al rey por enviar personas esclavizadas a Estados Unidos y por no permitir que las colonias limitaran el comercio de personas esclavizadas. Quizá esta declaración fue resultado de sentimientos morales contra la esclavitud. Tal vez vino del miedo a las revueltas de personas esclavizadas. Pero el Congreso Continental lo eliminó de la Declaración de Independencia, porque los dueños de personas esclavizadas en las colonias no se ponían de acuerdo sobre terminar o no con la esclavitud. Así que el gesto de Jefferson hacia el negro esclavizado quedó fuera de la declaración de libertad de la Revolución.

"Todos los hombres son creados iguales", afirmaba la Declaración. Jefferson probablemente no usó la palabra "hombres" a propósito para dejar de lado a las mujeres. Simplemente no pensó en incluirlas. Las mujeres eran invisibles en la política. No tenían derechos políticos ni derecho a la igualdad.

Por su propio lenguaje, la Declaración de Independencia restringió la vida, la libertad y la felicidad a los hombres blancos. Pero los creadores y firmantes de la Declaración eran como otras personas de su tiempo. Sus ideas nacían del pensamiento que era común en su época. No estudiamos la Declaración de la Independencia para que podamos señalar sus fallas morales. La estudiamos para que podamos ver cómo la Declaración llevó a ciertos grupos de estadounidenses a la acción, mientras ignoró a otros. En nuestro tiempo, las palabras inspiradoras todavía se usan para lograr que un gran número de personas apoyen una causa, incluso cuando el mismo lenguaje oculta serios conflictos entre las personas o deja de lado a sectores enteros de la raza humana.

La realidad detrás de la Declaración de Independencia fue que una clase naciente de personas importantes en las colonias necesitaba apoyo suficiente para derrotar a Inglaterra. Al mismo tiempo, no querían perturbar demasiado el orden ya establecido por la riqueza y poder. De hecho, quienes crearon la independencia eran parte de ese orden establecido. Más de dos tercios de quienes firmaron la Declaración habían servido como funcionarios coloniales bajo órdenes de los británicos.

Thomas Crafts fue quien dio lectura a la radical Declaración de Independencia en el ayuntamiento de Boston. Era uno de Los Nueve Leales que se habían opuesto a la acción militante contra los británicos. Cuatro días después, el Comité de Correspondencia de Boston ordenó que los hombres de la ciudad se presentaran para ser reclutados en un nuevo ejército patriota. Pero resultó que los ricos podían evitar el reclutamiento. Podrían pagarle a alguien más para que sirviera en el ejército en lugar de ellos. Los pobres no tuvieron más remedio que servir. Esto provocó disturbios y gritos: "Tiranía es tiranía, venga de quien venga".

LA GUERRA REVOLUCIONARIA SE LIBRÓ ENTRE GRAN
Bretaña y sus colonias en América del Norte. Pero
durante el periodo revolucionario otras rebeliones
tuvieron lugar. Los soldados se volvieron contra
sus oficiales, los indígenas se pusieron del lado de
sus viejos enemigos y los agricultores pobres de
Massachusetts se levantaron en armas contra su
nuevo gobierno estadounidense.

Guerra y motín

JOHN ADAMS, EL ABOGADO DE MASSACHUSETTS
que defendió a los soldados que dispararon en la

Masacre de Boston, creía que sólo un tercio de la población de las colonias apoyaba la Revolución. Un historiador moderno llamado John Shy, que estudió el Ejército Revolucionario, cree que solo alrededor de una quinta parte de la población total tomó parte activa contra Gran Bretaña.

Pero casi todos los hombres blancos de las colonias tenían un arma y sabían disparar. Los líderes de la Revolución desconfiaban de las multitudes pobres, pero necesitaban su ayuda si querían vencer a Gran Bretaña. ¿Cómo podrían los líderes revolucionarios ganar más gente para su causa? Una forma de ganar apoyo era ofreciendo recompensas de servicio militar. Los hombres de las clases bajas se unieron al ejército con la esperanza de ascender de rango, hacer un poco de dinero y ascender en la sociedad.

El historiador Shy descubrió que los pobres "fueron los que más pelearon y más sufrieron" en la Revolución. No todos eran voluntarios. Solo unos años antes, los colonos se habían amotinado contra la práctica británica de la leva, que consistía en capturar hombres y obligarlos a servir en la Marina. Pero en 1779, en plena Revolución, la armada estadounidense estaba haciendo lo mismo.

(izquierda) Blacksmith, siendo notificado de una multa, 1786.

Los estadounidenses perdieron las primeras batallas de la guerra, en Bunker Hill y Brooklyn Heights. Ganaron batallas menores en Trenton y Princeton, luego una gran batalla en Saratoga, Nueva York, en 1777. Mientras el ejército helado de George Washington aguantaba en Valley Forge, Pensilvania, Benjamin Franklin estaba en Francia buscando ayuda. Gran Bretaña había derrotado a Francia en la Guerra de los Siete Años y los franceses tenían sed de venganza. Se unieron a la guerra del lado estadounidense.

La guerra se trasladó al sur. Los británicos sumaron victoria tras victoria, hasta que los ejércitos británico y estadounidense se enfrentaron en Yorktown, Virginia, en 1781. Con la ayuda de un gran ejército francés y con la armada francesa impidiendo que los británicos obtuvieran más hombres o suministros, los estadounidenses ganaron esta victoria final, y la guerra terminó.

A lo largo de la guerra, los estadounidenses ricos y pobres entraron en conflicto. Los hombres ricos encabezaron el Congreso Continental a cargo del gobierno de las colonias. Estos hombres estaban conectados entre sí por relaciones matrimoniales y familiares y también por lazos comerciales. Se cuidaban el uno al otro.

El Congreso decidió que aquellos oficiales del ejército que permanecieran hasta el final de la guerra recibirían la mitad de su salario militar por el resto de sus vidas. Esta medida ignoraba a los soldados comunes, a quienes no se les pagaba.

En el Año Nuevo de 1781, algunas tropas de Pensilvania se amotinaron. Dieron muerte a uno de sus capitanes, hirieron a otros y marcharon a cañonazos hacia Filadelfia y el Congreso. George Washington, comandante del ejército, hizo las paces con los soldados rebeldes.

Poco después, cuando los soldados se amotinaron en Nueva Jersey, Washington tomó una posición más severa. Ordenó fusilar a dos de los cabecillas por pelotones formados por sus amigos, que lloraban mientras apretaban los gatillos. Fue "un ejemplo", dijo Washington.

Los motines de soldados eran raros. La rebelión fue más fácil para las personas que no estaban en el ejército. El desorden civil estalló en media docena de colonias, incluso mientras las colonias luchaban contra Gran Bretaña.

En las colonias del sur, las clases bajas no querían unirse a la Revolución. Pensaban que la guerra no tenía nada que ver con ellos. Ya fuera que las colonias se independizaran o no de Gran Bretaña, seguirían siendo gobernados por una élite política.

Nathanael Greene, el general de Washington en el sur, escribió una carta a Thomas Jefferson contándole cómo sus tropas trataron a los realistas, colonos que habían permanecido leales a Gran Bretaña. Greene escribió que "más de cien fueron asesinados y la mayoría cortados en pedazos". Agregó que esta acción tuvo un "efecto feliz" en la gente de la zona que se había abstenido de apoyar a la Revolución.

Los agricultores arrendatarios se convirtieron en una amenaza durante la guerra. Estos granjeros pagaban renta a dueños de grandes propiedades. Cuando dejaron de pagar la renta, el gobierno revolucionario temió una rebelión. Así que el gobierno se apoderó de la tierra de los realistas y vendió parte de ella a los arrendatarios. Estos nuevos terratenientes ya no tenían que pagar renta, pero ahora tenían que pagar a los bancos que les habían prestado dinero para comprar tierras.

En su mayor parte, las propiedades tomadas de los realistas se destinaron a enriquecer a los líderes revolucionarios y sus amigos. La Revolución dio a estas élites coloniales la oportunidad de tomar el poder y las propiedades de aquellos que habían sido leales a Gran Bretaña. La guerra también dio algunos beneficios a los pequeños propietarios. Pero la Revolución trajo pocos cambios para la mayoría de los trabajadores blancos pobres y los arrendatarios.

Indios y negros en la Revolución

DURANTE LA GUERRA DE LOS SIETE AÑOS ENTRE Gran Bretaña y Francia, muchos indígenas norteamericanos habían luchado del lado de Francia. Los franceses eran comerciantes que no buscaban apoderarse de las tierras indígenas, pero los británicos querían espacio para sus viviendas.

Después de la Guerra de los Siete Años, los franceses ignoraron a sus aliados indígenas y cedieron el territorio francés en el valle de Ohio a los británicos. Allí, los indígenas atacaron los fuertes británicos y éstos se defendieron. Decenas de incursiones y enfrentamientos tuvie-

ron lugar a lo largo de la región de lo que ahora son los estados de Ohio, Indiana e Illinois.

Pero los británicos no pudieron destruir la voluntad de los indígenas, por lo que en 1763 firmaron la paz. Gran Bretaña declaró que la tierra al oeste de las Montañas Apalaches era territorio indígena. A los colonos se les prohibió establecerse allí. Esto enfureció a los colonos y les dio otra razón para volverse contra Gran Bretaña. También explica por qué muchos indígenas lucharon del lado de los británicos, sus antiguos enemigos, durante la Revolución. Después de la guerra, con los británicos fuera del camino, los estadounidenses podrían comenzar a expulsar a los indígenas de sus tierras, matándolos si se defendían.

Las personas negras esclavizadas también lucharon en la Revolución, en ambos lados. Los negros que buscaban la libertad se ofrecieron a luchar en el Ejército Revolucionario. George Washington los rechazó. Sin embargo, al final, unos cinco mil negros sirvieron con los revolucionarios. Miles más lucharon con los británicos.

La Revolución animó a algunos negros a exigir más de la sociedad blanca. En 1780, por ejemplo,

(izquierda)
Soldados de la Guerra Revolucionaria, 1780.

siete negros en Massachusetts pidieron a la legislatura el derecho al voto. Señalaron que los estadounidenses acababan de librar una guerra por el derecho a gobernarse a sí mismos y recordaron a los legisladores que muchos "de nuestro Color" habían luchado por la causa revolucionaria.

Después de la guerra, la esclavitud terminó en los estados del norte, pero de manera lenta. En 1810 unas treinta mil personas seguían esclavizadas en el norte. En 1840 todavía había mil personas esclavizadas. En el extremo sur, el crecimiento de las plantaciones de arroz y algodón hicieron crecer la esclavitud.

Granjeros en armas

PARA CUANDO LA REVOLUCIÓN SE PUSO EN MARCHA, en las colonias estadounidenses ciertas normas ya estaban establecidas. Los indígenas no tenían lugar en la nueva sociedad. Los negros no eran tratados como iguales a los blancos. Los ricos y poderosos dirigían todo. Después de la guerra, los líderes revolucionarios pudieron convertir esas normas en las leyes de la joven nación.

Un grupo de líderes se reunió en Filadelfia en 1787 para redactar la Constitución de los Estados Unidos. En ellos se hacía presente el miedo a la revuelta. El año anterior, un levantamiento de granjeros llamado la Rebelión de Shays había convertido el oeste de Massachusetts en un campo de batalla.

Massachusetts había aprobado leyes estatales que exigían tener más propiedades para poder tener derecho a votar. La gente no podía votar si no poseía suficiente tierra. Además, solo los muy ricos podían ocupar cargos públicos. Los granjeros que no podían pagar sus deudas estaban molestos, porque los legisladores estatales no hacían nada para ayudarlos.

Un hombre llamado Plough Jogger habló en una reunión sobre cómo había sido maltratado por el gobierno y lo que quería hacer al respecto:

> He sido notablemente maltratado, me he visto obligado a hacer mucho más de lo que me correspondía en la guerra; me han sido exigidas tarifas de clase [impuestos], tarifas de ciudad, tarifas de provincia. Tarifas continentales y todo tipo de tarifas . . . he sido llevado y traído por alguaciles y recaudadores de impuestos y

mi ganado ha sido vendido por menos de su valor . . .
Los grandes poderosos van a quedare con todo lo que
tenemos y creo que es hora de que nos levantemos y le
pongamos fin, y no tengamos más tribunales, ni alguaciles, ni cobradores ni abogados . . .

Algunos granjeros descontentos eran veteranos del Ejército Continental. Habían luchado por
la causa revolucionaria, pero cuando terminó la
guerra, no recibieron su pago. Estaban endeuda-
dos y no tenían dinero. Cuando los tribunales se
reunieron para quitarles el ganado y la tierra, los
granjeros protestaron. Grandes grupos armados
marcharon hacia los escalones de los juzgados,
impidiendo que los tribunales llevaran a cabo sus
acciones. Multitudes de agricultores irrumpieron
igualmente en las cárceles para liberar a los deu-
dores presos.

Los líderes políticos de Massachusetts estaban
alarmados. Samuel Adams, que había actuado
contra el gobierno británico en Boston, ahora
insistía en que la gente se mantuviera dentro de
la ley. La gente de la ciudad de Greenwich respondió: "Ustedes en Boston tienen dinero. Nosotros
no ¿Y actuaron ustedes también ilegalmente en la
Revolución?"

Daniel Shays era un peón pobre al estallar la Revolución. Se unió al ejército y luchó en Lexington, Bunker Hill y Saratoga. En 1780 abandonó el ejército porque no le habían pagado. De regreso a casa, se encontró en problemas legales porque no podía pagar sus deudas. Vio que a otros les pasaba lo mismo. A una mujer enferma, incapaz de pagar, le quitaron la cama sobre la que dormía.

Cuando la Corte Suprema de Massachusetts acusó de delitos a los líderes de la rebelión de los granjeros, Shays organizó a setecientos granjeros armados, en su mayoría veteranos. Mientras marchaban hacia Springfield y la corte, otros se les unieron. Los jueces acortaron la sesión del tribunal.

Los granjeros mantuvieron la presión, pero las nevadas en el invierno comenzaron a interferir con sus viajes a los juzgados. Cuando Shays hizo marchar a mil hombres hacia Boston, una tormenta los obligó a retroceder y un hombre murió congelado. Luego, los comerciantes de Boston recaudaron dinero para pagar un ejército y enfrentarse a los granjeros. Los rebeldes fueron superados en número y huyeron. Shays huyó a Vermont.

Algunos de sus seguidores se rindieron. Otros murieron en batalla. Y otros más llevaron a cabo actos de violencia desesperados contra la autoridad, como quemar graneros o matar el caballo de un general.

Los rebeldes capturados fueron juzgados. Aunque Shays fue perdonado más tarde, una docena fue condenada a muerte. Sam Adams afirmó que existía una diferencia entre rebelarse contra un rey, como él lo había hecho, y el levantamiento de los granjeros. La traición contra un rey podría perdonarse, dijo Adams, "pero el hombre que se atreva a rebelarse contra las leyes de una república debe sufrir la muerte".

Thomas Jefferson tenía una opinión distinta. Creía que tales levantamientos eran saludables para la sociedad. Jefferson escribió: "Sostengo que un poco de rebelión de vez en cuando es algo bueno . . . Es una medicina necesaria para la buena salud del gobierno".

Pero los líderes políticos y económicos de la nueva nación no compartían la opinión de Jefferson. Temían que la revuelta se extendiera y que los pobres reclamaran una parte de la propiedad de los ricos. Estos miedos estaban

presentes en la mente de quienes escribieron la
Constitución de los Estados Unidos.

La Constitución: negocios como de costumbre

MUCHOS ESTADOUNIDENSES HAN VISTO EN LA
Constitución una obra maestra hecha por hombres sabios que crearon un marco legal para la
democracia y la igualdad. Pero hay otra forma de
verlo.

En 1935, el historiador Charles Beard presentó
una visión de la Constitución que enfureció a
algunas personas. Beard examinó a los cincuenta
y cinco hombres que se reunieron a redactar la
Constitución. Descubrió que la mayoría eran
ricos. La mitad de ellos eran prestamistas y
muchos eran abogados. Tenían razones para crear
un gobierno federal o central fuerte que pudiera
proteger el sistema económico que entendían y
del que formaban parte. Beard también señaló que
ninguna mujer, negro, sirvientes o personas sin
propiedades ayudaron a redactar la Constitución.

Por lo tanto, la Constitución no reflejaba los intereses de esos grupos.

La Constitución decía que los legisladores de cada estado elegirían a los senadores que representarían a ese estado en el Congreso Federal. Los legisladores estatales también elegirían a los electores, quienes elegirían al presidente. El presidente nombraría a los miembros de la Corte Suprema. La única parte del gobierno que el pueblo elegiría directamente era la Cámara de Representantes de los Estados Unidos. Incluso en esas elecciones, cada estado estableció sus propios requisitos de votación. Las mujeres, los indígenas y las personas esclavizadas no podían votar. En casi todos los estados, los hombres sin propiedades tampoco podían votar.

El problema de la democracia iba más allá de los límites constitucionales al voto. Estaba en la división de la sociedad en ricos y pobres. Algunas personas tenían grandes riquezas y poder. Poseían y controlaban la tierra, el dinero, los periódicos, las iglesias y el sistema educativo. ¿Cómo podría el voto reducir tal poder?

Había llegado el momento para que los estados ratificaran la Constitución, el momento de aceptarla y convertirla en la nueva ley nacional. Algunas personas deseaban una Constitución y un fuerte gobierno central. Otros creían que los trece estados debían permanecer independientes o vinculados de alguna manera.

En Nueva York, el debate sobre la ratificación fue intenso. Los partidarios de la Constitución se llamaban federalistas. Uno de los principales federalistas fue Alexander Hamilton, quien creía que la sociedad estaba naturalmente dividida en clases. En opinión de Hamilton, la clase alta debía dirigir las cosas, porque la verdadera democracia era peligrosa:

> Toda comunidad se divide entre los pocos y los muchos. Los primeros son los ricos y bien nacidos, los otros la masa del pueblo . . . La gente es turbulenta y cambiante; rara vez juzgan o deciden correctamente. Por lo tanto, hay que dar a la primera clase una clara participación permanente en el gobierno . . . Solo un organismo permanente puede controlar la imprudencia de la democracia . . .

Los federalistas publicaron artículos explicando las ventajas de un gobierno central. Una ventaja, decía James Madison, era que los disturbios, las revueltas y los disturbios civiles serían menos probables en "una gran nación con más de trece estados" que en un solo estado. El deseo de la gente por cosas tan "perversas" como "una división equitativa de la propiedad" podría superar a un gobierno estatal, pero no a uno federal.

Casi una tercera parte de la población de los Estados Unidos poseía alguna propiedad. La mayoría tenía tan sólo pequeñas propiedades. Aun así, un tercio de la población sentía que poseía algo que debía ser protegido por un gobierno fuerte y estable. Además, los artesanos de las ciudades querían un gobierno central que cuidara sus puestos de trabajo con impuestos a los productos importados. Esta fue una base más grande de apoyo para el gobierno que en cualquier otro lugar del mundo a finales del siglo XVIII.

La Constitución sirvió a los intereses de una élite rica. Pero también hizo lo necesario para que pequeños propietarios, así como trabajadores y agricultores de ingresos medianos le brindaran su apoyo. La Constitución ganó aun más validez después de que el Congreso aprobó las enmiendas, o cambios, conocidos como la Declaración de Derechos. La Declaración de Derechos parecía convertir al nuevo gobierno en un protector de las libertades de las personas. Garantizaba el derecho a hablar, a publicar, a rendir culto, a ser juzgado con justicia, etc. También garantizaba el derecho de habeas corpus, lo que significa que nadie puede ser encarcelado sin una audiencia. Pero la Primera Enmienda demuestra lo rápido que la libertad puede ser arrebatada.

La Primera Enmienda dice que el Congreso no promulgará ninguna ley que limite la libertad de expresión o de la prensa. Pero en 1798, solo siete años después de que se añadiera la Declaración de Derechos a la Constitución, el Congreso aprobó una ley que limitaba claramente el derecho a la libertad de expresión.

Se trataba de la Ley de Sedición, que convertía en delito decir algo "falso, escandaloso y malicioso" en contra del gobierno federal. Toda crítica capaz de poner al pueblo en contra del gobierno estaba prohibida. La Ley de Sedición parecía violar la Primera Enmienda, pero diez personas fueron a prisión por decir cosas contra el gobierno.

El Congreso también aprobó nuevos impuestos para pagar los bonos de guerra. Aunque las personas más acaudaladas de la sociedad poseían la mayoría de los bonos, la gente común tenía que pagar los impuestos. Una ley llamada el Impuesto al whisky perjudicó a los pequeños agricultores que fabricaban y vendían la bebida. Cuando los agricultores se levantaron en armas contra el impuesto, en 1794, el gobierno envió tropas para sofocar la rebelión. Ya desde los primeros años de la Constitución, ciertas partes de ella, como la Primera Enmienda, podían ser tomadas a la ligera. Otras partes, como la facultad de cobrar impuestos, eran aplicadas con fuerza.

¿Fueron los Padres Fundadores hombres sabios y justos que buscaban crear un equilibrio de poder? No deseaban un equilibrio, excepto uno que mantuviera las cosas como estaban. Ciertamente no querían un equilibrio equitativo entre las personas esclavizadas y los amos, ricos y pobres o indígenas y blancos. La mitad de la población del país ni siquiera fue tomada en cuenta por los Padres Fundadores. Tales ciudadanas "invisibles" fueron las mujeres en los primeros años de Estados Unidos.

CIERTOS LIBROS DE HISTORIA DAN LA IMPRESIÓN DE
que la mitad de la gente en Estados Unidos nunca
existió. Los libros de historia hablan de exploradores, comerciantes, políticos y generales, pero todos
ellos son hombres. En Estados Unidos, en sus primeros años, las mujeres no podían tener ninguno
de esos trabajos. Eran invisibles para la historia.

Para los europeos que se asentaron en el
continente americano, la ley y las costumbres
sociales establecían claramente que las mujeres
no eran iguales a los hombres. Los padres y mari-
dos tenían derecho a controlar a las mujeres. Las
mujeres eran oprimidas, lo cual significa que no
podían controlar sus propias vidas. La opresión de
las mujeres iba a ser difícil de erradicar.

Cómo eran tratadas las mujeres

LOS PRIMEROS ASENTAMIENTOS EN LAS COLONIAS
estadounidenses estaban compuestos casi en su
totalidad por hombres. Las mujeres fueron traídas
para ser esposas, madres y compañeras. En 1619,
un barco llegó a la colonia de Jamestown, Virginia,
con noventa mujeres. Habían accedido a venir a
la colonia para casarse con hombres que nunca
habían conocido, a cambio del costo de su pasaje
en el Océano Atlántico.

Muchas mujeres y adolescentes llegaron a las
colonias como sirvientas contratadas. Su vida no
era muy diferente a la vida de los esclavos, excepto
que su servicio tenía un final. Mientras eran sirvientes, tenían que obedecer a sus amos y señoras,
y en ocasiones sufrían abusos sexuales. Las sirvientas "estaban mal pagadas y, a menudo, se las
trataba de manera grosera y dura", según un libro
de historia titulado *Mujeres trabajadoras de Estados
Unidos.*

Las mujeres negras sufrieron doblemente.
Fueron oprimidas por ser negras y por ser
mujeres. Un traficante de personas esclavizadas
informó sobre las terribles condiciones que sopor-
taron al cruzar el Atlántico:

> Vi a mujeres embarazadas dando a luz a bebés mientras
> estaban encadenadas a cadáveres que nuestros capataces
> borrachos no habían retirado . . . A bordo del barco había
> una joven negra encadenada a la cubierta, que había
> perdido la razón poco después de que la compraron y la
> subieron a bordo.

Incluso las mujeres blancas libres enfrentaban dificultades. Dar a luz y criar hijos era difícil en una época en que la atención médica era deficiente y las enfermedades eran comunes. Llegaron dieciocho mujeres casadas a Estados Unidos en el Mayflower, el barco de los Peregrinos. Tres estaban embarazadas. Menos de un año después, solo cuatro de las mujeres estaban vivas. El parto y la enfermedad se habían llevado a las demás.

Las leyes e ideas traídas de Inglaterra eran otra carga para las mujeres. Según la ley, cuando una mujer se casaba, su marido se convertía en su amo. Los esposos tenían el derecho legal de controlar a sus esposas en todos los sentidos. Un hombre podía castigar físicamente a su esposa (aunque no podía matarla o causarle una lesión permanente). Su propiedad y posesiones pasaban a ser suyas. Si ella ganaba dinero, éste también era de él.

Consejos para una hija fue un libro de gran éxito de ventas. En él se afirmaba que la "desigualdad de sexos" era un hecho de la vida. Muchos estadounidenses leyeron este libro, que decía que los hombres estaban destinados a ser los legisladores y que tenían más poder de razón, más capacidad de pensamiento, que las mujeres. Pero a pesar de los poderosos mensajes de que las mujeres eran inferiores a los hombres, algunas encontraron formas de mostrar su independencia.

Mujeres independientes

ANNE HUTCHINSON FUE UNA MUJER RELIGIOSA en los primeros años de la Colonia de la Bahía de Massachusetts. Se enfrentó a los padres de la iglesia al insistir en que podía leer la Biblia y descubrir su significado por sí misma, al igual que cualquier otra persona.

Hutchinson fue llevada a juicio dos veces. La iglesia la llevó a juicio por herejía, el delito de tener creencias que no fueron aprobadas por los

(izquierda)
"Anne Hutchinson predica", siglo XX.

líderes religiosos. El gobierno de la colonia la llevó a juicio por oponerse a su autoridad.

A Hutchinson se le ordenó abandonar la Colonia de la Bahía de Massachusetts. Al marcharse a Rhode Island, en 1638, la siguieron otras treinta y cinco familias. Más tarde, Hutchinson fue a Long Island. Los indígenas pensaron que ella era una de las enemigas que los había despojado de su tierra, así que la mataron junto con su familia. Otra mujer en la Colonia de la Bahía de Massachusetts, Mary Dyer, murió en la horca debido a sus creencias y su comportamiento "rebelde".

Pocas mujeres participaban en asuntos públicos como la política. Pero durante la Revolución estadounidense, las presiones de la guerra llevaron a algunas mujeres a la vida pública. Las mujeres formaron grupos patrióticos, llevaron a cabo acciones contra los británicos y escribieron artículos a favor de la independencia.

En 1777, las mujeres incluso tuvieron su propia versión del Motín del té. Abigail Adams lo describió en una carta a su esposo John Adams, abogado y uno de los Padres Fundadores. Cuando un comerciante rico se negó a vender café a precio justo, un grupo de mujeres marchó a su almacén. Después de que una de las mujeres arrojó al comerciante en un carro, éste les entregó sus llaves; las mujeres se llevaron el café y se retiraron. Abigail Adams escribió: "Una multitud de hombres observó asombrada y silenciosa toda la transacción".

En la frontera, cuando escaseaba la mano de obra experimentada, algunas mujeres tuvieron la oportunidad de demostrar que eran iguales a los hombres. Antes y después de la Revolución, se desempeñaban en trabajos importantes, como la edición de periódicos, la dirección de tiendas y administración de posadas. Otras mujeres, y también niñas, trabajaban en sus hogares, hilando hilo para que las plantas locales tejieran telas.

Cuando la industria comenzó a ser una parte importante de la economía, las mujeres fueron sacadas del hogar para trabajar en las fábricas. Pero al mismo tiempo, existía presión para que las mujeres se quedaran en casa, donde podían ser controladas más fácilmente.

Fue por entonces que en sermones y libros comenzó a aparecer eso que algunos llamaban la mujer perfecta. Su trabajo era mantener el hogar alegre, religioso y patriótico. Se suponía que ella

Mujeres en huelga,
1860.

era la enfermera, cocinera, limpiadora, costurera, maestra y cuidaba de las flores de su familia. Además, debía leer poco, y ciertos libros habían de ser evitados. Pero lo más importante: el papel de la mujer era satisfacer las necesidades de su marido.

Mujeres en el trabajo

MIENTRAS LOS PREDICADORES Y ESCRITORES elogiaban un adecuado comportamiento "femenino", las mujeres comenzaban a ejercer resistencia contra los límites que la sociedad establecía sobre lo que podían hacer. No podían votar ni poseer propiedades. No podían ir a la universidad ni estudiar leyes y medicina. En caso de trabajar, su salario era mucho menor que el de los hombres que realizaban esos mismos trabajos.

Pero las mujeres *iban* a trabajar. En el siglo XIX, gran número de mujeres encontraron trabajo en fábricas textiles o de confección de telas, donde operaban las nuevas máquinas industriales, como los telares mecánicos. De cada diez trabajadores textiles, ocho o nueve eran mujeres. La mayoría tenía entre quince y treinta años.

Estas mujeres obreras encabezaron algunas de las primeras huelgas industriales. Abandonaron sus trabajos en las fábricas textiles para exigir salarios más altos y mejores condiciones de trabajo. La primera huelga conocida de trabajadoras de una fábrica se produjo en 1824, en Pawtucket, Rhode Island. Diez años después, cuando una joven fue despedida de su trabajo en Lowell, Massachusetts, otras jóvenes abandonaron sus telares en señal de protesta. Una de ellas subió a la bomba de agua del pueblo y pronunció un encendido discurso sobre los derechos de la mujer.

Catherine Beecher se encontraba en Lowell en ese momento. Beecher más tarde se convirtió en una reformista que trabajó para mejorar la educación de las mujeres. Escribió sobre el sistema de molinos que inspiró la revuelta de las mujeres:

Estaba yo allí en pleno invierno, y todas las mañanas a las cinco me despertaban las campanas llamando al trabajo . . . Más tarde, sólo media hora permitida para la comida, de la cual se descontaba el tiempo de ida y vuelta. Luego, de vuelta a los molinos a trabajar hasta las siete . . . Debe recordarse que todas las horas de trabajo se pasan en cuartos donde las lámparas de aceite, junto con 40 a 80 personas, agotan el principio saludable del aire . . . y donde el aire se carga de partículas de algodón arrojadas por miles de cardas, husos y telares.

¿Derechos de la mujer?

LAS FÁBRICAS TEXTILES NO ERAN LOS ÚNICOS espacios donde la gente hablaba de los derechos de la mujer. El lugar de la mujer en la sociedad comenzaba, lentamente, a cambiar.

Las mujeres de clase media no podían ir a la universidad, pero podían convertirse en maestras de escuelas primarias. Comenzaron a hacerse presentes en esa profesión, en grandes números. Siendo maestras, leían más y se comunicaban más. Las jóvenes y mujeres empezaban a tocar con más fuerza a las puertas de la educación superior.

En 1821, Emma Willard fundó la primera escuela especial para niñas. Veintiocho años después, Elizabeth Blackwell fue otra pionera al obtener un título de médica.

Las mujeres también comenzaron a escribir para revistas, e incluso fundaron algunas revistas para mujeres. Entre 1780 y 1840, se duplicó el porcentaje de mujeres estadounidenses que sabían leer y escribir. Las mujeres se unieron a organizaciones religiosas y se convirtieron en reformadoras de la salud. Algunas de las más poderosas se sumaron al movimiento en contra de la esclavitud.

A través de todas estas actividades, las mujeres adquirieron experiencia en la organización dando discursos y participando activamente a favor de causas. Pronto usarían esa experiencia en una nueva causa: los derechos de las mujeres.

Lucy Stone era profesora de la Sociedad Estadounidense contra la Esclavitud. Oradora firme, no tenía miedo de expresar ideas que no eran populares. Durante sus discursos, a Stone le arrojaron agua fría, la golpearon al lanzarle un libro y fue atacada por grupos de personas. A pesar de todo esto, comenzó a dar conferencias sobre los derechos de la mujer en 1847, en una iglesia en Massachusetts donde su hermano fungía como pastor.

Angelina Grimké fue otra activista contra la esclavitud que se volvió a la causa de los derechos de las mujeres. Ella creía que si Estados Unidos podía "levantar del polvo a millones de personas esclavizadas de ambos sexos y convertirlos en hombres y mujeres", entonces también podría levantar a "millones de mujeres y ponerlas de pie".

Por todos los rincones del país, las mujeres llevaban a cabo una enorme cantidad de trabajos en organizaciones antiesclavistas. Esto inspiró todo un movimiento en favor de la igualdad de las mujeres, el cual ocurrió de forma paralela al movimiento contra la esclavitud. Un evento clave para el movimiento por los derechos de la mujer fue la Convención Mundial contra la Esclavitud en Londres, Inglaterra, en 1840.

Los organizadores de la convención estuvieron a punto de impedir que las mujeres participaran, porque no era "apropiado" que las mujeres asistieran a convenciones públicas. Al final, a las mujeres se les permitió asistir pero solo si se sentaban detrás de una cortina. El abolicionista estadounidense William Lloyd Garrison, quien apoyaba los derechos de la mujer y la abolición de la esclavitud, se sentó al lado de ellas.

El hecho de ser tratadas como miembros de segunda clase dentro del movimiento contra la esclavitud enfureció a mujeres como Elizabeth Cady Stanton y Lucretia Mott. Ambas, activistas contra la esclavitud, se preocupaban profundamente por el rol y los derechos de la mujer en la sociedad.

Stanton y Mott organizaron la primera convención de derechos de la mujer en la historia. Tuvo lugar en la ciudad natal de Stanton, Seneca Falls, Nueva York, en 1848. Trescientas mujeres asistieron a la reunión. Lo mismo hicieron algunos hombres que estaban a favor de los derechos de la mujer.

Al final de la convención, cien personas firmaron una Declaración de Principios, la cual usó parte del lenguaje de la Declaración de Independencia de Thomas Jefferson, pero con cambios para incluir a las mujeres. La Declaración de Principios decía que "todos los hombres y mujeres son creados iguales". Describía el trato injusto de las mujeres y esbozaba los pasos a seguir para alcanzar una mayor igualdad.

Pero la verdadera igualdad sería algo más que otorgar derechos a las mujeres. Significaría tratar de forma equitativa a las mujeres negras y a las mujeres blancas. En 1851, durante una reunión en apoyo de los derechos de la mujer, una anciana negra se sentó a escuchar a algunos ministros varones que acaparaban la mayor parte de la conversación. Entonces se puso de pie. Alta y delgada, con un vestido gris y un turbante blanco, esta antigua esclava llamada Sojourner Truth habló sobre su vida como mujer negra. Las palabras exactas de Truth no fueron preservadas, pero distintas versiones de su discurso fueron después publicadas. Un periodista que se encontraba presente entre los asistentes las transcribió de la siguiente manera:

¿Puedo decir algo? Quisiera decir algunas palabras sobre este asunto.

Soy una mujer de derechos.

Tengo tanto músculo como cualquier hombre, y puedo hacer la misma cantidad de trabajo que un hombre.

He sembrado y cosechado la tierra, y desgranado y cortado madera ¿pueden los hombres hacer más que eso?

He escuchado hablar mucho sobre la igualdad de sexos; puedo cargar lo mismo que un hombre, y puedo comer lo mismo que un hombre.

Soy tan fuerte como cualquier hombre.

A medida que otras mujeres celebraban convenciones en todo el país, el movimiento ganó fuerza. Las mujeres luchaban contra quienes querían mantenerlas en "el lugar de una mujer". Participaban en todo tipo de movimientos, no solo por los derechos de las mujeres, sino también por la reforma penitenciaria, la atención médica y el fin de la esclavitud.

En medio de todos estos movimientos, un nuevo impulso se apoderó de Estados Unidos. Se trataba del impulso de expansión, de volverse más grande. Los estadounidenses querían más tierras. Se las quitarían a los indígenas, tal como lo habían hecho desde el principio.

En la guerra de Revolución, casi todas las naciones indígenas más importantes lucharon del lado de los británicos. Sabían que si los británicos perdían la guerra, no habría forma de detener a los estadounidenses. Los colonos cruzarían los Montes Apalaches hacia el territorio indígena.

Los indígenas tenían razón. Cuando Thomas Jefferson se hizo presidente en 1800, unos setecientos mil colonos blancos ya vivían al oeste de las montañas. Los estadounidenses estaban ansiosos por poblar el territorio entre los montes Apalaches y el río Mississippi. Deseaban talar los bosques, plantar algodón y cereales, además de construir caminos, ciudades y canales. Con el tiempo, se convencieron de que su nación debía llegar, cruzado América del Norte, hasta el Océano Pacífico.

Los indígenas eran un obstáculo para estos planes. Entonces, el gobierno de los Estados Unidos concibió el plan para la "deportación de indígenas" y así despejar la tierra para que los blancos pudieran usarla. Esta "deportación" costó muchas vidas y sufrimiento. Es difícil para los historiadores valorar cabalmente este inmenso daño.

De "luchador indígena" a presidente

DESPUÉS DE LA REVOLUCIÓN, LOS ESTADOUNIDENSES adinerados compraron grandes extensiones de tierra en la frontera. Planeaban venderlas más tarde para obtener enormes ganancias. Esto se llamaba especulación. Algunos de los especuladores fueron los Padres Fundadores, incluidos George Washington y Patrick Henry.

Otro especulador de tierras también era comerciante, traficante de personas esclavizadas, soldado y futuro presidente. Se trata de Andrew Jackson, el enemigo más cruel de los indígenas durante los primeros años de Estados Unidos.

Jackson se hizo famoso durante la Guerra de 1812. Los libros de texto suelen decir que la guerra fue una lucha contra Gran Bretaña por la supervivencia de Estados Unidos, pero fue más que eso. También fue una guerra por el territorio. Permitió a los Estados Unidos expandirse hasta Canadá, hasta Florida (que era propiedad de España) y a territorios indígenas.

Las primeras guerras indígenas de Jackson fueron contra los creek, que vivían en la mayor parte de Georgia, Alabama y Mississippi. En medio de la guerra, los guerreros creek masacraron a 250 blancos en un fuerte de Alabama. Las tropas de Jackson se vengaron quemando un pueblo creek, matando a mujeres y niños y a los hombres.

Un año más tarde, en 1814, Jackson se convirtió en un héroe nacional al luchar en la Batalla de Horseshoe Bend contra mil guerreros creek. Dio muerte a ochocientos de ellos, con pocas bajas de su lado. Jackson le debió su victoria a los cheroqui que lucharon de su lado, porque el gobierno había prometido tratarlos bien si se unían a la guerra. Las tropas blancas de Jackson fracasaron en un ataque a los creek, pero los cheroqui cruzaron a nado un río, llegaron detrás de los creek y ganaron la batalla en nombre de Jackson.

Cuando terminó la guerra, Jackson y sus amigos comenzaron a comprar tierras creek. Jackson se hizo cargo de los tratados. En 1814 escribió un tratado que despojó a la nación creek de la mitad de su territorio.

Este tratado inició algo nuevo e importante. Los indígenas nunca habían pensado que la tierra podía pertenecer a propietarios individuales. Como un jefe shawnee llamado Tecumseh dijo: "La tierra pertenece a todos, para el uso de cada uno". Pero el tratado de Jackson les otorgaba a los indígenas la propiedad individual de la tierra y anulaba sus propiedades compartidas. El tratado volvió a indígenas contra indígenas, sobornando a algunos de ellos con tierras y excluyendo a otros.

Los siguientes diez años, Jackson participó en muchos más tratados con los indígenas del sur. A través de la fuerza, el soborno y engaños, ayudó a los blancos a apoderarse de las tres cuartas partes de Alabama y Florida, una tercera parte de Tennessee y parte de otros cuatro estados. Estas apropiaciones de territorios se convirtieron en la base del reino algodonero del sur, donde las personas esclavizadas trabajaban en las plantaciones de propiedad blanca.

Pronto, el asentamiento blanco llegó a los límites de la Florida española, hogar de los indígenas

seminolas y de algunas personas negras que buscaban la libertad. Jackson argumentaba que Estados
Unidos tenía que controlar Florida para poder
defenderse, justo lo que las naciones modernas
suelen decir antes de iniciar una guerra de conquista en el territorio de otro país.

Jackson dio inicio a sus incursiones en Florida,
incendiando pueblos seminolas y apoderándose
de los fuertes construidos por españoles. A raíz de
estos ataques, España accedió a vender Florida a
los Estados Unidos. Jackson se convirtió en gobernador del nuevo territorio. También dio consejos a
sus amigos y parientes sobre la compra de personas esclavizadas y la especulación con la tierra.

En 1828, los estadounidenses eligieron presidente a Jackson. Durante las presidencias de
Jackson y Martin Van Buren, el hombre que
eligió para que lo sucediera, el gobierno de los
Estados Unidos expulsó de sus tierras originales a
setenta mil indígenas, enviándolos al este del río
Mississippi. Un funcionario del gobierno llamado
Lewis Cass justificó la deportación argumentando
que los "salvajes" no podían vivir "en contacto con
una comunidad civilizada".

Durante su periodo como gobernador del

(izquierda)
William Weatherford
(derecha), hombre
mestizo que se
convirtió en líder de
los creek, presenta su
rendición ante Andrew
Jackson, tras la Batalla
de Horseshoe Bend.

El sendero de
lágrimas, 1838.

Territorio de Michigan, Cass despojó de millones de hectáreas a los indígenas. En 1825, en una reunión del tratado con los shawnee y cheroqui, les prometió que si se desplazaban hacia el oeste, más allá del río Mississippi, "Estados Unidos nunca los despojaría de las tierras que tuvieran ahí". Los territorios más allá del río, declaró Cass, seguirían siendo territorio indígena por siempre.

La opción terrible

POR UNOS POCOS AÑOS, EN LA DÉCADA DE 1820, antes de que Jackson se convirtiera en presidente, indígenas y blancos del sur habían logrado establecer una vida cotidiana pacífica. Vivían en paz, a menudo cerca unos de otros. Los hombres blancos visitaban las comunidades indígenas y los indígenas eran huéspedes en las casas de los blancos. Figuras fronterizas como Davy Crockett y Sam Houston surgieron de este medio ambiente. Ambos, a diferencia de Andrew Jackson, eran amigos de los indígenas.

La presión para remover a los indígenas de la tierra vino de políticos, intereses comerciales, especuladores de tierras y el crecimiento demográfico que exigía nuevos ferrocarriles y ciudades. Estas presiones pudieron empujar a los pioneros blancos y pobres a los primeros enfrentamientos violentos con los indígenas, pero los pioneros que eran vecinos de los indígenas no encabezaron el movimiento para expulsarlos.

¿Cómo logró el gobierno expulsar a los indígenas de Georgia, Alabama, Mississippi y de otros lugares? La respuesta está en la diferencia entre las leyes federales (o nacionales) y las leyes estatales. Las leyes federales, como los tratados entre el gobierno federal y las tribus, ponen al Congreso de los Estados Unidos a cargo de los asuntos indígenas. Pero los estados aprobaban sus propias leyes, las cuales otorgaban los territorios indígenas a los blancos.

Como presidente, se suponía que Jackson haría cumplir las leyes federales. En cambio, las ignoró y dejó que los estados hicieran lo que quisieran. Esto puso a los indígenas en una posición terrible. No serían "forzados" a ir al oeste. Pero si se quedaban, tendrían que obedecer las leyes estatales que destruían sus derechos. Sufrirían interminables problemas por parte de los blancos que querían su tierra.

Por otro lado, si los indígenas aceptaban irse, el gobierno federal los ayudaría con dinero y les daría tierras al oeste del Mississippi. Jackson les dijo a los choctaw y cheroqui que si abandonaban pacíficamente sus antiguas tierras, recibirían nuevas tierras y el gobierno los dejaría en paz. Les hizo llegar este mensaje:

> Comuniquen a los jefes y guerreros que soy amigo suyo
> . . . pero deben retirarse de los límites de los estados de
> Mississippi y Alabama y establecerse en las tierras que les
> ofrezco. Allá, más allá de los límites de cualquier estado,
> en posesión de la tierra, que seguirá siendo suya mientras
> crezca la hierba o corra el agua. Yo los protegeré y seré
> como un amigo y padre.

Comenzó entonces la presión contra las tribus, una por una. Los choctaw no querían irse, pero después de que cincuenta miembros de la tribu fueran sobornados con dinero y tierras, firmaron un tratado que cedía las tierras choctaw que estaban al este del Mississippi. A cambio de esto, se suponía que los choctaw recibirían dinero para el viaje al oeste. Trece mil de ellos iniciaron ese viaje a fines de 1831, migrando a una tierra y clima completamente distintos a todo lo que conocían. Se suponía que el ejército organizaría su viaje, pero fue un fracaso estrepitoso. Los indígenas murieron de a miles, a causa del hambre, el frío y enfermedades. Los siete mil choctaw que aún estaban en Mississippi se negaron a seguirlos. Algunos de sus descendientes todavía viven en Mississippi.

Después de que Jackson fuera reelegido a la presidencia en 1832, aceleró lo que se llamó la Deportación de indígenas. En ese momento, los veintidós mil creek de Alabama vivían en apenas una pequeña porción de su antiguo territorio. Acordaron irse a cambio de la promesa del gobierno federal de que parte de esa tierra se entregaría a miembros de la tribu creek pero de manera individual, quienes a su vez podrían venderla o permanecer en ella con protección federal.

El gobierno rompió inmediatamente su promesa. No protegió a los creek de los blancos que invadieron sus tierras. Un oficial del ejército escribió que los creek estaban "intimidados, desanimados, molestos, y estaban abatidos por no contar con la protección adecuada en los Estados Unidos . . ."

Serpiente Moteada era un hombre de la nación creek. Durante su larga vida, fue testigo de cómo el gobierno estadounidense blanco engañaba y maltrataba a los indígenas una y otra vez. Con más de cien años, contó una historia de cómo el hombre blanco había traicionado al indígena:

¡Hermanos! He escuchado muchas charlas de nuestro gran padre blanco. Cuando cruzó por primera vez las anchas aguas, no era más que un hombrecito . . . casi nada. Tenía las piernas acalambradas por estar sentado mucho tiempo en su gran bote, y rogó por un poco de tierra para encender su fuego . . . Pero cuando el hombre blanco se hubo calentado delante del fuego de los indígenas y se llenó de su maíz, se hizo muy grande. De un paso recorrió las montañas, y sus pies cubrieron las llanuras y los valles. Su mano agarró el mar oriental y occidental, y su cabeza descansó sobre la luna. Luego se convirtió en nuestro Gran Padre. Amaba a sus hijos rojos, y dijo: "Aléjate un poco más, no sea que te pise".

Después de que algunos creek movidos por la desesperación atacaron a colonos blancos, el gobierno afirmó que esta "guerra" había roto el tratado. Ahora el ejército de los EE. UU. podía emplear la fuerza para hacer que los creek se fueran hacia el oeste. Los soldados invadieron las comunidades creek y deportaron a la gente al oeste, en grupos de dos o tres mil. Se suponía que el gobierno proporcionaría alimentos, refugio y mantas a los deportados, pero nuevamente fracasó. El hambre y las enfermedades mataron a cientos, mientras los creek eran llevados a través del río Mississippi en barcos viejos y destartalados. Más de trescientos indígenas murieron al hundirse una de las embarcaciones.

Luchando por la libertad

EN DICIEMBRE DE 1835, UN FUNCIONARIO DEL gobierno ordenó a los seminolas de Florida que se reunieran en un lugar para comenzar su viaje hacia el oeste. Nadie apareció. Los seminolas habían decidido pelear.

Comenzaron sus ataques sorpresa contra los asentamientos blancos a lo largo de la costa, embistiendo rápidamente desde escondites en el interior. Asesinaron familias blancas, capturaron a

a	**D**			e	**R**
ga	**S**	ka	**Ꝺ**	ge	**Ᏺ**
ha	**Ꝝ**			he	**Ᏸ**
la	**W**			le	**ᴆ**
ma	**Ꝥ**			me	**Ꭰ**

Escritura cheroqui

PHILLIP HOOSE, EN SU MARAVILLOSO LIBRO
¡Nosotros también estuvimos allí!, sostiene que no fue solo el jefe cheroqui Sequoyah, sino también su hija Anyokah, de seis años, quien dio un lenguaje escrito al pueblo cheroqui y que además logró convencer a los ancianos de la tribu de su importancia.

Primero, el padre y la hija hicieron una lista con cada sonido en el idioma hablado del pueblo cheroqui y asignaron un dibujo a cada sonido. Luego hicieron una lista de todas las sílabas habladas. Esto dio como resultado cerca de doscientas sílabas, pero pudieron reducir la lista a ochenta y seis, cada una con su propia expresión escrita.

Para entonces, Anyokah ya tenía diez años. Era 1821. Sequoyah y Anyokah viajaron al Consejo Tribal cheroqui para presentar su idea. Al principio, el Consejo se rió porque no podían ver la utilidad de escribir lo que se decía. Entonces, Sequoyah

Ꭲ	o	ꭴ	u	Ᏸ	v	i
Ꭹ	go	Ꭺ	gu	Ꭻ	gv	Ꭼ
ꮎ	ho	Ꮀ	hu	Ꮁ	hv	Ꮂ
Ꮅ	lo	Ꮐ	lu	Ꮇ	lv	Ꮑ
Ꮋ	mo	Ꮒ	mu	Ꮙ		

les propuso una prueba. Saldría de la habitación. El Consejo Tribal podría decirle a Anyokah todo lo que quisiera, y ella lo escribiría. Entonces Sequoyah regresó, observó las marcas en la piel de venado y les dijo lo que había sido dicho. Funcionó una y otra vez. "Las primeras veces los ancianos lo llamaron suerte", escribe Hoose, "pero gradualmente la duda dio paso a la emoción. Pronto miles de cheroqui querían aprender cómo leer. El alfabeto silábico condujo a la preservación del idioma cheroqui y luego al primer periódico indígena estadounidense, el Cherokee Phoenix. En poco tiempo, los niños inscritos en la escuela estaban aprendiendo a leer tanto en cheroqui como en inglés. Las letras eran llamadas hojas parlantes."

Fuente: Hoose, Philip. ¡Nosotros también estuvimos allí!: Los jóvenes en la historia de los Estados Unidos. Nueva York: Farrar Straus Giroux, 2001.

personas esclavizadas y destruyeron propiedades. El general Winfield Scott condujo a las tropas estadounidenses a Florida para luchar contra los seminolas, pero no encontraron a nadie. Dos tercios de los oficiales de Scott renunciaron al ejército, agotados por el barro, los pantanos, el calor y las enfermedades.

La guerra duró ocho años y costó veinte millones de dólares y mil quinientas vidas estadounidenses. Pero los seminolas eran una diminuta fuerza que luchaba contra una gran nación con grandes recursos. Finalmente, en la década de 1840, se cansaron. Los seminolas pidieron una tregua pero fueron arrestados. Su líder, Osceola, murió en prisión y la guerra terminó.

En Georgia, los cheroqui luchaban a su manera, sin violencia. Intentaron incorporarse en el mundo del hombre blanco convirtiéndose en granjeros, herreros y carpinteros. Establecieron un consejo de gobierno y dieron la bienvenida al cristianismo y a los misioneros blancos. Después de que su jefe, Sequoyah, inventara una forma escrita de su idioma, imprimieron un periódico tanto en inglés como en cheroqui. Pero aunque los cheroqui estaban adoptando las costumbres de la sociedad blanca, los blancos todavía querían sus tierras.

Georgia aprobó leyes que despojaron a los cheroqui de sus tierras y que prohibieron el gobierno tribal, las reuniones y los periódicos. Cualquier indígena que incitara a otros a no irse de su tierras originales podía ir a la cárcel. Los misioneros blancos que opinaban que debería permitirse a los cheroqui permanecer en sus tierras también recibieron castigos tales como cuatro años de trabajos forzados en prisión.

De nuevo, el gobierno federal, en colaboración con algunos cheroqui que firmaron a espaldas de la tribu, preparó un tratado de deportación. Y una vez más, el gobierno envió al ejército para hacer cumplir el tratado. Diecisiete mil cheroqui fueron reunidos y hacinados en prisiones militares. El 1 de octubre de 1838, el primer grupo emprendió lo que se denominó el Sendero de lágrimas.

Cuatro mil cheroqui murieron de hambre, sed y enfermedades en las prisiones militares o durante la brutal marcha hacia el oeste. Pero en diciembre de 1838, el presidente Martin Van Buren informó al Congreso sobre "el traslado completo de la nación cheroqui de indígenas a sus nuevos hogares al oeste del Mississippi". La decisión del Congreso de deportar a los cheroqui, dijo Van Buren, había tenido "los efectos más felices".

Esclavitud indígena

LA TIERRA NO FUE LO ÚNICO QUE PERDIERON LOS pueblos originarios del continente americano. Muchos de ellos también perdieron su libertad.

La esclavitud de los indígenas comenzó con Colón y duró hasta finales del siglo XIX. Según Andrés Reséndez, autor de *La otra esclavitud: la historia descubierta de la esclavitud india en Estados Unidos*, en algunos rincones remotos de los Estados Unidos, los indígenas estadounidenses fueron esclavizados hasta el siglo XX.

Aunque los colonos ingleses en la costa este no habían logrado esclavizar a indígenas en grandes números, la esclavitud fue intensa en el Caribe, así como en el centro y norte de México. Desde México, se propagó hacia el norte por el suroeste estadounidense. Se diferenciaba de la esclavitud de los negros en varios aspectos. Por un lado, el comercio de personas africanas esclavizadas se centró en los hombres adultos que podían realizar un trabajo agotador en los campos y plantaciones de caña de azúcar. Entre los indígenas, sin embargo, más mujeres y niños que hombres fueron esclavizados, porque se les consideraba menos peligrosos y más aptos para el trabajo doméstico.

Otra diferencia es que la esclavitud de los negros fue legal durante mucho más tiempo que la esclavitud de los indígenas. De hecho, la esclavitud de los indígenas era poco clara en términos legales. Existía bajo muchos nombres, incluyendo servidumbre, servidumbre por deudas (que afectaba a personas que debían alguna suma de dinero), trabajo forzado en las haciendas de blancos que habían obtenido el título de propiedad de las tierras donde vivían los indígenas, además de castigos por supuestos delitos. Bajo estas etiquetas, la esclavitud de los indígenas era legal en algunos estados y territorios de EE. UU.

La esclavitud de los negros era un negocio y se llevaban registros cuidadosos. Como resultado, los historiadores modernos tienen una idea bastante clara de cuántas personas fueron capturadas, enviadas, compradas y vendidas como parte del extenso comercio de personas africanas esclavizadas.

La esclavitud de indígenas en el continente americano fue distinta. En términos generales, la esclavitud indígena era, técnicamente, ilegal. Se llevaba a cabo en secreto, con escasos registros. Aún así, se pueden encontrar muchas pistas en documentos antiguos, como los registros judiciales y cartas sobre redadas. Reséndez calcula que entre Colón y 1900, alrededor de 2.5 y 5 millones fueron esclavizados en el continente americano. En América del Norte, el total fue de entre 147 000 y 340 000, principalmente en el suroeste y California. Solo en la segunda mitad del siglo XIX, el período en que los colonos blancos invadieron la costa oeste en gran número, entre cuarenta mil y noventa mil habitantes indígenas vivían en la esclavitud en Norteamérica.

"APENAS HE PODIDO DORMIR", ESCRIBIÓ ETHAN
Allen Hitchcock en su diario, el 30 de junio de
1845. Hitchcock era coronel del ejército de los
Estados Unidos, que se encontraba destacado
en Luisiana. Su comandante, el general Zachary
Taylor, acababa de recibir la orden de conducir a
sus hombres a las orillas del Río Grande, un río
ubicado al suroeste de Texas. Hitchcock sabía que
esto traería problemas.

"La violencia genera más violencia", escribió,
"y dudo que nuestras acciones no provoquen, a
su vez, más acciones y derramamiento de sangre". Hitchcock no se equivocaba. La marcha
de Taylor hacia el Río Grande dio inicio a una
sangrienta guerra, una guerra que le dio a los
estadounidenses un nuevo e inmenso territorio:

el oeste arrebatado a un México que había sido
derrotado.

Destino manifiesto

A PESAR DE QUE LA COMPRA DE LUISIANA, CON
Thomas Jefferson en 1803, había duplicado el
tamaño de los Estados Unidos, en 1845 el país era
mucho más pequeño de lo que es hoy. Al oeste,
su frontera eran las Montañas Rocallosas. Al
suroeste, México, que había ganado su independencia de España en 1821.

México era originalmente mucho más grande
de lo que es ahora. Incluía Texas, Nuevo México,
Utah, Nevada, Arizona, California y partes de
Colorado y Wyoming. Más tarde, con la ayuda de
los Estados Unidos, Texas se separó de México
en 1836, llamándose a sí misma la "República de
la Estrella Solitaria". En 1845, el Congreso de los
Estados Unidos agregó Texas a los Estados Unidos.

Para entonces, muchos estadounidenses creían
que su país debía expandirse, o crecer, hacia el

oeste. Uno de estos expansionistas fue el presidente James Polk. Le explicó a su secretario que uno de sus principales objetivos como presidente era lograr que California ingresara a los Estados Unidos. Un periódico llamado *Washington Union* apoyó la idea de Polk con estas palabras: "El camino a California está abierto para nosotros. ¿Quién detendrá el avance de nuestra nación hacia el oeste?"

Poco después, en el verano de 1845, otro editor de periódicos, John O'Sullivan, escribió: "Nuestro destino manifiesto [es] extendernos por el continente que la Providencia nos ha dado, para el libre desarrollo de los nuestros, que son millones y crecen cada año". Lo que O'Sullivan decía era que los estadounidenses debían ser libres de ocupar toda América del Norte, porque así lo quería Dios. Su frase "Destino manifiesto" —un destino o un propósito innegable— se convirtieron en la frase favorita de los expansionistas.

Por mucho tiempo, México y Estados Unidos habían acordado que la frontera entre ellos sería el río Nueces, a unas 150 millas al norte del Río Grande. Pero en la batalla de Texas por independizarse de México, los tejanos capturaron al general

mexicano Santa Anna y lo obligaron a declarar que la frontera ahora era el Río Grande. Esto tuvo como resultado que Texas creciera. Más tarde, el presidente Polk prometió a los tejanos que consideraría el Río Grande como la frontera, aunque los mexicanos todavía vivían en el área entre ambos ríos.

De manera que, cuando Polk ordenó al general Taylor que enviara sus tropas al Río Grande, estaba desafiando a México. Enviar al ejército a un territorio habitado por mexicanos causaría sin duda un conflicto. Pero cuando los soldados llegaron al Río Grande, se encontraron con pueblos vacíos. Los mexicanos de la zona habían huido cruzando el río hacia la ciudad de Matamoros. Taylor comenzó a construir un fuerte con cañones que apuntaban a Matamoros.

Para la primavera de 1846, el ejército estaba listo para comenzar la guerra anhelada por Polk. Todo lo que necesitaba era una justificación. Entonces, uno de los oficiales de Taylor desapareció mientras cabalgaba junto al río. Más tarde fue encontrado con el cráneo destrozado. Todos pensaron que los guerrilleros mexicanos habían cruzado el río y lo habían matado. Al día siguiente, los mexicanos atacaron una patrulla y mataron a

(izquierda) Caricatura de la guerra mexicana, 1846.

dieciséis soldados. Taylor envió un mensaje a Polk informándole que la batalla había comenzado.

Los mexicanos habían disparado el primer tiro. Pero habían hecho lo que quería el gobierno estadounidense. El coronel Ethan Allan Hitchcock lo sabía. Incluso antes de los ataques, escribió en su diario:

> Desde el principio he dicho que los Estados Unidos son los agresores . . . No tenemos ni una pizca de derecho para estar aquí . . . Pareciera que el gobierno ha enviado, a propósito, un pequeño batallón para provocar una guerra, y así tener un pretexto para tomar California y todo lo que quiera de este país . . . Mi corazón no está en este asunto . . . pero, como militar, estoy obligado a seguir órdenes.

A favor y en contra de la guerra

EL PRESIDENTE POLK HABÍA INSTADO AL CONGRESO a declarar la guerra, incluso antes de recibir noticias de los ataques del general Taylor. Tan pronto como llegaron los mensajes de Taylor, Polk informó al Congreso: "México ha cruzado la frontera de los

Estados Unidos, ha invadido nuestro territorio y ha derramado sangre estadounidense en suelo estadounidense . . ."

El Congreso declaró la guerra. Sólo un puñado de congresistas votó en contra. Se oponían firmemente a la esclavitud y creían que la guerra era una excusa para ganar el territorio que se convertiría en los nuevos estados esclavistas. Joshua Giddings, de Ohio, la calificó como "una guerra agresiva, profana e injusta".

Muchos estadounidenses celebraron la noticia de la guerra. Organizaron mítines de apoyo en ciudades de todo el país, y miles se ofrecieron como voluntarios para el ejército. El poeta Walt Whitman escribió con orgullo en un periódico: "¡Estados Unidos sabe cómo destruir y también cómo expandirse!".

Otro poeta, James Russell Lowell, tuvo una visión diferente de la guerra. Escribió un poema diciendo que la única razón era "para incluir nuevos estados esclavistas". El escritor de Massachusetts Henry David Thoreau criticó la guerra. También fue encarcelado por negarse a pagar un impuesto para votar, pero solo pasó una noche en prisión. Fue puesto en libertad porque

sus amigos pagaron el impuesto por él, sin su permiso.

Dos años más tarde, Thoreau escribió un ensayo titulado "Desobediencia civil". El ensayo habla sobre la diferencia entre la ley y la justicia, y sobre cómo los soldados a veces saben que las órdenes que están siguiendo son incorrectas:

> La ley nunca hizo a los hombres más justos y, debido al respeto que les infunde, incluso los bienintencionados se convierten a diario en agentes de la injusticia. Una consecuencia natural y muy frecuente del respeto indebido a la ley es que uno puede ver una fila de soldados ... marchando con un orden admirable por colinas y valles hacia el frente en contra de su voluntad, ¡sí! contra su conciencia y su sentido común, lo que hace que la marcha sea más dura y se les sobrecoja el corazón.

Muchos miembros y líderes de iglesias se pronunciaron en contra de la guerra. A medida que pasaban los meses, se sumaron otras voces. El periodista Horace Greeley escribió en el *New York Tribune* que la guerra era innecesaria. El activista antiesclavista Frederick Douglass, quien había sido esclavo, calificó la guerra de "vergonzosa" y "cruel". El periódico antiesclavista *The Liberator* fue aún más lejos, deseando "el éxito más rotundo" a los mexicanos.

(izquierda)
Rangers de Texas, 1842.

¿Qué pasaba con la gente común? Es imposible saber cuántos apoyaban la guerra, pero hay evidencia de que algunos trabajadores estaban en contra. Muchos trabajadores irlandeses se presentaron en una reunión contra la guerra en la ciudad de Nueva York. Llamaron a la guerra un complot de los dueños de personas esclavizadas. La Asociación de Trabajadores de Nueva Inglaterra también se pronunció contra la guerra.

La avalancha de voluntarios del ejército disminuyó después de la oleada inicial de entusiasmo. Para conseguir suficientes soldados, el ejército se vio obligado a pagar por nuevos reclutas. También ofreció tierras a los voluntarios si participaban durante toda la guerra.

Algunos hombres que se alistaron quedaron conmocionados por el horror sangriento de la guerra. Después de una batalla en las afueras de Matamoros, por ejemplo, cincuenta estadounidenses y quinientos mexicanos yacían muertos o heridos en el campo. Los gritos y gemidos de ambos lados eran terribles de escuchar. Otros soldados recién llegados enfermaron y murieron en condiciones miserables e insalubres, como los barcos llenos de gente que los llevaban al frente. Y aun otros desertaron al lado mexicano a causa de los mejores salarios.

La conquista de California

UNA GUERRA APARTE OCURRÍA EN CALIFORNIA. Los soldados llegaron allí por tierra y mar. Uno de ellos era un joven oficial naval que imaginó lo que sucedería cuando Estados Unidos fuera dueño de este territorio occidental. "La población se dirigirá hacia las regiones fértiles de California", escribió en su diario.

Los estadounidenses en California asaltaron los asentamientos mexicanos que habían sido fundados por los españoles. Robaron caballos. Y declararon el territorio independiente, llamándolo la "República de la Bandera del Oso".

Un oficial de la marina estadounidense reunió a los jefes de las tribus indígenas de California y les dijo:

El país que habitáis ya no pertenece a México, sino a una poderosa nación cuyo territorio se extiende desde el gran océano del que todos habéis visto u oído [el Pacífico], hasta otro gran océano miles de millas hacia el sol naciente [el Atlántico] . . . Nuestros ejércitos están ahora en México y pronto conquistarán todo el país. Pero no tenéis nada que temer de nosotros, si hacéis lo correcto . . . si sois fieles a vuestros nuevos gobernantes . . . Nosotros velaremos por vosotros y os daremos la verdadera libertad; pero cuidado con la sedición [traición], la anarquía y todos los otros delitos, porque el ejército que protege puede sin duda castigar, y os alcanzará hasta en los más retirados escondites.

Mientras tanto, los soldados estadounidenses continuaban su avance hacia el oeste atravesando Nuevo México. Capturaron la ciudad de Santa Fe sin enfrentamientos. Sin embargo, unos meses más tarde, los mexicanos de la cercana ciudad de Taos se rebelaron contra el dominio estadounidense. La revuelta fue detenida, pero algunos de los rebeldes escaparon a las colinas. Llevaron a cabo ataques ocasionales y mataron a estadounidenses, hasta que el ejército de los EE. UU. mató a 150 de ellos en la batalla final.

En Los Ángeles también hubo una revuelta. Los mexicanos obligaron a las tropas estadounidenses a

rendirse en septiembre de 1846. El ejército estadounidense no recuperó Los Ángeles hasta diciembre,
después de una sangrienta batalla.

Victoria sobre México

PARA ESE ENTONCES, EL GENERAL TAYLOR HABÍA
cruzado ya el Río Grande y tomado Matamoros.
Su ejército marchaba hacia el sur por México.

Los hombres se estaban volviendo difíciles
de controlar. Los soldados se emborrachaban y
saqueaban pueblos mexicanos. Los casos de violación aumentaron.

Al mismo tiempo, la enfermedad y el calor
estaban acabando con los soldados. Mil de ellos
murieron en la marcha. En Monterrey libraron
otra batalla contra los mexicanos. Fueron tantos
los hombres y caballos que habían muerto en
agonía que un oficial estadounidense dijo que la
espuma y la sangre hacía al suelo resbaladizo. La
Marina de los EE. UU. disparó proyectiles contra
la ciudad costera mexicana de Veracruz, matando

a muchos civiles. Un proyectil alcanzó una oficina de correos. Otro impactó contra un hospital. Después de dos días y mil trecientos proyectiles, la ciudad se rindió. Un reportero estadounidense escribió: "Los mexicanos estiman sus pérdidas entre quinientos y mil muertos y heridos, pero todos están de acuerdo en que las pérdidas entre los soldados son comparativamente pequeñas y la destrucción entre las mujeres y los niños es muy grande".

El general Winfield Scott trasladó entonces a un grupo de diez mil soldados hacia el corazón de México. Una serie de batallas que no tenían mucho sentido mataron a miles de personas en ambos bandos. Finalmente, los ejércitos de las dos naciones se reunieron para luchar por el control de la Ciudad de México. Un comerciante mexicano le escribió a un amigo sobre la conquista estadounidense de la ciudad: "En algunos casos, manzanas enteras fueron destruidas y un gran número de hombres, mujeres y niños murieron y resultaron heridos".

A pesar de sus victorias, los soldados estadounidenses se estaban cansando de marchar, pelear y arriesgarse a morir. Las deserciones eran un

problema. En marzo de 1847 el ejército reportó
más de mil desertores. Más de nueve mil desertaron en el transcurso de la guerra.

En el norte de México, voluntarios de Virginia,
Mississippi y Carolina del Norte se rebelaron
contra su comandante, quien había matado a
uno de los amotinados. Pero dos de sus lugarte-
nientes se negaron a ayudarlo a detener el motín.
Posteriormente, el ejército perdonó a los soldados
rebeldes para mantener la paz.

La gloria de la victoria era para el presidente
y los generales, no para los desertores, los muertos y los heridos. Muchos hombres sintieron ira
hacia aquellos que los habían llevado a batallas
fatales donde tantos habían muerto. Un grupo, los
Voluntarios de Massachusetts, había comenzado
con 630 hombres. Regresaron a casa con trescientos muertos, en su mayoría por enfermedades. En
una cena de celebración a su regreso, los hombres
abuchearon a su comandante.

Algunos voluntarios regresaban a casa sin recibir casi nada por su servicio militar. El gobierno
les había prometido tierras, pero inmediatamente
aparecieron especuladores para comprárselas. Un
gran número de ellos, desesperados por dinero,

vendieron sus 160 acres por menos de cincuenta dólares.

Cuando México se rindió, algunos estadounidenses pensaron que Estados Unidos debía tomar todo el país. En cambio, tomó solo la mitad.

En febrero de 1848 México y Estados Unidos firmaron el Tratado de Guadalupe Hidalgo. En el tratado, México entregó todo el suroeste y California a los Estados Unidos. También acordó que la frontera entre las dos naciones sería el Río Grande. Estados Unidos, a su vez, accedió a pagarle a México quince millones de dólares. Esto hizo que la gente dijera que los nuevos territorios de la nación fueron comprados, no tomados por la fuerza. Un periódico estadounidense afirmó que "nosotros no tomamos nada por medio de conquistas . . . Gracias a Dios".

EL GOBIERNO DE ESTADOS UNIDOS APOYÓ LA esclavitud. A medida que crecía la economía del sur, también lo hacía el número de personas esclavizadas. Entre 1790 y 1860, la cantidad de algodón que producía el sur pasó de mil toneladas al año a un millón de toneladas al año. En ese mismo período, el número de personas esclavas pasó de medio millón a cuatro millones. La esclavitud estaba tan bien establecida que solo algo enorme, algo así como una guerra a gran escala, podría acabar con ella.

La esclavitud en el sur de Estados Unidos

EN 1808, EL GOBIERNO DE ESTADOS UNIDOS DECLARÓ ilegal la importación de nuevas personas esclavizadas. Anteriormente, muchas ciudades portuarias del norte se habían beneficiado del comercio de personas esclavizadas. A partir de 1808, se suponía que la esclavitud en Estados Unidos se limitaría a aquellas personas negras que ya habían sido esclavizadas y sus hijos. Pero la demanda por nuevas personas esclavizadas era grande, por lo que la ley se violaba a menudo. En su libro *De la esclavitud a la libertad*, el historiador John Hope Franklin estima que un cuarto de millón de personas esclavizadas fue importado ilegalmente antes de que comenzara la Guerra Civil en 1861.

¿Cómo podemos describir la esclavitud? Tal vez solo las personas que la vivieron en carne propia pueden decirnos cómo fue. Gente como John Little, quien escribió:

> Dicen que los esclavos son felices porque ríen y son alegres. Yo, como otros más, hemos recibido doscientos latigazos en un día, y anduvimos con los pies encadenados; pero por la noche, cantábamos y bailábamos, y hacíamos reír a los demás con el ruido de nuestras cadenas. ¡Pero qué hombres felices debimos haber

sido! Lo hacíamos para aliviar nuestras penas y para evitar que nuestros corazones se quebraran por completo: ¡Esto que digo es tan cierto como el evangelio!

La desesperación llevó a algunas personas esclavizadas a rebelarse. Probablemente la revuelta más grande de los Estados Unidos tuvo lugar cerca de Nueva Orleans en 1811. Participaron entre cuatrocientas y quinientas personas esclavizadas. El ejército de los EE. UU. y las fuerzas de la milicia las atacaron poniendo fin a su revuelta. En 1822, un negro libre llamado Denmark Vesey intentó iniciar una revuelta en Carolina del Sur, pero las autoridades se enteraron y lo ahorcaron, junto con otras treinta y cuatro personas. Luego, en Virginia, en el verano de 1831, una persona esclavizada llamada Nat Turner dirigió a otros setenta en un alzamiento que iba de plantación en plantación. Asesinaron al menos a cincuenta y cinco hombres, mujeres y niños. Como se les acabaron las municiones, fueron capturados. Turner y otros fueron ahorcados.

Otras personas esclavizadas lograron escaparse. Cada año durante la década de 1850, alrededor de mil personas escaparon al norte, además de Canadá y México. Una célebre fugitiva, Harriet

Tubman, hizo diecinueve viajes peligrosos de regreso al territorio donde continuaba la esclavitud, ayudando a quienes estaban esclavizados a escapar a través del Ferrocarril Subterráneo. Les decía: "Serán libres o morirán".

Los blancos a veces ayudaban a las personas esclavizadas, y eso era motivo de preocupación para las autoridades. Algunos temían que los blancos pobres alentaran las revueltas de personas esclavizadas, no solo por sentir lástima por las personas esclavizadas, sino porque odiaban a los hacendados ricos y querían ver destruidas sus propiedades. Fanny Kemble, una famosa actriz que se casó con un hacendado sureño, escribió en su diario que las personas negras esclavizadas y los trabajadores blancos irlandeses se mantenían separados cuando construían un canal en Georgia. Los irlandeses eran un "pueblo generoso y afectuoso", dijo, quienes "quizá podrían solidarizarse con las personas esclavizadas".

(*izquierda*)
Ferrocarril Subterráneo, 1893.

El movimiento abolicionista

ALGUNOS AMERICANOS BLANCOS, EN EFECTO, decidieron "solidarizarse con las personas esclavizadas". Por ello fueron llamados abolicionistas, porque pedían la abolición o el fin de la esclavitud. Escribieron con valentía artículos periodísticos y pronunciaron discursos en contra de la esclavitud. También ayudaron a muchas personas esclavizadas a escapar en el Ferrocarril Subterráneo: una red de personas que trabajaban juntas para llevar a personas esclavizadas fugitivas a territorio libre, brindándoles "casas de seguridad" a lo largo del camino. Pero la verdadera columna vertebral del movimiento contra la esclavitud eran los abolicionistas negros.

El norte del país tenía unos 130 000 negros libres en 1830. Veinte años después había 200 000. Muchos de ellos trabajaron para liberar a los que permanecían esclavizados en el sur. Uno de ellos fue David Walker, quien vendía ropa vieja en Boston. Escribió un panfleto titulado *La petición de Walker* instando a los negros a luchar por su libertad:

> Dejen que nuestros enemigos sigan con sus carnicerías y que apuren su copa de una vez. Nunca busquen ganar su

libertad o su derecho natural . . . hasta que puedan ver su camino despejado, cuando esa hora llegue y comiencen su marcha, no teman ni pierdan la fe . . . Dios ha tenido a bien darnos dos ojos, dos manos, dos pies y algo de sentido en nuestras cabezas, igual que [a los blancos]. No tienen más derecho a tenernos en esclavitud que nosotros a ellos . . . "A cada cerdo le llega su San Martín", al estadounidense le ha llegado su hora.

La Petición enfureció tanto a los dueños de personas esclavizadas en el sur, que uno de ellos ofreció una recompensa por el asesinato o la captura de David Walker. Un día de verano de 1830, Walker fue encontrado muerto cerca de la puerta de su tienda.

Frederick Douglass nació en la esclavitud, aprendió a leer y escribir y escapó al norte a la edad de veintiún años. Se convirtió en el hombre negro más famoso de su tiempo, hablaba y escribía en contra de la esclavitud. Douglass llamaba a "la idea de ser un hombre libre algún día" un sueño que "todos los poderes esclavizantes" no serían capaces de destruir.

Después de la guerra con México, el gobierno de los EE. UU. incorporó a California y otros nuevos territorios a la Unión como estados no esclavistas. A cambio, el gobierno tenía que hacer algo por los estados esclavistas, por lo que aprobó la Ley para esclavos fugitivos de 1850. Esta ley facilitó que los dueños de personas esclavizadas recuperaran a aquellas que huían, incluso después de que hubieran huido a los estados del norte. Esto hizo posible que los dueños de personas esclavizadas capturaran a aquellos negros libres que, según ellos, se habían escapado.

Los abolicionistas del norte, blancos y negros, lucharon contra la ley. Un año después de que el Congreso aprobara la ley, Jerry, una persona esclavizada que se había dado a la fuga, fue capturado y llevado a juicio. Una multitud irrumpió en el juzgado de Syracuse, Nueva York, para liberarlo. El 5 de julio de 1852, Frederick Douglass pronunció un discurso que expuso la vergüenza de la esclavitud ante toda la nación, no solo en el sur. Dijo:

> Conciudadanos: ¿Qué es para el esclavo estadounidense vuestro 4 de julio? Yo os respondo, un día que le hace ver más que todos los demás días del año la gran injusticia y crueldad de la cual es víctima constante . . . No hay nación en la tierra culpable de prácticas más espantosas y sangrientas, que el pueblo de estos Estados Unidos, en este mismo momento.

El gobierno de los Estados Unidos no hizo cumplir enérgicamente la ley que terminó con la trata de personas esclavizadas, pero hizo cumplir las leyes para esclavos fugitivos. El gobierno del presidente Andrew Jackson colaboró con el sur, para evitar que los periódicos abolicionistas se comunicaran por correo con los estados del sur. La Corte Suprema de Justicia de la Nación declaró en 1857 que el esclavo Dred Scott, a pesar de haber vivido durante algún tiempo en territorios libres, no podía demandar su libertad porque era una propiedad, no una persona.

Ese gobierno nunca aceptaría el fin de la esclavitud a través de la rebelión. La esclavitud terminaría solo bajo condiciones controladas por blancos, y solo en armonía con las necesidades comerciales y políticas del norte. Abraham Lincoln fue la figura perfecta para poner fin a la esclavitud.

Lincoln entendía las necesidades de los comerciantes. Compartía la ambición política del nuevo partido político republicano. Finalmente, hablaba el lenguaje de hacer el bien y podía argumentar con pasión contra la esclavitud por motivos morales. De igual manera, en la esfera política actuó con cautela en relación con la esclavitud y la emancipación, y temía que la abolición causara nuevos problemas. Aunque Lincoln creía que la esclavitud era injusta, no podía ver a los negros como iguales a los blancos. Lo mejor que podía hacer, pensó, sería liberar a las personas esclavizadas y enviarlas de vuelta a África.

La Guerra Civil y la esclavitud

LA ÉLITE DEL NORTE, LOS BANQUEROS Y empresarios que dirigían la economía del norte, querían que su tipo de economía se expandiera. Querían tierra gratis, mano de obra gratuita e impuestos que favorecieran a los fabricantes. Lincoln compartía sus ideas. Los dueños de plantaciones en el sur, por otro lado, pensaban que Lincoln y los republicanos harían imposible su propia forma de vida, próspera y placentera. Así que cuando Lincoln fue elegido presidente en el otoño de 1860, siete estados del sur se separaron o abandonaron la Unión. Cuando Lincoln trató de recuperar por la fuerza la base federal en Fort Sumter, en Carolina del Sur, cuatro estados más se separaron. El sur formó la Confederación y la Guerra Civil estaba en marcha.

Los abolicionistas instaron a Lincoln a emancipar o liberar a personas esclavizadas del sur. Pero Lincoln dejó claro que no había ido a la guerra para liberar a las personas esclavizadas; su objetivo era traer al sur de regreso a la Unión. En una carta dirigida al abolicionista y periodista Horace Greeley, Lincoln escribió: "Mi principal objetivo en esta lucha es salvar la Unión, y no es ni salvar ni destruir la Esclavitud. Si pudiera salvar la Unión sin liberar a ningún esclavo, lo haría; y si pudiera salvarlo liberando a todos los esclavos, lo haría".

Pero a medida que la guerra se volvía más amarga y el norte se impacientaba por ganar, Lincoln comenzó a actuar contra la esclavitud. En septiembre de 1862, dio a los estados del sur cuatro meses para que dejaran de pelear, advirtiendo que liberaría a sus esclavos si no se pasaban al lado de la Unión. La lucha continuó. El 1 de enero de 1863, Lincoln emitió la Proclamación de Emancipación, liberando a las personas esclavizadas en áreas que luchaban contra la Unión. Dos años más tarde, antes de que terminara la guerra, el Congreso aprobó la Decimotercera Enmienda a

EX-SENATOR BRUCE

Litografía "Héroes de la raza de color", en la que están representados Blanche Kelso Bruce (izquierda), Frederick Douglass (centro) y Hiram Rhoades Revels, 1881.

la Constitución, que puso fin a la esclavitud en los Estados Unidos.

Estos cambios tuvieron diversos efectos en afroamericanos, aunque no todos fueron positivos. Una vez que los negros tuvieron la libertad de registrarse en el ejército de la Unión, la guerra comenzó a parecerse más a una guerra por la liberación de los negros. Cuanto más sufrían los blancos, más resentían a los negros. Los más enojados eran los blancos pobres que fueron reclutados en el ejército. La gente con dinero podía pagar y evitar el reclutamiento, por trecientos dólares. Esa era una suma considerable de dinero. En ese momento, el trabajador calificado promedio (como un carpintero) ganaba cerca de dos dólares por día. Los trabajadores no calificados ganaban menos. Los disturbios por reclutamiento en 1863, en las ciudades del norte, enfrentaron a los blancos contra sus vecinos negros, en una ola de violencia y muerte. Y el trato de los soldados negros en el ejército y las ciudades del norte demostró que la libertad podía no traer aceptación o igualdad verdadera. A los soldados negros se les daba el trabajo más sucio y duro, y cuando no estaban de servicio, los blancos a veces los atacaban en la calle.

La Guerra Civil fue uno de los conflictos más sangrientos de la historia hasta ese momento. En ella murieron seiscientas mil personas, de una población de treinta millones. A fines de 1864, el sur estaba perdiendo. Los soldados escaseaban, pero había cuatro millones de personas esclavizadas. Cuando algunos líderes confederados hablaron de reclutar personas esclavizadas, un general sorprendido escribió: "Si los esclavos son buenos soldados, toda nuestra teoría de la esclavitud es errónea". En marzo de 1865, Jefferson Davis, presidente de la Confederación, firmó una ley que permitía a los negros servir en el ejército del sur. Pero antes de que la ley surtiera efecto, la guerra terminó. El sur había perdido, y sus esclavos recibieron la noticia de que ahora eran libres.

Emancipación sin libertad

MUCHOS AÑOS DESPUÉS DE LA GUERRA, LOS afroamericanos que habían sido niños pequeños en 1865 recordaban las lágrimas, las canciones y la esperanza de las personas esclavizadas que escucharon la noticia de su emancipación. Fue un tiempo de gran celebración, el amanecer de un nuevo día. Sin embargo, muchos negros sabían que su estatus después de la guerra no dependía de una ley que los hacía libres. Dependía de si poseían tierras o si tenían que trabajar para otros.

Gran parte de los territorios en el sur volvieron a las familias de los confederados o fueron comprados por especuladores e inversionistas del norte. Los negros no tenían los medios para comprar tierra. El antiguo esclavo Thomas Hall dijo: "Lincoln fue felicitado por liberarnos, pero ¿de verdad lo hizo?". Hall sentía que Lincoln había dado libertad a las personas esclavizadas, pero no así la oportunidad de mantenerse a sí mismas. Las personas esclavizadas liberadas aún dependían de los blancos para el trabajo y la supervivencia.

El gobierno de los Estados Unidos había luchado contra los estados esclavistas no para acabar con la esclavitud sino para mantener el control del enorme territorio, los recursos y el mercado del sur. Aún así, el fin de la esclavitud trajo fuerzas renovadas a la política. Una de esas fuerzas la formaban los blancos interesados en la igualdad racial. Algunos de ellos fueron al sur para enseñar o trabajar para la Oficina de Libertos que el gobierno estableció para ayudar a la gente negra liberada. Una segunda fuerza eran los negros que tenían la convicción de hacer que su libertad significara algo. Una tercera fuerza fue el Partido Republicano, el cual deseaba mantener el control sobre el gobierno nacional. Y los votos de los negros del sur podían ayudar. Los empresarios del norte sintieron que los planes republicanos los beneficiaban, por lo que por un tiempo estuvieron de acuerdo.

Estas fuerzas crearon un breve período después de la Guerra Civil en el que los negros del sur votaron, eligieron a negros para las legislaturas estatales, así como para el Senado y la Cámara de Representantes de los Estados Unidos, e introdujeron educación gratuita y racialmente diversa. Las nuevas leyes los protegían de la discriminación y les garantizaban igualdad de derechos. Pero debido a que los negros dependían de los blancos para el trabajo, sus votos podían ser comprados o arrebatados bajo la amenaza de la violencia.

La violencia de blancos contra negros estalló en el sur casi tan pronto como terminó la guerra. En mayo de 1866, en Memphis, Tennessee, los blancos mataron a cuarenta y seis afroamericanos y quemaron más de cien casas, iglesias y escuelas. La violencia continuó mientras grupos terroristas blancos como el Ku Klux Klan organizaban redadas, palizas y asesinatos raciales llamados linchamientos. Solo el estado de Kentucky tuvo 116 casos de violencia racial entre 1867 y 1871.

A medida que aumentaba la violencia de los blancos en la década de 1870, el gobierno nacional se involucraba menos en la protección de los negros. Los políticos del norte comenzaron a calcular la ventaja que significaba el apoyo de los votantes negros, si se comparaba con las ventajas de un sur estable controlado por blancos que aceptarían el liderazgo republicano. Era solo cuestión de tiempo antes de que los negros regresaran a condiciones no muy lejanas a la esclavitud, incluso siendo legalmente libres.

En 1877, los líderes del Partido Republicano hicieron un acuerdo para que su candidato, Rutherford Hayes, fuera elegido presidente. A cambio de los votos electorales necesarios, acordaron retirar del sur las tropas de la Unión. Esto quitó la última protección militar para los negros del sur. Su protección legal también se estaba

desmoronando, ya que los estados del sur aprobaban leyes que debilitaban la igualdad. A fines
del siglo XIX, la Corte Suprema de los Estados
Unidos aprobó leyes que permitían la segregación
o separación de personas por raza. Solo un juez de
la Corte Suprema, un antiguo dueño de esclavos,
llamado John Harlan, argumentó en contra de la
segregación y dijo: "Nuestra Constitución es ciega
al color".

Con una economía en ruinas, el sur necesitaba
dinero. Se formó una nueva alianza entre los banqueros e inversionistas del norte y las élites del sur.
Hablaban del "Nuevo Sur" de las minas de carbón y
hierro, los negocios y los ferrocarriles. Las antiguas
personas esclavizadas eran parte de estos planes.
Para 1900, todos los estados del sur habían aprobado leyes que impedían a los afroamericanos votar
y disfrutar de los mismos derechos.

Fue en este momento tan negativo que los
negros en Estados Unidos supieron que habían
sido traicionados. Algunos huyeron del sur con la
esperanza de escapar de la violencia y la pobreza.
Aquellos que decidieron quedarse tuvieron que
organizarse para la autodefensa, ante más de cien
linchamientos al año. Thomas Fortune, un joven

editor negro del *New York Globe*, le dijo al Senado: "El hombre blanco que le dispara a un negro siempre queda libre, mientras que el negro que roba un cerdo es enviado a prisión por diez años".

W. E. B. Du Bois, un hombre negro que había llegado a enseñar en la Universidad de Atlanta, vio la traición hacia los afroamericanos como parte de algo más grande que estaba sucediendo en los Estados Unidos. Dijo que tanto blancos pobres como negros estaban siendo explotados o utilizados por los políticos y las grandes empresas. Como los blancos podían votar, no creían que eran explotados. Du Bois dijo, sin embargo, que la "dictadura del vasto capital" limitaba el poder de sus votos. Estaba hablando del sistema económico llamado capitalismo, en el que individuos o empresas privadas, en lugar del estado, son dueños de las granjas y fábricas, deciden los precios y compiten en el mercado acumulando riqueza.

¿Tenía razón Du Bois? ¿Acaso el crecimiento del capitalismo estadounidense significaba que tanto blancos como negros se estaban convirtiendo, en cierto sentido, en personas esclavizadas?

LA GUERRA ENTRE EL NORTE Y EL SUR NO FUE EL
único conflicto en los Estados Unidos durante
el siglo XIX. Había otra guerra en marcha: una
lucha entre clases. Esta lucha a menudo es dejada
fuera de los libros de texto. Los libros de texto
pueden dar la impresión de que la historia de ese
momento se reducía al choque entre los partidos
políticos republicano y demócrata, a pesar de que
ambos partidos representaban a las clases dueñas
de la mayor parte del país.

El mito de la "democracia jacksoniana"

ANDREW JACKSON, QUIEN FUE ELEGIDO PRESIDENTE
en 1828, dijo que hablaba en nombre de "los
miembros humildes de la sociedad": trabajadores
y agricultores. Ciertamente no habló en nombre
de los indígenas expulsados de sus tierras o de
los afroamericanos esclavizados. Pero el gobierno
necesitaba una gran base de apoyo entre los blancos, y el mito de la "democracia jacksoniana" fue
diseñado para ganarse ese apoyo.

Ese mito llevó a la gente común a creer que
tenía voz en el gobierno y que el gobierno velaba
por sus intereses. Era una forma de hablar sobre
las clases medias y bajas, con el fin de obtener su
apoyo cuando el gobierno lo necesitaba. Dar a la
gente la posibilidad de elegir entre dos partidos
políticos y dejarles elegir el que es ligeramente
más democrático resultó una buena manera de
controlarlos. Los líderes de ambos partidos enten-
dieron que podían mantener el control de la sociedad haciendo reformas que dieran a la gente un
poco de lo que quería, pero no demasiado.

Estados Unidos crecía con enorme rapidez y
entusiasmo. Se estaba convirtiendo en una nación
de grandes urbes. En 1790, menos de un millón

de estadounidenses vivían en ciudades. Para 1840, la cifra era de once millones. Solo la ciudad de Nueva York creció de 130 000 habitantes en 1820 a un millón en 1860.

Muchos habitantes de la ciudad vivían en la pobreza extrema. Las familias de clase trabajadora de Filadelfia vivían hacinadas en edificios de apartamentos en malas condiciones; una familia en cada habitación, sin agua potable ni baños. En Nueva York los pobres dormían en las calles entre la basura. Los barrios pobres no tenían alcantarillado. El agua sucia se filtraba provocando brotes de enfermedades mortales.

No se podía contar con los muy pobres para apoyar al gobierno. Eran como las personas esclavizadas y los indígenas: invisibles la mayor parte del tiempo, pero aterradores para la élite si iniciaban un levantamiento. Sin embargo, otros ciudadanos podían apoyar el sistema. A los agricultores dueños de sus tierras, a los trabajadores mejor pagados y a los oficinistas urbanos se les pagaba y halagaba lo suficiente como para que, en una crisis, fueran leales al sistema y a las clases altas que los oprimían.

Grandes negocios

LOS NEGOCIOS PROSPERABAN EN EL SIGLO XIX
estadounidense. La apertura del oeste fue posible
gracias a los canales, los ferrocarriles y el telégrafo. Los nuevos equipos, como arados de hierro
y segadoras mecánicas, hicieron que la agricultura fuera más productiva. Pero la economía no
era planificada ni administrada para satisfacer las
necesidades humanas. Al contrario, su impulso
era la búsqueda de ganancias privadas. Alternaba
entre apogeos (épocas de crecimiento y prosperidad) y depresiones (épocas de desempleo).

Para volver a los negocios más estables y reducir la competencia, las empresas se unieron. Por
ejemplo, muchos ferrocarriles se fusionaron para
formar uno solo, la línea New York Central. Las
empresas también controlaban la competencia
acordando entre ellas los precios que cobrarían al
público por sus bienes y servicios. Además, recibían ayuda del gobierno. Durante sólo siete años
en la década de 1850, los gobiernos estatal y federal regalaron veinticinco millones de acres a compañías ferroviarias, junto con millones de dólares
en préstamos.

En vísperas de la Guerra Civil, los hombres

que dirigían el país estaban más preocupados por el dinero y las ganancias que por el movimiento contra la esclavitud.

Un predicador llamado Theodore Parker le dijo a su congregación: "El dinero es hoy en día el mayor poder de la nación".

Pero el esfuerzo por mantener la política y la economía bajo control no funcionó completamente. De vez en cuando, la gente pobre expresaba su descontento ocasionado por las ciudades abarrotadas, las largas horas en fábricas en las que operaban las nuevas maquinarias industriales, los altos precios, la pérdida de empleos, las enfermedades y las miserables viviendas. En 1827, en una reunión de mecánicos (trabajadores artesanos), un joven habló de lo difícil que era ganarse la vida y de cómo los trabajadores estaban a merced de sus patrones:

> Nos oprimen por todos lados: trabajamos arduamente para producir todas las comodidades de la vida para el disfrute de los demás, mientras que nosotros mismos obtenemos solo una pequeña parte, y hasta eso, tal como están las cosas en la sociedad actual, depende de la voluntad de los patrones.

En ocasiones se produjeron levantamientos

repentinos y desorganizados contra los ricos. A veces, la ira se volvía contra los negros, los católicos o los inmigrantes. Y a veces los pobres organizaban su ira en manifestaciones y huelgas contra los banqueros, los especuladores de tierras, los terratenientes y los comerciantes que controlaban la economía.

Trabajadores unidos

EN 1829, LOS OBREROS DE FILADELFIA CELEBRARON una de las primeras reuniones de grupos laborales, a nivel de toda la ciudad, en los Estados Unidos. Frances Wright, pensadora política escocesa y activista por los derechos de las mujeres, fue invitada a hablar. Wright preguntó si la Guerra Revolucionaria se había librado "para aplastar a los hijos e hijas de los industriales de su país". Se preguntó si la nueva maquinaria industrial estaba rebajando el valor del trabajo humano, convirtiendo a las personas en sirvientes de las máquinas y paralizando la mente y el cuerpo de los niños trabajadores.

(izquierda)
Equipo de construcción con locomotora de leña sobre el río Green, 1885.

Los sindicatos comenzaron a formarse cuando los trabajadores se unieron para negociar mejores salarios y condiciones de trabajo. En 1835, los trabajadores de cincuenta oficios diferentes, como la encuadernación y la ebanistería, organizaron sindicatos en Filadelfia. Se negaron a trabajar hasta que su jornada laboral fuera reducida a diez horas. Su huelga tuvo éxito.

Los tribunales contraatacaron a los sindicatos, calificándolos de conspiraciones ilegales cuyo objetivo era dañar a las empresas. Después de que un tribunal de Nueva York ordenara a una "conjura" de sastres pagar una multa, veintisiete mil personas se congregaron frente al Ayuntamiento para protestar por la decisión del tribunal. Un volante circuló por la ciudad:

¡RICOS CONTRA POBRES!

¡Mecánicos y obreros! ¡Se ha asestado un golpe mortal a tu libertad! . . . Ellos han establecido . . . que los trabajadores no tienen derecho a regular el precio del trabajo, o, en otras palabras, los ricos son los únicos jueces de las necesidades del pobre.

Más tarde, los agricultores y trabajadores de todo el estado de Nueva York formaron el Partido por la Igualdad de Derechos para presentar sus propios candidatos a cargos políticos.

En 1837, una crisis económica hizo que los precios de los alimentos, el combustible y el alquiler se dispararan. En la ciudad de Nueva York, un tercio de la clase trabajadora, o unas cincuenta mil personas, estaba desempleada. El Partido por la Igualdad de Derechos organizó una manifestación gigante que se convirtió en un motín cuando la multitud irrumpió en una tienda llena de harina y trigo.

El movimiento obrero había comenzado bien en Filadelfia. Sin embargo, cuando se desarrolló un conflicto religioso entre los trabajadores del comercio de tejidos protestantes nacidos en Estados Unidos y los tejedores católicos inmigrantes irlandeses, el movimiento se vino abajo.

Los irlandeses huían del hambre en su propio país, donde una enfermedad de las plantas había acabado con la cosecha de patatas. Estos nuevos inmigrantes, pobres y discriminados, sentían poca compasión por la difícil situación de las personas negras esclavizadas en los Estados Unidos. La mayoría de los activistas de la clase trabajadora, de hecho, ignoraron a los afroamericanos.

Ely Moore, un líder sindical de Nueva York, elegido para el Congreso, se opuso a la abolición.

El racismo fue un sustituto fácil a la verdadera frustración de las clases trabajadoras contra las clases altas.

En 1850, Estados Unidos tenía una fuerza laboral de alrededor de 8.25 millones de personas. La mayoría de estas, libres o esclavas, trabajaban aún en la agricultura. Medio millón de mujeres trabajaban fuera del hogar.

La mayoría de ellas trabajaba como sirvientas. Otras trabajaban en fábricas (especialmente fábricas de textiles o telas). Cerca de 55 000 eran maestras.

Las trabajadoras textiles estuvieron muy activas en el movimiento obrero. Las niñas y mujeres que trabajaban en las fábricas de Lowell, Massachusetts, se declararon en huelga repetidamente en busca de mejores condiciones. Una huelga, por ejemplo, era por una jornada laboral de once horas en lugar de trece horas y media. Otra huelga inspiró a una manifestante de once años llamada Harriet Hanson a unirse a los huelguistas:

Cuando las chicas en mi habitación seguían indecisas, sin saber qué hacer . . . Yo, que empecé a temer que ellas salieran, después de todo lo que había dicho, me impacienté y me adelanté, diciendo con bravuconería infantil:

(izquierda)
Pagan a niños por su trabajo en fábricas de ladrillos, 1871.

"No me importa lo que hagan, voy a salir, lo haga alguien
más o no", y salí, y las demás me siguieron. Mientras
miraba hacia atrás a la larga fila que me seguía, estaba
más orgullosa que nunca . . .

Los niños iniciaron la primera huelga de
molinos en Paterson, Nueva Jersey. Cuando la
empresa cambió la hora de la comida del medio-
día a la 1, los niños se marcharon del trabajo. Sus
padres los animaron. Otros trabajadores se unieron a la huelga, que se convirtió en una lucha de
diez días.

Los zapateros en Lynn, Massachusetts, sufrieron
durante la depresión económica en 1857. Muchos
perdieron sus trabajos. A otros les redujeron los
salarios. Los zapateros iniciaron una huelga que se
extendió a veinticinco pueblos y duró varios meses.
Finalmente, los dueños de las fábricas ofrecieron
salarios más altos para traer de vuelta a los trabajadores, pero se negaron a reconocer a los sindicatos.
Los trabajadores aún tenían que enfrentarse a sus
empleadores como individuos.

Durante la Guerra Civil, los trabajadores del
norte tuvieron que pagar precios elevados por los
alimentos y otras necesidades básicas, mientras
que sus salarios se mantenían bajos. Estallaron

huelgas en todo el país. En 1863, un periódico publicó una lista de huelgas, protestas y acciones laborales bajo el título "Revolución en Nueva York". La ira oculta de los pobres estaba subiendo a la superficie.

A los trabajadores blancos del norte no les entusiasmaba una guerra que parecía librarse por la persona negra esclavizada o por el capitalista. La guerra, pensaban, estaba trayendo ganancias a una nueva clase de millonarios. Algunas de sus huelgas terminaron ante la amenaza del uso de la fuerza por parte de las tropas del ejército de la Unión.

Otra fuente de conflicto fue el reclutamiento de soldados en el ejército de la Unión. Los hombres lo suficientemente ricos para pagar trecientos dólares no tenían que enlistarse. Los pobres no tenían más remedio que arriesgarse a morir en el campo de batalla. Estallaron disturbios en Nueva York y otras ciudades. Los pobres y los trabajadores se enfurecieron contra varios objetivos: los ricos, los negros y los republicanos. Las turbas destruyeron fábricas y casas de gente rica. También quemaron un orfanato negro y mataron afroamericanos en la calle. Hubo que traer tropas para restaurar el orden.

El sur tenía su propio conflicto de clases.
Millones de blancos sureños eran granjeros
pobres que no poseían personas esclavizadas.
Algunos de ellos apenas sobrevivían con un poco
más que las mismas personas esclavizadas. Al
igual que en el norte, los pobres fueron reclutados
en el ejército, mientras que los ricos podían comprar su salida, y al igual que en el norte, estallaron
disturbios por el reclutamiento.

Gobierno y rebelión

ENTRE EL RUIDO DE LA GUERRA, EL CONGRESO Y
Lincoln hicieron una serie de leyes que entrega-
ban a los negocios todo lo que querían. La Tarifa
Morrill encareció los productos extranjeros.
Esto permitió a los fabricantes estadounidenses
aumentar sus propios precios para que los consumidores tuvieran que pagar más por los bienes.
La Ley de Trabajo por Contrato permitía a los
empleadores traer trabajadores extranjeros que
trabajarían a cambio del transporte a los Estados

Unidos. Esto le dio a las empresas una fuente de mano de obra barata y de rompehuelgas: personas que ocuparían los puestos de los trabajadores sindicalizados que se declaraban en huelga. Las leyes otorgaron a los dueños de molinos el derecho de inundar la propiedad de otras personas, y otras leyes entregaron las tierras de los granjeros a las compañías ferroviarias y de canales.

Las leyes estatales y federales ni siquiera intentaban proteger a los trabajadores. Casi no había leyes de salud y seguridad. Las leyes que existían no se hacían cumplir. Cuando un molino se derrumbó, matando a ochenta y ocho trabajadores, el tribunal encontró libres de culpa a los propietarios, a pesar de que había pruebas de que sabían que el edificio no podía almacenar la maquinaria pesada en su interior.

Después de la guerra, los soldados regresaron en busca de trabajo. Descubrieron que las mujeres se habían unido a la mano de obra industrial durante la guerra. Yendo más allá de las fábricas textiles y los trabajos de sastrería, se habían convertido en tabaqueras e imprenteras. Algunas tenían sus propios sindicatos. Los trabajadores negros también formaron sus propios sindicatos.

Otra crisis económica golpeó al país en 1873. Fue una en una serie de depresiones que acabaron con las pequeñas empresas y trajeron hambre, frío y muerte a los trabajadores mientras los ricos permanecían seguros o se enriquecían más.

La depresión continuó durante la década de 1870. Decenas de miles de personas perdieron sus trabajos, incluso sus hogares. Muchos vagaban por el campo en busca de comida. La gente desesperada trató de llegar a Europa o Sudamérica. Los trabajadores desempleados realizaron mítines masivos para demandar ayuda del gobierno.

En 1877, con el país hundido en la depresión, la nación fue sacudida por una serie de huelgas ferroviarias. Los trabajadores ferroviarios en Martinsburg, West Virginia, se declararon en huelga para protestar por los recortes salariales y las peligrosas condiciones laborales que provocaban muertes y lesiones. Detuvieron el tráfico de trenes. Las tropas federales volvieron a poner en marcha los trenes, pero en Baltimore, los ciudadanos que apoyaban a los huelguistas rodearon el arsenal de la Guardia Nacional y arrojaron piedras a los soldados.

Los soldados respondieron con tiros, matando a diez hombres y niños. Se desató una batalla en la estación de trenes, durante la cual la multitud destrozó una locomotora.

La rebelión de los trabajadores ferroviarios se extendió a Pittsburgh. Después de que las tropas mataran a diez personas, toda la ciudad se levantó enfurecida. Miles saquearon los vagones de carga. Incendios y combates envolvieron la ciudad. Las huelgas y disturbios siguieron en Reading, Pennsylvania; en Chicago, St. Louis y Nueva York. Las autoridades respondieron de forma rápida y violenta.

Cuando una multitud de jóvenes cerró los ferrocarriles, los aserraderos y los molinos de Chicago, llamando a los trabajadores a la huelga, la policía atacó. "El sonido de los garrotes al caer sobre los cráneos era repugnante desde el primer minuto, luego uno se acostumbraba", decía un artículo periodístico. "Un alborotador caía con cada golpe, eso parecía, porque el suelo estaba cubierto de ellos". En una reunión laboral pacífica en Nueva York, un orador declaró: "Aunque nosotros, personas pobres, no podemos tener muchas cosas, tenemos libertad de expresión y nadie nos la puede quitar". Entonces la policía cargó, usando sus garrotes.

Las grandes huelgas ferroviarias de 1877 detuvieron más de la mitad de la carga en las líneas ferroviarias del país.

Al terminar, cien personas estaban muertas y mil habían ido a la cárcel; cien mil trabajadores se habían declarado en huelga y otros innumerables desempleados en las ciudades se habían sumado al llamado.

Las empresas ferroviarias otorgaron ciertos beneficios a los trabajadores. También reforzaron sus propias fuerzas policiales. Nada había cambiado realmente. Así como los afroamericanos tuvieron que aprender que no tenían la fuerza suficiente para hacer realidad las promesas de la emancipación, los trabajadores aprendieron que no estaban unidos ni eran lo suficientemente fuertes para vencer la combinación de riqueza privada y poder del gobierno. Pero su lucha continuaría.

ENTRE LA GUERRA CIVIL Y EL AÑO 1900, EL VAPOR Y la electricidad reemplazaron al músculo humano. Estados Unidos construyó 193 000 millas de vías ferroviarias. Nuevas herramientas como el telégrafo, el teléfono y la máquina de escribir aceleraron el ritmo de los negocios. El aceite y el carbón ponían en marcha la maquinaria de las fábricas y encendían las calles y los hogares en las ciudades. Fueron los inventores y gente de negocios quienes hicieron todo eso posible.

Algunos inventores eran también hombres de negocios. Thomas Edison no sólo inventó equipamiento eléctrico, sino también se dedicó a venderlo. Otros hombres de negocios construyeron corporaciones y fortunas usando los inventos de otras personas. Un carnicero de Chicago llamado Gustavus

Swift combinó el vagón de tren con el almacén con frigorífico, para iniciar la primera planta empacadora de carne del país en 1885.

El progreso exigía trabajadores. Gran parte del trabajo fue realizado por inmigrantes, que llegaron a los Estados Unidos a un ritmo sin precedentes: 5.5 millones en la década de 1880, y cuatro millones en la década de 1890. De los recién llegados a la costa este, un gran número provenía del sur y el este de Europa. En la costa oeste, los inmigrantes chinos constituían una décima parte de la población de California en 1880. Los chinos y judíos recién llegados fueron blanco de ataques racistas, a veces a manos de quienes habían emigrado antes, como los irlandeses.

La violencia contra inmigrantes podía ser mortal. En Rock Springs, Wyoming, en 1885, personas blancas asesinaron a veintiocho inmigrantes chinos. Antes de esto, el escritor Bret Harte escribió las siguientes palabras en memoria de Wan Lee, un chino asesinado en California:

> Muerto, mis venerados amigos, muerto. Muerto a pedradas en las calles de San Francisco, en el año de gracia de 1869, por una turba de jovenzuelos y estudiantes cristianos.

(izquierda)
Thomas Edison con el dínamo que generó la primera luz eléctrica comercial, década de 1890s.

El más grande crecimiento económico en la historia de la humanidad tuvo lugar en los Estados Unidos a fines del siglo XIX. La riqueza que producía era como una pirámide. En la base, quienes construyeron la pirámide y la sostenían eran los trabajadores: negros, blancos, chinos e inmigrantes europeos, además de las mujeres. En la cima estaban los nuevos multimillonarios estadounidenses.

Los ricos se vuelven más ricos

ALGUNOS MULTIMILLONARIOS COMENZARON EN la pobreza. Sus historias "de mendigo a millonario" ayudaron a convencer a las masas de trabajadores pobres de que ellos también podrían ser ricos algún día. La gran mayoría de los millonarios, sin embargo, procedían de familias de clase alta o media. Aquellos que se convirtieron en los hombres más ricos de la época —J. P. Morgan, John D. Rockefeller, Andrew Carnegie, James Mellon y Jay Gould— podían darse el lujo de escapar del servicio militar en la Guerra Civil pagando a sustitutos para que ocuparan sus lugares. El padre de James Mellon le escribió: "Hay muchas vidas menos valiosas [que la tuya]".

Estos hombres y otros amasaron grandes fortunas con la ayuda del gobierno y los tribunales. A veces tenían que pagar por esa ayuda. Thomas Edison, por ejemplo, prometió a los políticos de Nueva Jersey mil dólares a cada uno que hiciera leyes que favorecieran sus intereses comerciales.

Los libros de historia a menudo llaman al primer ferrocarril transcontinental un gran logro estadounidense. Se construyó a base de sangre, sudor, políticos y el robo realizado por dos compañías ferroviarias. La línea del Pacífico Central comenzaba en la costa oeste y se dirigía al este. Gastó doscientos mil dólares en sobornos en Washington, D.C. para hacerse de tierras y préstamos que no tendría que devolver, y a sus trabajadores irlandeses y chinos les pagaba de uno o dos dólares al día. La línea Union Pacific comenzaba en Nebraska y se dirigía al oeste. Para evitar ser investigada, sobornó a los congresistas vendiéndoles acciones de la empresa a precios muy bajos. Sus trabajadores morían de a cientos a causa del calor, el frío y los ataques de indígenas que lucha-ban contra la invasión de su tierra.

Rockefeller hizo una fortuna en el nuevo nego-cio del petróleo, en parte haciendo tratos secretos con compañías ferroviarias. Prometió transportar su petróleo con ellos si le daban tarifas más bajas. Este arreglo le ahorró dinero, por lo que pudo ven-der su petróleo a precios inferiores y esto llevó a la quiebra a las compañías petroleras con las que competía. Las compró y creó así un monopolio: un sistema en el que una corporación controla toda o la mayor parte de una industria.

A los eficientes hombres de negocios de fina-les del siglo XIX se les llama a veces "barones ladrones". Eran poderosos, como los barones de la nobleza medieval, y gran parte de su riqueza la hicieron gracias a métodos basados en la codicia y la deshonestidad. Industria tras industria, crea-ron imperios que mantenían los precios altos y los salarios bajos, aplastando a la competencia y obteniendo ayuda del gobierno en forma de leyes e impuestos favorables. El gobierno fingía ser neutral, pero en realidad servía a los intereses de los ricos. Su propósito era resolver pacíficamente las disputas entre las clases altas, mantener bajo control a las clases bajas y mantener la estabilidad del sistema económico.

La elección de Grover Cleveland en 1884 mostró cómo funcionaban las cosas en los Estados Unidos. Mucha gente pensó que Cleveland, un demócrata, estaba en contra del poder de los monopolios y corporaciones. Pero Cleveland prometió a los capitanes de la industria: "Ningún interés comercial sufrirá ningún daño . . . mientras yo sea presidente". Después de ser elegido, Cleveland demostró que se preocupaba más por los ricos que por los pobres. Se negó a dar cien mil dólares del dinero federal para ayudar a los agricultores de Texas a comprar semillas de granos durante una sequía, a pesar de que la tesorería tenía suficientes fondos. Ese mismo año, Cleveland volvió a comprar bonos del gobierno en poder de personas adineradas por un precio mayor a su valor nominal: un regalo de 45 millones para los ricos.

Voces de protesta

ALGUNOS POLÍTICOS TRATARON DE LIMITAR EL
poder de las corporaciones. Para acabar con los
monopolios, el senador John Sherman redactó la
Ley Antimonopolio Sherman, que el Congreso
aprobó como ley en 1877. Sherman temía que
si no se hacían reformas, las personas que se
oponían al poder de las enormes corporaciones
podrían sentirse atraídas por las nuevas y peligrosas ideas políticas que surgían de Europa.

Una de esas ideas era el socialismo, que proponía un sistema económico en el que el gobierno
o el pueblo en su conjunto son propietarios de
los medios de producción, como granjas, minas y
fábricas. Estos son operados para el beneficio de
todos, no para el beneficio privado. El comunismo
iba aún más lejos: acabar con la propiedad privada y
con las distinciones de clase basadas en la riqueza.
En una sociedad comunista, todos los bienes serían
propiedad de todos; estarían disponibles para todos,
según sus necesidades. Una tercera idea política
nueva, el anarquismo, sostenía que el gobierno
mismo era innecesario, incluso inadecuado.

La Ley Antimonopolio Sherman fue diseñada
para reformar el sistema capitalista lo suficiente

(izquierda)
Ilustración de la
publicación *Harper's
Weekly* representando la
huelga de Homestead
en 1892.

para evitar que el socialismo o el comunismo se arraigaran entre los trabajadores y los pobres. Sin embargo, menos de veinte años después de convertirse en ley, la Suprema Corte de los Estados Unidos interpretó la ley de una manera que la dejó sin sentido. Al mismo tiempo, la Corte otorgaba todavía más protección a las corporaciones. Estas decisiones hicieron que la riqueza continuara en la cima de la pirámide. Un juez de la Suprema Corte, David J. Brewer, dijo en 1893: "La ley invariable es que la riqueza de la comunidad estará en manos de unos pocos".

Las iglesias, escuelas, negocios y el gobierno intentaron controlar las ideas de las personas, enseñándoles que todo estaba bien en la sociedad. La pobreza era un signo de fracaso personal. Los ricos merecían ser ricos. El sistema capitalista era justo y perfecto.

No todos aceptaban esa visión de las cosas. Algunas personas estaban listas para lanzar duras críticas al sistema, o para imaginar otras formas de vivir. Uno de ellos fue Henry George, un trabajador autodidacta de Filadelfia que llegó a ser periodista y economista. Gente de todo el mundo leyó su libro de 1879 *Progreso y pobreza*. George argumentaba que un impuesto sobre la tierra, al que llamó la base de la riqueza, recaudaría suficiente dinero para que el gobierno resolviera el problema de la pobreza. Otro escritor, un abogado llamado Edward Bellamy, publicó *Volviendo la mirada*, una novela sobre la vida en el año 2000. En la esperanzadora visión del futuro de Bellamy, la sociedad era socialista. Todos trabajaban y vivían en cooperación, no como individuos en competencia.

Grandes movimientos de obreros y campesinos se hicieron sentir por todos los rincones en las décadas de 1880 y 1890. Estos iban más allá de las huelgas dispersas de años anteriores. Se trataba de movimientos nacionales que amenazaban a las élites gobernantes. Existían agrupaciones revolucionarias en las ciudades estadounidenses, y el discurso revolucionario estaba en el aire.

En 1883 se llevó a cabo un congreso anarquista en Pittsburgh. En él se redactó un comunicado que llamaba a la "igualdad de derechos para todos sin distinción de sexo o raza". Citaba un documento de 1848 llamado *Manifiesto Comunista*, que declaraba: "¡Proletarios de todos los países, uníos! Los proletarios no tienen nada que perder, aparte de sus cadenas. En cambio, tienen un mundo entero que ganar".

El Caso de Haymarket

EN 1886, EL SISTEMA IMPERANTE CHOCÓ CON LAS nuevas ideas. La Federación Estadounidense del Trabajo, una asociación de sindicatos con cinco años de existencia, convocó a huelgas nacionales cuando los empleadores se negaron a reducir la jornada laboral a ocho horas. Cerca de 350 000 empleados de más de 11 500 empresas se declararon en huelga.

Solo en Chicago, cuarenta mil personas hicieron huelga (otras 45 000 recibieron una jornada laboral más corta para evitar que se fueran a huelga). Afuera de una fábrica, los trabajadores y sus simpatizantes se enfrentaron con *esquiroles* (el término se usa para referirse a los trabajadores que se presentan a trabajar mientras el resto está en huelga). La policía disparó contra la multitud y mató a cuatro huelguistas. Después de eso, August Spies, un anarquista y líder sindical, publicó una hoja en la que llamaba a los trabajadores a que se levantaran en armas contra los patrones. Otros anarquistas hablaron en una reunión multitudinaria en Haymarket Square, ante una audiencia de unas cuatro mil personas. Fue una reunión pacífica. Aun así, llegó la policía y ordenó a la multitud que se retirara. En ese momento explotó una bomba que hirió a sesenta y seis policías. Siete de ellos murieron. La policía disparó, hiriendo a doscientas personas y matando a otras tantas.

No se encontraron pruebas que demostraran quién había arrojado la bomba. Las autoridades arrestaron a Spies y a otros siete anarquistas bajo la acusación de que habían incitado a otros al asesinato. Según la ley de Illinois, eso era lo mismo que cometer un asesinato. La evidencia contra los ocho eran sus ideas y sus escritos, no sus acciones. Sólo uno de ellos había estado en Haymarket Square. Pero un jurado encontró a los ocho culpables y siete fueron condenados a muerte. (Cuatro fueron ahorcados, uno se suicidó antes de que pudiera ser ejecutado y los otros tres finalmente recibieron un indulto y fueron puestos en libertad).

En todo el mundo se organizaron manifestaciones en contra de las duras sentencias. En Chicago, veinticinco mil marcharon en protesta. Año tras año, en todo el país, se llevaron a cabo reuniones conmemorativas por los mártires de Haymarket. El caso de Haymarket fue tan impactante que algunas personas se sumaron a la acción política.

El auge y la caída del populismo

LAS EJECUCIONES DE HAYMARKET NO APLASTARON al movimiento obrero. El año 1886 se conoció como "el año del gran levantamiento obrero". Se formaron sindicatos en los campos de azúcar del sur y los trabajadores se declararon en huelga. Después de que dos líderes negros de una huelga en Luisiana fueran arrestados y luego desaparecieran para nunca más ser vistos, estallaron tiroteos entre los huelguistas y la milicia. Un periódico afroamericano de Nueva Orleans informó sobre la violencia en la ciudad de Thibodaux:

Los cojos y ciegos fusilados; ¡Niños y abuelos canosos barridos sin piedad! Los negros no ofrecieron resistencia; no pudieron, ya que el asesinato fue inesperado. Aquellos que no fueron asesinados huyeron al bosque . . . Ciudadanos de los Estados Unidos asesinados por una turba dirigida por un juez estatal . . . ¡Trabajadores que buscan un adelanto de salario, tratados como si fueran perros!

Unos cuantos años más tarde, los mineros del carbón se declararon en huelga, en Tennessee. Cuando los dueños de las minas enviaron a presos para hacer el trabajo, los mineros tomaron la mina por la fuerza. Los trabajadores de la planta siderúrgica de Andrew Carnegie en Homestead, Pensilvania, también se declararon en huelga. El gobernador envió milicias para controlar la huelga, y la planta usó rompehuelgas para seguir produciendo acero. Después de dos meses, la huelga se vino abajo.

En 1893, el país entró en la mayor crisis económica que había visto. La depresión duró varios años y produjo una ola de huelgas. Una huelga de trabajadores ferroviarios fue la más grande y violenta. Lanzó a un trabajador, Eugene Debs, a toda una vida de activismo en favor de los sindicatos y el socialismo. Debs fue arrestado por apoyar la huelga. Dos años después escribió:

> El tema central es Socialismo contra Capitalismo. Estoy por el socialismo porque estoy por la humanidad. Hemos sido maldecidos con el reinado del oro por demasiado tiempo. El dinero no constituye una base adecuada para la civilización. Ha llegado el momento de regenerar la sociedad: estamos en las vísperas de un cambio universal.

Al igual que los trabajadores, los agricultores sufrían. El costo de la maquinaria agrícola además de las tarifas ferroviarias para el envío de granos siguió subiendo, pero los precios de sus productos bajaban. Muchos agricultores no pudieron pagar sus cuentas y perdieron sus granjas.

Los agricultores comenzaron a crear organizaciones similares a sindicatos para ayudarse unos a otros. Compraron bienes de manera conjunta para obtener precios más bajos y trabajaron para que se aprobaran leyes a favor de la agricultura. Una de estas asociaciones, la Farmers Alliance, dio origen a un nuevo movimiento llamado Populismo (creencias y acciones políticas y económicas "del pueblo"). Esta promovía la idea de que los agricultores, actuando juntos, podrían construir sus propias instituciones, como un seguro barato contra la pérdida de cosechas y sus propios partidos políticos.

En general, los populistas estaban en contra de los monopolios (también llamados fideicomisos) y el capitalismo. Querían que el gobierno controlara las tarifas ferroviarias y las tasas de interés de los bancos, para evitar que obtuvieran grandes ganancias. Los populistas no estaban de acuerdo, sin embargo, sobre la raza. Algunos negros y blancos abogaban por la unidad racial, sintiendo que todos los trabajadores agrícolas pobres estaban en la misma situación y necesitaban estar juntos. Sin embargo, el racismo tenía fuerza entre otros populistas blancos, mientras que muchos más simplemente no pensaban que la raza fuera tan importante como el sistema económico. Muchos populistas también estaban en contra de los nuevos inmigrantes. Se opusieron especialmente a la inmigración del este y sur de Europa y de Asia.

Al final, el movimiento populista no pudo unir a negros y blancos, ni a los agricultores y los trabajadores urbanos. Algunos candidatos se postularon para cargos políticos bajo la bandera de partido populista o del pueblo, pero ciudad tras ciudad, los populistas se aliaron con el Partido

Demócrata para tener más posibilidades de ganar las elecciones. Sin embargo fueron los políticos hábiles para hacer acuerdos, no los agricultores revolucionarios, quienes ganaron la mayoría de las elecciones. Finalmente, el movimiento populista se perdió en el mar de la política demócrata.

En las elecciones de 1896, las corporaciones y la prensa apoyaban al candidato republicano William McKinley. Fue la primera campaña en la que se gastaron grandes sumas de dinero y McKinley resultó ganador. Como muchos políticos, éste recurrió al patriotismo para ahogar el resentimiento de clase. "Me alegra saber que la gente en cada rincón de este país desea ser fiel a una misma bandera, la de las gloriosas barras y estrellas", dijo. Más tarde, McKinley probó que para él el dinero era tan importante y sagrado como el patriotismo. También dijo que "la gente de esta nación tiene la intención de mantener el honor financiero de este país tan sagradamente como mantienen el honor de la bandera".

"LE DARÍA LA BIENVENIDA A CASI CUALQUIER
guerra, porque creo que este país necesita una".
Esas palabras fueron escritas en 1897, en una carta
a un amigo, por Theodore Roosevelt, quien luego
se convertiría en presidente de los Estados Unidos.
¿Por qué pensaba que la nación necesitaba una
guerra?

Tal vez una guerra sería capaz de absorber
parte de la energía rebelde que la gente estaba
volcando en huelgas y protestas. Tal vez uniría al
pueblo con las fuerzas armadas contra un enemigo extranjero. Y había otra razón, una razón
económica.

Antes de ser elegido presidente, William
McKinley dijo: "Queremos un mercado extranjero para nuestros bienes excedentes". El senador

Albert Beveridge de Indiana lo explicó en detalle en 1897. Dijo:

> Las fábricas estadounidenses están produciendo más de lo que el pueblo estadounidense puede usar. El suelo estadounidense está produciendo más de lo que pueden consumir. El destino ha escrito nuestra política; el comercio del mundo debe ser y será nuestro.

Estos políticos creían que Estados Unidos tenía que lograr que otros países abrieran sus puertas a los productos estadounidenses, incluso si esos mercados no estaban interesados en comprar. Si las fábricas y las granjas podían vender su excedente de producción en el extranjero, las empresas estadounidenses continuarían haciendo dinero y la economía podría evitar crisis como la que había iniciado la guerra de clases en la década de 1890.

La guerra probablemente no fue un plan predeterminado entre la mayoría de las clases dominantes de la élite. Al contrario, creció naturalmente a partir de dos fuentes, el capitalismo y el nacionalismo. El capitalismo exigía más mercados. El nacionalismo, el espíritu de un fuerte orgullo nacional, hizo pensar a la gente que Estados Unidos tenía el derecho, o incluso el deber, de expandirse y dirigir los asuntos de otros países.

El sabor del imperio

PARA ESTADOS UNIDOS, EXTENDER SU BRAZO E inmiscuirse en el extranjero no era una idea nueva. La guerra contra México ya había llevado a Estados Unidos al Océano Pacífico. Antes de eso, en 1823, el presidente James Monroe había elaborado la Doctrina Monroe. Esta declaración dejó en claro que Estados Unidos reconocía tener interés en los asuntos políticos de todo el hemisferio occidental: Norteamérica, Centroamérica y Sudamérica. Puso sobre aviso a las naciones de Europa: no se inmiscuyan con los países del continente americano.

Sin embargo, Estados Unidos no pensaba que tenía que mantenerse al margen de los asuntos de otros países. Entre 1798 y 1895, Estados Unidos envió tropas a otros países, o participó activamente en sus asuntos, en 103 ocasiones. En la década de 1850, por ejemplo, la Marina de los EE. UU. utilizó buques de guerra para obligar a Japón a abrir sus puertos a la navegación estadounidense.

A fines del siglo XIX, muchos militares, políticos y empresarios apoyaban la idea de una participación extranjera aún mayor. Un escritor del *Washington Post* dijo:

Una nueva conciencia parece haber despertado entre nosotros —la conciencia de la fuerza— y con ella un nuevo apetito, el anhelo de demostrar nuestra fuerza . . . El sabor del Imperio está en la boca de la gente.

La guerra hispano-estadounidense

EL PUEBLO ESTADOUNIDENSE ESTABA MÁS dispuesto a participar en un conflicto armado en el extranjero si éste era presentado como una buena acción; por ejemplo, ayudar al pueblo a derrocar un gobierno foráneo. Cuba, una isla cercana a Florida, estaba en esa situación. Durante siglos, España había tenido a Cuba como colonia. Entonces, en 1895, los cubanos se rebelaron contra el dominio español.

Algunos estadounidenses pensaron que Estados Unidos debía ayudar a los cubanos porque luchaban por la libertad, tal como los colonos en la Guerra Revolucionaria. El gobierno de los EE. UU., sin embargo, estaba más interesado en quién controlaría Cuba, una vez que se fueran los españoles.

(izquierda) Combatientes cubanos en la guerra por la independencia de España asan un cerdo durante un descanso de los combates, 1896.

La raza era parte del asunto, porque Cuba tenía tantos blancos como negros. La administración del presidente Grover Cleveland temía que una victoria de los rebeldes cubanos pudiera conducir a "una república blanca y una negra". Un joven constructor del imperio británico llamado Winston Churchill, hijo de madre estadounidense, tuvo la misma idea. En 1896 escribió un artículo en una revista diciendo que aunque el gobierno español en Cuba era malo y los rebeldes tenían el apoyo del pueblo cubano, sería mejor si España mantenía el control. Si ganaban los rebeldes, Cuba podía convertirse en "otra república negra". Lo de Churchill era una advertencia: Cuba podía ser como Haití, el primer país del continente americano en ser gobernado por negros.

Mientras los estadounidenses debatían si debían unirse a la guerra en Cuba, una explosión en el puerto de La Habana, la capital de Cuba, destruyó el acorazado estadounidense *Maine*. El barco había sido enviado a Cuba como símbolo del interés estadounidense en la región. Nunca se presentaron pruebas para demostrar qué causó la explosión, pero la pérdida del *Maine* movió al presidente McKinley y al país en dirección a la guerra.

Estaba claro que Estados Unidos no podía sacar a España de Cuba sin luchar. También quedó claro que Estados Unidos no podía forjar intereses militares y económicos estadounidenses en Cuba sin enviar tropas a la isla.

En abril de 1898, McKinley pidió al Congreso declarar la guerra. Pronto, las fuerzas estadounidenses se trasladaron a Cuba. La guerra hispano-estadounidense había comenzado.

John Hay, el secretario de Estado de EE. UU., más tarde la llamó una "pequeña guerra espléndida". Las fuerzas españolas fueron derrotadas en tres meses. Casi 5500 soldados estadounidenses murieron. Solo 379 murieron en batalla. El resto murió debido a enfermedades y otras causas. Una de ellas fue, sin duda, la carne contaminada y podrida que los empacadores de carne estadounidenses vendían al ejército.

¿Qué hay de los rebeldes cubanos que habían iniciado la lucha con España? El ejército estadounidense fingió que no existían. Cuando los españoles se rindieron, a ningún cubano se le permitió discutir la rendición o firmar el tratado. Estados Unidos tenía el control. Las tropas estadounidenses permanecieron en Cuba después de la rendición.

En poco tiempo, el dinero de EE. UU. ingresó a la isla, cuando los estadounidenses comenzaron a apoderarse de los ferrocarriles, las minas y las plantaciones de azúcar.

Estados Unidos le dijo al pueblo cubano que podía redactar su propia constitución y formar su propio gobierno. También dijo que el Ejército de los EE. UU. no abandonaría la isla hasta que la nueva constitución de Cuba incluyera una nueva ley estadounidense llamada la Enmienda Platt. Esta ley le dio a los Estados Unidos el derecho de involucrarse en los asuntos de la política de Cuba cuando quisiera. El general Leonard Wood le explicó a Theodore Roosevelt en 1901: "Por supuesto, queda poca o ninguna independencia en Cuba bajo la Enmienda Platt".

Muchos estadounidenses pensaban que la Enmienda Platt traicionaba la idea de la independencia cubana. La crítica iba más allá de los radicales (socialistas y otros con puntos de vista extremistas o revolucionarios) y llegó a los principales periódicos y grupos civiles. Un grupo crítico de la Enmienda Platt fue la Liga Antiimperialista. Uno de los fundadores de la Liga era William James, un filósofo de la Universidad de Harvard que se opuso a la tendencia de los Estados Unidos de construir un imperio y entrometerse en los asuntos de otros países. Al final, sin embargo, los cubanos no tuvieron más remedio que aceptar la Enmienda Platt si querían establecer su propio gobierno.

Revuelta y racismo en Filipinas

LOS ESTADOS UNIDOS NO ANEXARON A CUBA, NI la hicieron parte del territorio estadounidense. Pero la guerra hispano-estadounidense llevó a la anexión de otros territorios que España había controlado. Uno era Puerto Rico, isla vecina de Cuba. Estados Unidos ya había arrebatado las islas hawaianas de manos de su reina hawaiana, y la guerra también le dio el control de algunas otras islas del Pacífico: las islas Wake, Guam y el gran grupo de islas llamado Filipinas.

Los estadounidenses debatieron acaloradamente si debían o no apoderarse de Filipinas. Una versión de la historia cuenta que el presidente

McKinley contó ante un grupo de ministros que los visitaban que había sido él quien tomó la decisión de anexar Filipinas. Mientras oraba pidiendo guía, se convenció de que "no nos quedaba nada por hacer sino tomarlos a todos y educar a los filipinos, y elevarlos, civilizarlos y cristianizarlos . . . Y luego me acosté y dormí profundamente".

Los filipinos, sin embargo, no recibieron un mensaje de Dios diciendo que aceptaran al gobierno estadounidense. En cambio, en febrero de 1899 se rebelaron contra Estados Unidos, tal como se habían rebelado varias veces contra España.

El sabor del imperio estaba en boca de los políticos y empresarios estadounidenses, y estaban de acuerdo en que Estados Unidos tenía que mantener el control de su nuevo territorio. Discursos sobre dinero mezclados con discursos sobre el destino y civilización. "Filipinas es para siempre nuestra", dijo el senador Beveridge al Senado de los Estados Unidos. "Y un poco más allá de Filipinas están los mercados ilimitados de China. No nos retiraremos de ninguno de los dos".

Estados Unidos tardó tres años en aplastar la rebelión filipina. Fue una guerra difícil. Los estadounidenses perdieron muchas más tropas que en

(izquierda)
Una larga línea de los soldados negros que lucharon en la guerra hispano-estadounidense 1899.

Cuba. Para los filipinos, la tasa de mortalidad era enorme debido a las batallas y las enfermedades.

McKinley dijo que la lucha con los rebeldes comenzó cuando estos atacaron a las fuerzas estadounidenses. Más tarde, los soldados estadounidenses testificaron que Estados Unidos había disparado el primer tiro.

El célebre autor estadounidense Mark Twain resumió indignado la guerra de Filipinas, cuando declaró:

> Hemos pacificado a miles de isleños y los hemos enterrado; destruimos sus campos; quemamos sus aldeas y expulsamos a sus viudas y huérfanos . . . Y así, en estas providencias de Dios —la frase es del gobierno, no mía— somos una potencia mundial.

La Liga Antiimperialista se dedicó a educar a la opinión pública estadounidense sobre los horrores de la guerra de Filipinas y los males del imperialismo, o la construcción del imperio. Publicó cartas de soldados que estaban en Filipinas. Hubo informes sobre soldados que mataron a mujeres, niños y prisioneros de guerra. Un soldado negro llamado William Fulbright escribió desde Manila, la capital de Filipinas: "Esta lucha en las islas no ha sido más que un gigantesco plan de robo y opresión".

Igual que en Cuba, la raza era un problema en Filipinas. Algunos soldados blancos estadounidenses eran racistas y consideraban inferiores a los filipinos. Los soldados negros estadounidenses en Filipinas tenían sentimientos encontrados. Algunos experimentaron orgullo, el deseo de demostrar que los negros eran tan valientes y patrióticos como los blancos. Algunos querían la oportunidad de salir adelante económicamente, con su trabajo en las fuerzas armadas. Pero otros sintieron que estaban librando una guerra brutal contra personas de color, algo no muy distinto a la violencia contra los negros en los Estados Unidos. En Tampa, Florida, soldados blancos ebrios provocaron un motín racial al usar a un niño negro para prácticas de tiro.

De vuelta en los Estados Unidos, muchos afroamericanos se opusieron a la guerra de Filipinas, porque vieron en ella un conflicto racial: la raza blanca peleando por conquistar a gente de piel oscura. También luchaban contra la injusticia en casa. Un grupo de afroamericanos en Massachusetts envió un mensaje al presidente McKinley, criticándolo por no hacer nada para promover la igualdad racial.

A lo largo del siglo XIX, los estadounidenses negros, junto con las mujeres, los trabajadores y los pobres, alzaron sus voces en contra de la opresión. Muchos habían encontrado maneras de resistir los efectos más duros de un sistema político y económico que los ignoraba. En el siglo que estaba por comenzar, darían sus propios pasos hacia el cambio.

LA HISTORIA DEL PUEBLO

de Estados Unidos PUEBLO PARA JÓVENES

SEGUNDA PARTE

DE LA LUCHA DE CLASES *del* SIGLO XXI

CAPÍTULO TRECE

LUCHA DE CLASES

EL DESCONTENTO AUMENTABA EN ESTADOS UNIDOS,
a medida que se iniciaba el siglo XX. Estados
Unidos acababa de ganar la Guerra Hispano-
Americana. Emma Goldman, anarquista y feminista de la época, recordó más tarde cómo la
guerra de Cuba y Filipinas había llenado de patriotismo a la gente:

> ¡Cómo ardía nuestro corazón de indignación contra los
> atroces españoles! . . . Pero cuando el humo se disipó,
> los muertos fueron enterrados y el costo de la guerra
> volvió a la gente en forma de un aumento en el precio
> de las mercancías y la renta, es decir, cuando recu-
> peramos la sobriedad, pasada la juerga patriótica, de
> repente nos dimos cuenta de que la causa de la Guerra
> Hispano-Americana fue el precio del azúcar . . . que las
> vidas, la sangre y el dinero del pueblo estadounidense

fueron usados para proteger los intereses de los capitalistas estadounidenses.

Algunos escritores estadounidenses célebres hablaron a favor del socialismo, con palabras duras para el sistema capitalista. La novela de Jack London *El talón de hierro*, publicada en 1906, ofrecía una visión de una hermandad socialista de hombres. Ese mismo año, Upton Sinclair publicó *La jungla*, con un personaje que sueña con un estado socialista. *La jungla* también capturó la atención de la nación a propósito de las terribles condiciones en la industria empacadora de carne de Chicago. Después de su publicación, el gobierno aprobó leyes para regular la industria.

Los periodistas o escritores *muckrakers* se sumaron al ánimo de disidencia, o desacuerdo, con el sistema. Estos escritores perseguían con mucho cuidado el lodo y la porquería, es decir, la mala conducta y las prácticas desleales, de las empresas, el gobierno y la sociedad en general. Luego lo hacían público por medio de artículos en periódicos y revistas o libros. Ida Tarbell, por ejemplo, escribió sobre las prácticas comerciales de la compañía Standard Oil Company. Lincoln

(izquierda)
Emma Goldman y Alexander Berkman, 1918.

Steffens reveló la corrupción política en las ciudades estadounidenses.

Talleres clandestinos y los "wobblies"

LAS EMPRESAS BUSCABAN FORMAS DE PRODUCIR más productos y ganar más dinero. Una forma de lograrlo era al dividir la fabricación en una serie de tareas simples. Un trabajador ya no haría un mueble completo, por ejemplo. En cambio, él o ella simplemente repetiría solo una parte del trabajo. Entonces, el trabajador haría la misma tarea una y otra vez, tal vez perforando un agujero o aplicando pegamento. De esta manera, las empresas podrían contratar mano de obra menos calificada. Los trabajadores se volvieron intercambiables, casi como las máquinas que cuidaban, despojándolos de su individualidad y su humanidad.

En la ciudad de Nueva York, un gran número de inmigrantes comenzaron a trabajar en fábricas de ropa llamadas talleres clandestinos. Trabajaban por salarios muy bajos en condiciones laborales insalubres. Se les pagaba en función de cuántas prendas cosían, no de cuántas horas trabajaban. Muchos otros hicieron este trabajo desde sus casas.

Uno de los quinientos talleres clandestinos de Nueva York era Triangle Shirtwaist Company. Sus trabajadoras se declararon en huelga en el invierno de 1909. Otros veinte mil trabajadores se sumaron. Una líder, Pauline Newman, recordaba más tarde la escena. "Miles y miles abandonaron los talleres", escribió. "Era noviembre, el frío invierno estaba por empezar, no teníamos abrigos de piel para abrigarnos y, sin embargo, el espíritu que nos guiaba estaba presente".

La huelga duró meses, a pesar de los policías, esquiroles y los arrestos. Sin embargo, aunque los trabajadores ganaron algunas de sus demandas, las condiciones en las fábricas no cambiaron mucho. En marzo de 1911 se produjo un incendio en el edificio del Triangle. El fuego estaba en una sección tan alta que las escaleras del departamento de bomberos no lograban llegar. Con las puertas de los talleres cerradas ilegalmente por los empleadores, los trabajadores, en su mayoría mujeres jóvenes, quedaron atrapados. Algunos huyeron de las llamas arrojándose por las ventanas. Otros sufrieron quemaduras. Al final, 146 habían muerto. Cien mil neoyorquinos marcharon en un desfile conmemorativo.

El movimiento sindical estaba creciendo, pero el sindicato más grande, la Federación Estadounidense del Trabajo (AFL), no representaba a todos los trabajadores. Sus miembros eran casi todos blancos, varones y con habilidades especializadas. Los negros eran aceptados por la AFL. Las mujeres representaban una quinta parte de la fuerza laboral en 1910, pero solo una de cada cien trabajadoras estaba sindicalizada. Además, los funcionarios de AFL no parecían ser mejores que los patrones de las empresas. Estaban protegidos por escuadrones de "matones" que golpeaban a los miembros del sindicato que los criticaban.

Los trabajadores que deseaban un cambio radical necesitaban un nuevo tipo de sindicato. En una reunión de anarquistas, socialistas y sindicalistas en Chicago en 1905, nació ese sindicato. Se llamó Trabajadores Industriales del Mundo (IWW) y su objetivo era organizar a todos los trabajadores de cualquier industria en "un Gran

Sindicato", sin distinciones de sexo, raza o especialización laboral.

El IWW pasó a llamarse "Wobblies", aunque no está claro por qué. Los Wobblies eran valientes y estaban dispuestos a enfrentar a la fuerza con la fuerza. Cuando se declararon en huelga en la US Steel Company, en Pensilvania, en 1909, las tropas estatales llegaron a controlar la huelga. La IWW prometió matar a un soldado por cada huelguista que muriera. Tres soldados y cuatro huelguistas murieron en un tiroteo, pero los huelguistas se quedaron fuera hasta que ganaron.

El IWW se inspiró en una nueva idea que se desarrollaba en España, Italia y Francia. Se trataba del anarco-sindicalismo, la creencia de que los trabajadores podían tomar el poder en un país, no por medio de la toma del control del gobierno mediante una rebelión armada, sino deteniendo el sistema económico. La forma de detener el sistema económico era mediante una huelga general, en la que se unieran todos los trabajadores de todos los oficios e industrias, con un propósito común.

En los diez intensos años desde su nacimiento, la IWW se convirtió en una amenaza para la clase capitalista en los Estados Unidos. El sindicato

Familiares llegan a la morgue de la ciudad de Nueva York para identificar los cuerpos de las víctimas del incendio de Triangle Shirtwaist Company, 1911.

nunca pasó de los cinco o diez mil miembros, pero su capacidad para organizar huelgas y protestas tuvo un gran impacto en el país. Los organizadores de IWW viajaban a todas partes, muchos de ellos estaban desempleados o se trasladaban como trabajadores migrantes. Cantaban, conversaban y difundían su mensaje y su espíritu.

Los organizadores de la IWW sufrieron palizas, encarcelamiento e incluso asesinato. Un crimen que involucró al organizador Joe Hill atrajo la atención mundial. Hill era un compositor cuyas canciones llenas de humor, mordaces e inspiradoras lo convirtieron en una leyenda. Por ejemplo, "El predicador y el esclavo" apuntaba a uno de los objetivos favoritos del IWW: la iglesia, que a menudo parecía ignorar los sufrimientos más reales de los pobres y las clases trabajadoras:

Predicadores de pelo largo salen todas las noches,

Van por ahí diciendo lo que está bien y mal;

Pero cuando les preguntas qué tal algo de comer

Te dirán con sus dulces voces:

—Comerás, ten paciencia, ya verás.

—En aquella tierra gloriosa en el cielo;

—Trabaja y reza, vive del heno,

—Comerás pastel en el cielo cuando mueras.

En 1915, Hill fue acusado de matar a un tendero en Salt Lake City, Utah, durante un robo. No existían pruebas directas de que hubiera cometido el asesinato, pero existían pruebas suficientes para que un jurado lo declarara culpable. Diez mil personas escribieron cartas al gobernador de Utah protestando por el veredicto, pero Joe Hill fue ejecutado por un pelotón de fusilamiento. Antes de morir, le escribió a Bill Haywood, otro líder de la IWW: "No pierdas el tiempo en el duelo. Sigue organizando".

Socialismo, sexo y raza

LAS LUCHAS OBRERAS IBAN EN AUMENTO. EN LA década de 1890 hubo unas mil huelgas al año; en 1904, cuatro mil. Viendo que, una y otra vez, la ley y los militares se ponían del lado de los ricos, cientos de miles de estadounidenses comenzaron a pensar en el socialismo.

El socialismo había comenzado en los Estados Unidos en ciudades dentro de los pequeños círculos de inmigrantes judíos y alemanes. Con el tiempo, sin embargo, se extendió y se volvió completamente estadounidense. Hasta un millón de personas en todo el país leían periódicos socialistas.

El partido político socialista se formó en 1901. Eugene Debs, que se había hecho socialista tras ser encarcelado durante una huelga, se convirtió en su portavoz. Para Debs, el sindicato significaba mucho más que huelgas y aumentos salariales. Su objetivo era "derrocar el sistema capitalista de la propiedad privada de las herramientas de trabajo . . . y lograr la libertad de toda la clase obrera y, de hecho, de toda la humanidad".

Debs se presentó cinco veces a la presidencia como candidato socialista. En cierto momento, su partido tuvo cien mil miembros. La organización socialista estatal más fuerte estaba en Oklahoma, donde más de cien socialistas fueron elegidos para ocupar cargos.

Algunas de las feministas activas en el movimiento por los derechos de las mujeres a principios del siglo XX también eran socialistas. Debatieron cuestiones complicadas: si el sistema económico cambiara, ¿serían las mujeres completamente iguales en la sociedad? ¿Era mejor trabajar por un cambio revolucionario en la sociedad o luchar por los derechos dentro del sistema existente? Muchas mujeres estaban menos preocupadas por el cambio social que por el sufragio o el derecho al voto. En una reunión amistosa con el líder socialista Eugene Debs, la feminista Susan B. Anthony le planteó, "Danos el sufragio y te daremos el socialismo". A lo que Debs respondió, "Danos el socialismo y te daremos el sufragio".

Los socialistas como Helen Keller no creían que el sufragio fuera suficiente. Ciega y sorda, Keller luchó por el cambio con su espíritu y su pluma. En 1911 escribió: "Nuestra democracia no es más que un nombre. ¿Votamos? ¿Qué significa eso? . . . Elegimos entre Tweedledum y Tweedledee".

Las mujeres negras enfrentaban una doble opresión, por su raza y por su sexo. Una enfermera afroamericana escribió a un periódico en 1912:

> Las pobres asalariadas de color del sur estamos librando una terrible batalla . . . Por un lado, nos asaltan los hombres negros, que deberían ser nuestros protectores naturales; y, ya sea en la cocina, lavando, en la máquina

de coser, cuidando a los bebés, o en la mesa de planchar; somos casi iguales que caballos de carga, bestias de carga, ¡esclavas!

La primera mitad del siglo XX fue uno de los peores momentos para los afroamericanos, con reportes de linchamientos cada semana, además de disturbios raciales que costaron vidas, en lugares como Brownsville, Texas y Atlanta, Georgia. El gobierno no hizo nada.

Los negros comenzaron a organizarse. En 1905, W. E. B. Du Bois, un respetado maestro y autor que simpatizaba con los socialistas, convocó a los líderes negros a una reunión en Canadá, cerca de las Cataratas del Niágara. Este fue el comienzo del "Movimiento del Niágara". Cinco años más tarde, un disturbio racial en Springfield, Illinois, condujo a la fundación de la Asociación Nacional para el Avance de la Gente de Color (NAACP). Los blancos dominaban este nuevo grupo. Du Bois era el único miembro directivo negro. La NAACP se enfocaba en la educación y la acción legal para acabar con el racismo, pero Du Bois representaba el vigoroso espíritu activista del Movimiento Niágara.

El movimiento progresista y la huelga del carbón de Colorado

LOS NEGROS, LAS FEMINISTAS, LOS SINDICALISTAS y los socialistas vieron claramente que no era posible contar con el gobierno nacional. Y, sin embargo, los libros de historia llaman "Período Progresista" a los primeros años del siglo XX. Cierto, fue una época de reformas, pero las reformas se hicieron de mala gana. No estaban destinadas a generar cambios básicos en la sociedad, solo a calmar los levantamientos de la gente.

El período recibió el nombre de "progresista" porque se aprobaron nuevas leyes. Había leyes para inspeccionar la carne, regular los ferrocarriles, controlar el crecimiento de los monopolios y mantener seguros los alimentos y las medicinas de la nación. Las leyes laborales establecieron estándares para salarios y horas. Se introdujeron la inspección de seguridad de los lugares de trabajo y el pago a los empleados que habían sufrido lesiones en el trabajo. La Constitución de los EE. UU. se modificó para que los senadores fueran elegidos directamente por el voto del pueblo, no por las legislaturas estatales.

La gente común se benefició de estos cambios. Sin embargo, las condiciones básicas no cambiaron para la gran mayoría de arrendatarios, trabajadores de fábricas, los habitantes de barrios marginales, mineros, trabajadores agrícolas y hombres y mujeres trabajadores, tanto blancos como negros.

El gobierno todavía estaba decidido a proteger un sistema que beneficiaba a las clases altas. Theodore Roosevelt, por ejemplo, se ganó la reputación de "destructor de monopolios", un político que se oponía a los monopolios. Pero dos hombres que trabajaban para el multimillonario J. P. Morgan hicieron acuerdos privados con Roosevelt para asegurarse de que la "destrucción de los monopolios" no fuera demasiado lejos. Los asesores de Roosevelt eran industriales y banqueros, no sindicalistas y trabajadores.

El movimiento progresista tenía algunos líderes que eran gente honesta que buscaba hacer reformas y otros, como Roosevelt, que solo estaban disfrazados de progresistas. En realidad, eran conservadores, opuestos al cambio y preocupados por preservar el equilibrio de poder y riqueza. Ambos tipos de progresistas tenían como misión oponerse al socialismo. Creían que al mejorar las condiciones de las masas, podrían prevenir lo que un progresista llamó "la amenaza del socialismo".

El Partido Socialista iba en ascenso. En 1910, Victor Berger se convirtió en el primer socialista elegido para el Congreso de los Estados Unidos. En 1911 había setenta y tres alcaldes socialistas y mil doscientos socialistas en otras oficinas de ciudades y pueblos. Los periódicos hablaban de "La marea creciente del socialismo".

El objetivo de los progresistas era salvar al capitalismo reparando sus peores problemas. De esta manera, pensaron, podrían terminar con la creciente guerra de clases que enfrentaba a los trabajadores contra las élites económicas y políticas. Pero una huelga de mineros del carbón de Colorado que comenzó en septiembre de 1913 se convirtió en una de las batallas más amargas y violentas de esa guerra.

Tras el asesinato de un dirigente sindical, once mil mineros se declararon en huelga. La familia Rockefeller, propietaria de la mina, envió detectives con ametralladoras para allanar los campamentos de los huelguistas. Los huelguistas

lucharon para mantener alejados a los rompe-
huelgas y evitar que las minas fueran abiertas.
Cuando el gobernador llamó a las tropas de la
Guardia Nacional para destruir la huelga, los
Rockefeller pagaron los salarios de la Guardia
Nacional.

Las violentas batallas, traiciones y masacres
continuaron. En abril de 1914, los cuerpos de trece
niños y mujeres fueron encontrados en una fosa,
muertos en un incendio provocado por la Guardia
Nacional durante la Masacre de Ludlow. La noticia se extendió por todo el país. Por todas partes
estallaron huelgas, manifestaciones y protestas. El
presidente Woodrow Wilson finalmente envió tropas federales para aplastar la huelga. Sesenta y seis
hombres, mujeres y niños murieron. Ningún soldado o guardia de la mina fue acusado de un delito.

El feroz conflicto de clases en Colorado cimbró
a todo el país. Cualesquiera que fueran las reformas que se habían aprobado, cualesquiera que
fueran las nuevas leyes en los libros, la amenaza
de la rebelión de clases continuaba, y el desempleo y los tiempos difíciles iban en aumento.

¿Puede el patriotismo y el espíritu militar ocultar la lucha de clases? La nación estaba a punto de

enterarse. En cuatro meses comenzaría la Primera Guerra Mundial en Europa.

CAPÍTULO CATORCE

LA PRIMERA GUERRA MUNDIAL

LA GUERRA ENTRE LAS NACIONES EUROPEAS
comenzó a fines del verano de 1914. El conflicto
que ahora llamamos Primera Guerra Mundial se
prolongaría durante cuatro años. Diez millones
de personas morirían en sus campos de batalla.
Veinte millones más morirían de hambre y enfermedades relacionadas con la guerra. Y nadie ha
podido demostrar que la guerra trajera a la humanidad algún beneficio que justificara la pérdida de
una sola vida.

En ese momento, los socialistas la calificaron
como una "guerra imperialista", una guerra al
servicio de la construcción del imperio, librada
por naciones que deseaban aumentar su control
sobre territorios o recursos. Las naciones capitalistas europeas desarrolladas luchaban por regiones

(*izquierda, detalle*)
Asistentes escuchan
a Eugene V. Debs
en una convención
sindical, década
de 1910.

fronterizas, como la región de Alsacia-Lorena, reclamadas por Francia y por Alemania. Luchaban por las colonias en África. Y se disputaban las "esferas de influencia": zonas en Europa del este y el Medio Oriente que no habían sido declaradas abiertamente como colonias pero que aun así quedaron bajo la "protección" y el control de alguna nación europea.

Sangre y dinero

MUCHAS NACIONES SE SUMARON A ALGUNO DE LOS bandos en guerra, pero los principales enemigos eran Alemania, por un lado, y los Aliados, Francia y Gran Bretaña, por el otro. La matanza comenzó muy rápido y a gran escala. En una de las primeras batallas en Francia, cada bando sufrió medio millón de bajas. Gran parte del ejército británico fue aniquilado durante los primeros tres meses de lucha.

Los frentes de batalla se trazaron en toda Francia. Durante tres años apenas se movieron.

Los hombres pasaron meses en trincheras sucias y plagadas de enfermedades. Cada lado buscaba avanzar, luego era obligado a retroceder, luego avanzaba nuevamente unos pocos metros o unas pocas millas. Mientras tanto, los cadáveres se amontonaban. En 1916, los alemanes intentaron romper las líneas enemigas en un lugar llamado Verdún. Los británicos y los franceses contraatacaron y perdieron seiscientos mil hombres.

Al pueblo de Francia y Gran Bretaña no se les dio a conocer el número total de muertos y heridos. Cuando en el último año de la guerra, un ataque alemán en el río Somme causó trescientas mil bajas al lado británico, los periódicos londinenses dijeron a los lectores: "Alégrese . . . Escriba mensajes alentadores a sus amigos en el frente de batalla".

Lo mismo sucedió en Alemania: el verdadero horror de la guerra se ocultó a la gente. En los días en que miles de hombres estaban siendo destrozados por ametralladoras y proyectiles de artillería, los informes oficiales de guerra decían: "Sin novedad en el frente". El escritor alemán Erich Maria Remarque utilizó más tarde esa frase como título de su gran novela sobre la guerra.

Fue a este pozo de muerte y engaño a donde fueron los Estados Unidos en 1917.

Anteriormente, el presidente Woodrow Wilson había prometido que Estados Unidos se mantendría al margen de la guerra. Pero la cuestión del transporte marítimo en el Océano Atlántico norte empujó a Estados Unidos a sumarse a la lucha.

En 1915, un submarino alemán había atacado con torpedos y hundido un transatlántico británico, el *Lusitania*, en su trayecto desde América del Norte hasta Gran Bretaña. Cerca de 1200 personas, incluidos 124 estadounidenses, perdieron la vida. Estados Unidos afirmó que el *Lusitania* transportaba pasajeros civiles y carga sin fines militares, y que el ataque alemán había sido una atrocidad monstruosa. En verdad, el *Lusitania* estaba fuertemente armado. Llevaba miles de cajas de municiones para los británicos. Los registros de carga falsos ocultaban este hecho, y los gobiernos británico y estadounidense habían mentido sobre la carga.

Más tarde, en abril de 1917, los alemanes advirtieron que sus submarinos hundirían cualquier barco que llevara suministros a sus enemigos. Esto incluía a los Estados Unidos, que había

(*izquierda*)
Eugene V. Debs en una Convención Laboral, en la década de 1910.

estado enviando enormes cantidades de material de guerra a los enemigos de Alemania.

La guerra en Europa había sido buena para los negocios estadounidenses. Una grave depresión económica había golpeado al país en 1914, pero las cosas cambiaron cuando los estadounidenses comenzaron a fabricar materiales de guerra para vender a los Aliados, principalmente a Gran Bretaña. Cuando los alemanes emitieron su advertencia sobre el transporte marítimo, Estados Unidos había vendido bienes por un valor de 2000 millones de dólares a los aliados. La prosperidad estadounidense ahora estaba ligada a la guerra de Inglaterra. El presidente Wilson dijo que defendería el derecho de los estadounidenses a viajar en barcos mercantes en la zona de guerra, y el Congreso declaró la guerra a Alemania.

Wilson lo llamó una guerra "para terminar con todas las guerras" y "para hacer del mundo un lugar seguro para la democracia". Estas conmovedoras palabras no lograron animar a los estadounidenses para alistarse en las fuerzas armadas. Se necesitaba un millón de hombres, pero en las primeras seis semanas, solo 73 000 se ofrecieron como voluntarios. El Congreso autorizó el reclutamiento obligatorio para hombres, con el fin de entrar al servicio militar. También creó un Comité de Información Pública. El trabajo de ese comité era convencer a los estadounidenses de que la guerra era legítima.

La respuesta radical

EL GOBIERNO QUERÍA DESALENTAR LA DISIDENCIA y las críticas a la guerra. Aprobó una ley llamada Ley de Espionaje. El título da la impresión de que se trata de una ley contra el espionaje. Pero una parte de la ley estipulaba hasta veinte años de prisión para cualquiera que se negara a servir en las fuerzas armadas o incluso por solo intentar convencer a otros de no hacerlo. La ley fue usada para encarcelar a los estadounidenses que hablaran o escribieran en contra de la guerra.

Cerca de novecientas personas fueron a prisión bajo la Ley de Espionaje. Uno de ellos era un socialista de Filadelfia llamado Charles Schenck. Dos meses después de que la ley se promulgara,

Schenck fue condenado a prisión por imprimir y distribuir quince mil folletos contra el reclutamiento y la guerra. Apeló el veredicto, alegando que el acto violaba sus derechos de la Primera Enmienda a la libertad de expresión y la libertad de prensa. El caso llegó a la Corte Suprema.

Los nueve jueces estuvieron de acuerdo. El Tribunal falló en contra de Schenck. El juez Oliver Wendell Holmes dijo que incluso la protección más estricta de la libertad de expresión "no protegería a un hombre que grita falsamente ¡fuego! en un teatro, causando pánico". Se trataba de una comparación astuta. Pocos pensarían que hay que dejar en libertad a alguien que grita "¡Fuego!" en un teatro abarrotado, provocando un peligroso pánico. ¿Pero era un ejemplo comparable con las críticas a la guerra?

El socialista Eugene Debs también estuvo involucrado en un caso ante la Corte Suprema. Después de visitar a tres socialistas que estaban en prisión por oponerse al reclutamiento, pronunció un feroz discurso antibélico en la calle:

Nos dicen que vivimos en una gran república libre; que nuestras instituciones son democráticas; que somos un pueblo libre y autónomo. Esto es una broma . . .

> Las guerras a lo largo de la historia se han librado por
> la conquista y el saqueo . . . Y eso es la guerra en pocas
> palabras. Los amos siempre han declarado las guerras; la
> clase oprimida siempre ha peleado en las batallas . . .

Debs fue arrestado por violar la Ley de
Espionaje. En su juicio declaró: "He sido acusado
de obstruir la guerra. Lo admito. Caballeros, abo-
rrezco la guerra". El juez, a su vez, se pronunció
con dureza sobre "los que arrebatan la espada de
la mano de esta nación, mientras ésta se defiende
de un poder extranjero y brutal". Condenó a Debs
a diez años de prisión. (Varios años después, después de finalizada la guerra, el presidente Warren
Harding dejó a Debs en libertad).

La prensa trabajó con el gobierno para crear
una atmósfera de miedo para todo aquel que se
atreviera a criticar la guerra. Cierta publicación
invitaba a sus lectores a que entregaran todo material publicado que pareciera sedicioso o desleal
al país. Los hombres se unieron a la Patrulla de
Vigilantes Estadounidenses para "poner fin a la
oratoria callejera sediciosa", básicamente, para
evitar los discursos contra la guerra. La oficina de
correos de EE. UU. quitó su registro de correo a
periódicos y revistas que publicaran artículos en

Elizabeth Gurley
Flynn dirigiéndose
a la multitud,
1914.

contra de la guerra. El Comité de Información Pública trató de convertir a las personas en espías e informantes de unos contra otros. Instó a los ciudadanos a "denunciar al hombre que difunde historias pesimistas; denúncielo al Departamento de Justicia".

El Departamento de Justicia patrocinó en seiscientas poblaciones a la Liga Protectora Estadounidense. Sus miembros eran banqueros y destacados hombres de negocios. La Liga se apoderó del correo de otras personas, irrumpió en sus hogares y oficinas y afirmó haber encontrado tres millones de casos de "deslealtad". En 1918, el fiscal general de los Estados Unidos declaró: "Es seguro decir que nunca en su historia este país ha estado tan minuciosamente vigilado".

¿Por qué razón todos estos enormes esfuerzos? Porque los estadounidenses se negaban a luchar en la guerra. El senador Thomas Hardwick de Georgia describió "la oposición general y generalizada en miles . . . a la promulgación del proyecto de ley". Antes de que terminara la guerra, más de un tercio de un millón de hombres había sido clasificado como evasor del servicio militar obligatorio; es decir, personas que se negaban a ser reclutadas o que empleaban mentiras o se auto mutilaban para evitar el servicio militar obligatorio.

El Partido Socialista se había opuesto a la guerra desde el principio. El día después de que el Congreso declarara la guerra, los socialistas celebraron una reunión de emergencia y llamaron a la declaración de "un crimen contra el pueblo de los Estados Unidos". Algunos socialistas conocidos, incluidos los escritores Upton Sinclair y Jack London, apoyaron la guerra después de que Estados Unidos entró en ella.

Sin embargo, la mayoría de los socialistas continuaron oponiéndose a la guerra. Algunos pagaron un alto precio por expresar sus opiniones. En Oklahoma, los Trabajadores Industriales del Mundo (IWW) planearon una marcha en Washington para las personas de todo el país que se opusieran al reclutamiento. Antes de la marcha, miembros del sindicato fueron arrestados. Cuatrocientas cincuenta personas acusadas de rebelión fueron encarceladas en la penitenciaría estatal. En Boston, ocho mil socialistas y sindicalistas que participaban en una marcha contra la guerra fueron atacados por soldados y marineros que seguían órdenes de sus oficiales.

Justo antes de que Estados Unidos declarara la guerra, el periódico del IWW había anunciado: "¡Capitalistas de América, lucharemos contra ustedes, no por ustedes!". Ahora la guerra le había dado al gobierno la oportunidad de destruir al radical sindicato. En septiembre de 1917, los agentes del Departamento de Justicia allanaron cuarenta y ocho salas de reuniones del IWW en todo el país y confiscaron cartas y publicaciones.

En abril siguiente, 101 líderes del sindicato fueron juzgados por oponerse al servicio militar obligatorio y alentar a los soldados a desertar. Uno de ellos le dijo al tribunal:

> Me pregunta por qué la IWW no siente patriotismo hacia los Estados Unidos. Si fuera usted un vagabundo sin cobija; si hubiera dejado a su esposa e hijos, para irse al oeste a buscar trabajo y nunca lo hubiera encontrado; si su empleador no lo despidiera antes del tiempo necesario para votar, si todas las personas que representan la ley y el orden y la nación lo molieran a palos . . . ¿cómo diablos esperaría usted ser patriota? Esta guerra es una guerra de hombres de negocios . . .

Todos los detenidos del IWW fueron declarados culpables. Bill Haywood y otros líderes clave recibieron sentencias de veinte años de prisión;

el resto recibió sentencias más cortas. Haywood huyó a Rusia, donde se estaba gestando una revolución socialista. La IWW en los Estados Unidos había sido aniquilada.

Después de la lucha

LA GUERRA TERMINÓ EN NOVIEMBRE DE 1918. Cincuenta mil soldados estadounidenses habían muerto. Pero cuando terminó la guerra, el *establishment*, las élites políticas y capitalistas que dirigían la nación, todavía temían al socialismo. El conflicto entre demócratas y republicanos fue menos importante que la amenaza de un cambio radical.

El gobierno contaba con una nueva herramienta para luchar contra esa amenaza. Con la guerra llegando a su fin, el Congreso había aprobado una ley que permitía al gobierno deportar a cualquier extranjero que se opusiera al gobierno o que aprobara la destrucción de propiedad privada. En 1919 y 1920, el gobierno detuvo a más de cuatro mil extranjeros, incluida la anarquista Emma Goldman. Finalmente, fueron deportados a sus países de origen.

Un anarquista llamado Andrea Salsedo estuvo detenido durante dos meses en las oficinas del FBI en la ciudad de Nueva York. No se le permitió contactar a familiares, amigos o abogados. Tiempo después, su cuerpo aplastado fue encontrado en el pavimento. El FBI dijo que se había suicidado al saltar desde una ventana.

Dos anarquistas de Boston, amigos de Salsedo, se enteraron de su muerte y comenzaron a portar armas. Fueron arrestados y acusados de un atraco y asesinato que había ocurrido dos semanas antes. Sus nombres eran Nicola Sacco y Bartolomeo Vanzetti.

Sacco y Vanzetti fueron declarados culpables. Pasaron siete años en la cárcel mientras sus casos eran apelados ante tribunales superiores. En todo el mundo, la gente se involucró en el caso. Muchos creían que Sacco y Vanzetti habían sido declarados culpables solo por ser anarquistas y extranjeros; el expediente del juicio y otras circunstancias hacen parecer que así fue. En agosto de 1927, los dos hombres fueron ejecutados.

La clase dirigente había tratado de silenciar las voces de la disidencia. Se habían hecho reformas. La guerra había sido usada para promover el patriotismo y aplastar las críticas. Los tribunales y las cárceles habían dejado claro que ciertas ideas, ciertos tipos de resistencia, no estaban permitidos. Pero aun así, incluso desde las celdas de la prisión, el mensaje se escuchaba: en los Estados Unidos —una sociedad que supuestamente no tenía clases— la guerra de clases estaba en marcha.

CAPÍTULO QUINCE

TIEMPOS DIFÍCILES

ERA FEBRERO DE 1919. LA GUERRA HABÍA
terminado en Europa apenas unos meses antes.
El mundo estaba preso en las garras de una epi-
demia de influenza que cobraría medio millón de
vidas en Estados Unidos, y millones más en todo
el mundo. En los Estados Unidos, los líderes del
Industrial Workers of the World seguían presos,
pero su sueño estaba a punto de hacerse realidad
en Seattle, Washington.

Las huelgas organizadas por un solo sindicato,
o por un solo tipo de trabajadores, podrían dar
resultados. Pero el IWW creía que una huelga
general, con todo tipo de trabajadores abando-
nando sus trabajos al mismo tiempo, sería una
declaración más fuerte. En Seattle, después de que
los trabajadores de los astilleros se declararan en

(izquierda, detalle)
Una caravana de
huelguistas en un
camino al sur de
Tulare, 1933.

huelga por salarios más altos, más de cien sindicatos votaron a favor de la huelga también. Una huelga de cien mil trabajadores paralizó la ciudad.

Los huelguistas mantuvieron en funcionamiento los servicios vitales. Los bomberos permanecieron en sus puestos de trabajo, y se instalaron estaciones de leche en los vecindarios para entregar leche a las familias. La huelga duró cinco días y fue pacífica. De hecho, durante esos cinco días, la ciudad tuvo menos delincuencia de lo habitual. Pero después de la huelga, las autoridades allanaron la sede del Partido Socialista. Treinta y nueve miembros de la IWW fueron a la cárcel como "cabecillas de la anarquía".

¿Por qué el gobierno reaccionó de esta manera ante la huelga? Tal vez la respuesta esté en una declaración del alcalde de Seattle: "La huelga general, tal como se practica en Seattle, es en sí misma el arma de la revolución, tanto más peligrosa cuanto más tranquila. Para tener éxito, debe suspenderlo todo; detener toda la corriente vital de una comunidad". Es decir, dejar sin funcionamiento al gobierno. La huelga general hizo que las autoridades se sintieran impotentes. Parecía amenazar a todo el sistema económico y político de la sociedad.

La huelga general de Seattle fue apenas una de las numerosas huelgas masivas en los Estados Unidos, en 1919. Estas acciones laborales eran parte de una ola de rebeliones en todo el mundo. Desde la revolución comunista contra el gobierno en Rusia, hasta una huelga de trabajadores ferroviarios en Inglaterra, la gente común se estaba levantando, haciendo que sus voces fueran escuchadas, y generando cambios. Un escritor de la revista *The Nation* dijo lo siguiente: "El hombre común . . . al perder la fe en el viejo liderazgo, ha experimentado una renovada . . . confianza en sí mismo".

La verdad sobre los años veinte

AL INICIAR LA DÉCADA DE 1920, LA OLA DE rebeliones en los Estados Unidos había disminuido. El IWW estaba desmantelado. El Partido Socialista se desmoronaba. Las huelgas eran reprimidas por medio de la fuerza. A la economía le estaba yendo lo suficientemente bien como para evitar rebeliones masivas.

La década de los años 20 a veces es llamada los locos años veinte o la era del jazz; época de prosperidad y diversión. Había algo de verdad en esa imagen. El desempleo disminuyó y el nivel general de salarios de los trabajadores aumentó. La gente podía comprar nuevos aparatos como automóviles, radios y refrigeradores. A millones de personas no les iba tan mal.

Pero la mayor parte de la riqueza estaba en manos de unas cuantas personas en la cima de la pirámide social. En la base de esa pirámide estaban los arrendatarios blancos y negros que vivían en la pobreza en zonas rurales, y las familias inmigrantes en las ciudades que no podían encontrar trabajo o no podían ganar lo suficiente para las necesidades básicas. Tan solo en la ciudad de Nueva York, dos millones de personas vivían en edificios de viviendas conocidas por ser poco seguras a causa de los incendios.

Catorce millones de inmigrantes habían llegado a los Estados Unidos entre 1900 y 1920. En 1924, el Congreso aprobó una ley de inmigración que puso el fin de esta inundación. La nueva ley favorecía la inmigración de personas blancas de origen inglés y alemán. La inmigración de europeos del

(*izquierda*)
Una caravana de huelguistas en una carretera al sur de Tulare, 1933.

sur, eslavos y judíos había sido severamente limitada, y solo cien personas al año podían venir de China o de algún país africano.

El odio racial y la violencia estaban por todas partes. El Ku Klux Klan volvió en la década de 1920 y se extendió hacia el norte. En 1924 tenía 4.5 millones de miembros. Después de una larga lucha, las mujeres finalmente ganaron el derecho al voto en las elecciones nacionales de 1920. Sin embargo, votar seguía siendo una actividad de la clase media y alta, y las nuevas mujeres votantes favorecían a los viejos partidos políticos.

Por un tiempo, el malestar laboral disminuyó pero no se había desvanecido. Con un Partido Socialista debilitado, se formó el Partido Comunista en los Estados Unidos. Los comunistas participaron en numerosas luchas laborales, incluidas grandes huelgas textiles en Tennessee y Carolina del Norte y del Sur, a principios de 1929.

La Gran Depresión

DURANTE LA DÉCADA DE 1920, LA ECONOMÍA
estadounidense parecía saludable, incluso estar
en auge. Los precios de las acciones, que son
participaciones de propiedad en corporaciones,
aumentaron más que nunca. Muchos pensaban
que el valor de las acciones seguiría subiendo.
Invirtieron su dinero comprando acciones y pidieron préstamos a los bancos para comprar aún
más acciones. Los bancos, a su vez, invertían en
acciones, usando el dinero que los clientes habían
depositado.

En 1929 el auge terminó con un *crash*, o
caída financiera. Cuando el valor de las acciones
comenzó a caer, la gente, presa del pánico, vendió
sus acciones. Esto hizo que su valor bajara aún
más rápido. Los bancos no pudieron cobrar los
préstamos que la gente había tomado para comprar acciones, y la gente no podía retirar su dinero
de los bancos que, a su vez, lo habían invertido
y perdido. Tanto el mercado de valores como el
sistema bancario se desplomaron rápidamente,
desencadenando una grave crisis en la economía. Estados Unidos había entrado en la Gran
Depresión.

NIÑOS TRABAJADORES

A INICIOS DE LA SEGUNDA DÉCADA DEL SIGLO XX,
más de dos millones de niños estadounidenses,
menores de dieciséis años, se encontraban entre
los trabajadores de tiempo completo de Estados
Unidos. Muchos de ellos trabajaban arduamente
doce o trece horas al día. Las fábricas de conservas
en las ciudades del golfo de Mississippi empleaban
a niños de hasta tres años, para abrir ostras y limpiar camarones.

Niñas pequeñas trabajaban en las fábricas de
algodón en Carolina del Norte, hilando algodón en
enormes máquinas ruidosas. Solo se contrataba
a blancos para el trabajo en los molinos, y familias enteras dejaban sus fincas para trabajar allí.
En Pensilvania, miles de niños de entre catorce
y quince años eran empleados legalmente en las
minas como mineros, carboneros o recolectores
de pizarra, y otros miles más, de nueve y diez años,

eran empleados ilegalmente. Muchos sufrían de tos crónica a causa del polvo del carbón.

Estos niños no eran aprendices de un oficio; tan solo eran usados como trabajadores baratos y para las tareas más duras que existían.

El Comité Nacional de Trabajo Infantil fue fundado en 1904 para reducir y regular el trabajo infantil, pero no fue sino hasta la Gran Depresión de la década de 1930 —un período de desempleo tan alto que hasta los adultos competían con niños por los trabajos peor pagados— que la resistencia a la misión del comité, por parte de quienes se beneficiaban del trabajo infantil, disminuyó finalmente. En 1938, el presidente Franklin Delano Roosevelt firmó la Ley de Normas Laborales Justas, la cual establecía un salario mínimo y un número máximo de horas diarias de trabajo, igualmente restringía el trabajo infantil y prohibía que los niños trabajaran en minas

o fábricas. En 1949, el Congreso enmendó la ley para incluir otros tipos de empresas, y también restringió el horario de trabajo de los niños menores de dieciséis años, con el fin de excluir las horas de aprendizaje en las escuelas.

En 1913, el Comité Nacional de Trabajo Infantil redactó una "Declaración de Dependencia" por, y en nombre de, los niños de Estados Unidos:

Declaración de Dependencia

CONSIDERANDO QUE, Nosotros, Hijos de Estados Unidos, hemos nacido libres e iguales, y CONSIDERANDO QUE aún estamos en cautiverio en la tierra de los libres; nos vemos obligados a trabajar durante un largo día o una larga noche, sin control sobre las condiciones laborales, en lo relativo a la salud o seguridad, horarios o salarios, y sin derecho a compensación por nuestro servicio, se

RESUELVE, I — Que la niñez está dotada de ciertos derechos inherentes e inalienables, entre los cuales están el no tener que trabajar por el pan de cada día; el derecho a jugar y a soñar; el derecho al sueño normal por las noches; el derecho a la educación, para que tengamos igualdad de oportunidades para desarrollar todo lo que hay en nosotros, en mente y corazón.

RESUELVE, II — Que declaramos nuestra indefensión y el hecho de ser dependientes; y que presentamos nuestra indefensión para ser protegidos y poder gozar de los derechos de la niñez.

RESUELVE, III — Que exigimos la restauración de nuestros derechos mediante la abolición del trabajo infantil en Estados Unidos.

Fuente: Freedman, Russell. *Niños en el trabajo: Lewis Hine y la cruzada contra el trabajo infantil*. Nueva York: Scholastic, 1994.

KARIG'S KID
DOESN'T STARVE
WHY SHOULD WE?
WHY CAN'T Y
GIVE MY DA
A JOB?

La economía estaba en shock, apenas se movía. Más de cinco mil bancos cerraron. Miles de negocios también cerraron. Los negocios que lograron permanecer abiertos despidieron a parte de sus trabajadores y recortaron los salarios del resto de los trabajadores, una y otra vez. Para 1933, cerca de quince millones de personas estaban sin trabajo. Entre una cuarta parte y un tercio de la fuerza laboral del país no podía encontrar empleo.

Había millones de toneladas de alimentos en el país, pero no era rentable embarcarlos ni venderlos, así que la gente pasó hambre. Los almacenes estaban llenos de ropa y otros productos, pero la gente no podía comprarlos. Las casas quedaron vacías porque nadie tenía dinero para comprarlas o alquilarlas. Las personas que no pagaban el alquiler eran expulsadas de sus casas. Vivían en "Hoovervilles", comunidades de chozas construidas sobre basureros. El nombre proviene del presidente Herbert Hoover, quien dijo justo antes del *crash*: "En Estados Unidos estamos más cerca que cualquier país en la historia, de vencer finalmente a la pobreza".

Uno de los pocos políticos que había hablado en favor de los pobres durante la década de 1920 fue

(*izquierda*)
Niños portan pancartas en una marcha de la Alianza de Trabajadores durante la Gran Depresión, 1937.

Fiorello La Guardia, un congresista de un distrito de inmigrantes pobres en East Harlem. Al inicio de la Depresión, recibió una carta de un habitante del distrito:

> Usted sabe que mi situación es mala. Antes recibía una pensión del gobierno pero se ha terminado. Están por cumplirse casi siete meses desde que estoy desempleado. Ojalá pueda usted hacer algo para ayudarme . . . Tengo cuatro hijos que necesitan ropa y comida . . . mi hija que tiene ocho años está muy enferma y no se recupera. Tengo que pagar dos meses de alquiler y tengo miedo de que me echen.

Los tiempos difíciles hicieron que la gente se desesperara. En *Las uvas de la ira*, una novela sobre la miseria de los granjeros de Oklahoma que fueron expulsados de sus tierras, el autor John Steinbeck llamó a las nuevas personas sin hogar "peligrosas". Un espíritu de rebelión estaba creciendo en la tierra.

En Detroit, quinientos hombres se amotinaron al ser expulsados de viviendas públicas porque no podían pagarlas. En Chicago, quinientos escolares, "la mayoría con rostros demacrados y ropa andrajosa", marcharon por las calles para exigir alimentos al sistema escolar. En la ciudad de Nueva York, varios cientos de personas sin trabajo rodearon un

restaurante, exigiendo comida gratis. En Seattle,
un ejército de desempleados tomó un edificio
público y lo retuvo durante dos días.

Los hombres que habían luchado en la Primera
Guerra Mundial ahora se encontraban sin trabajo y sin dinero. Algunos tenían certificados del
gobierno con los que recibirían pagos en el futuro,
pero necesitaban el dinero ahora. Y fue así que los
veteranos de guerra comenzaron a avanzar hacia
Washington, D.C., desde todos los rincones del
país. Llegaron en autos viejos averiados, escondi-
dos en tren o pidiendo aventón.

Más de veinte mil llegaron. Acamparon frente
al Capitolio, en refugios hechos con cajas viejas y
periódicos. El presidente Hoover ordenó al ejército
que se deshiciera de ellos. El general Douglas A.
MacArthur, con la ayuda de oficiales como Dwight
D. Eisenhower y George S. Patton, utilizó tanques,
gases lacrimógenos y fuego para romper el cam-
pamento. Cuando terminó, dos veteranos habían
muerto a tiros, un niño quedó parcialmente ciego,
dos policías tenían el cráneo fracturado y mil veteranos resultaron heridos al inhalar gas.

Luchando por sobrevivir

EN LAS ELECCIONES DE 1932, HOOVER PERDIÓ ANTE
el candidato demócrata Franklin D. Roosevelt,
quien lanzó una serie de reformas que fueron
conocidas como el New Deal y fueron mucho más
allá de los cambios anteriores. Buscaban reorganizar el capitalismo.

La primera ley importante fue la Ley de
Recuperación Nacional (NRA). Tomaba el control
de la economía al hacer que el gobierno, la gerencia y los trabajadores estuvieran de acuerdo en
cosas tales como precios, salarios y competencia.
Desde el principio, la NRA estuvo controlada por
las grandes empresas, pero brindó ciertos beneficios a los trabajadores. Sin embargo, dos años
después, la Corte Suprema declaró inconstitucional a la NRA, porque otorgaba demasiado poder al
presidente.

Otras reformas siguieron. Una fue la Autoridad
del Valle de Tennessee (TVA), que construyó un
sistema de represas y centrales eléctricas propiedad del gobierno. La TVA proporcionó puestos de
trabajo y tarifas eléctricas más bajas. Sus críticos
lo llamaron "socialista", y en algunos aspectos
tenían razón.

El *New Deal* tenía dos objetivos. El primero era superar la Depresión y hacer que la economía fuera más estable. La segunda fue dar suficiente ayuda a las clases bajas para evitar que la rebelión se convirtiera en una verdadera revolución.

Cuando Roosevelt asumió el cargo, la rebelión era una posibilidad real. En todo el país, la gente no esperaba que el gobierno los ayudara. Se ayudaban por su propia cuenta.

En Detroit y Chicago, cuando la policía retiró los muebles de personas que habían sido desalojadas de sus apartamentos por no pagar el alquiler, las multitudes se reunieron en la acera para llevar los muebles adentro. En Seattle, los pescadores, los recolectores de frutas y los leñadores intercambiaban entre sí los productos que necesitaban. A menudo, los sindicatos coordinaban la organización de estos acuerdos de ayuda mutua.

La ayuda mutua se hizo presente en las minas de carbón de Pensilvania. Equipos de mineros desempleados excavaron pequeñas minas en la propiedad de la empresa, transportaban el carbón a las ciudades y lo vendían por menos de lo que cobraban las empresas. Cuando las autoridades intentaron detener el comercio de carbón de "contrabando", los jueces locales no emitían sentencias a los mineros y los guardias locales no los encarcelaban. Se trataba de acciones simples pero con posibilidades revolucionarias. Los trabajadores estaban descubriendo una poderosa verdad: que podían satisfacer sus propias necesidades. Pronto, sin embargo, una serie de estallidos laborales a gran escala hizo que el gobierno se involucrara en el movimiento obrero.

Todo comenzó con huelgas de trabajadores que cargaban y descargaban barcos de carga, en la costa oeste. Se fueron a huelga, uniendo dos mil millas de costa. A esto le siguió una huelga general en San Francisco, luego otra en Minneapolis, y luego la huelga más grande de todas: 325 000 trabajadores textiles en el sur.

Se formaron nuevos sindicatos, entre trabajadores que nunca antes se habían organizado. Los granjeros negros fueron golpeados muy duro por la Depresión. Algunos se sentían atraídos por la idea de sindicalizarse. Hosea Hudson, un hombre negro de la zona rural de Georgia que había trabajado la tierra desde los diez años, se unió al Partido Comunista y ayudó a organizar a los negros desempleados en Birmingham, Alabama.

Posteriormente recordaba aquellos años de militancia:

> Los comités se reunían todas las semanas, tenían una reunión regular. Hablábamos sobre la cuestión de la asistencia social, lo que estaba ocurriendo, leíamos el *Daily Worker* y el *Southern Worker* para ver qué pasaba con la ayuda a los desempleados . . . Seguimos así, estábamos en todo, así que la gente siempre quería venir porque teníamos algo diferente que decirles cada vez.

En muchas huelgas, la decisión de actuar vino desde la base, de los miembros ordinarios, no de los líderes sindicales. Los trabajadores del caucho en Akron, Ohio, idearon un nuevo tipo de huelga llamada huelga de brazos caídos. En lugar de salir de la planta y marchar afuera, se quedaban adentro y no trabajaban.

La huelga de brazos caídos más larga tuvo lugar entre los trabajadores automotrices en Michigan. A partir de diciembre de 1936, durante cuarenta días hubo una comunidad de dos mil huelguistas. "Era como la guerra", dijo uno de ellos. "Los muchachos se convirtieron en mis amigos". Los comités organizaron actividades de recreación, clases, servicio postal y el aseo. El dueño de un restaurante al otro lado de la calle preparaba tres comidas al día. Trabajadores armados rodearon la planta afuera, preparados contra un ataque de la policía. Finalmente, los huelguistas y la gerencia acordaron un contrato de seis meses y la huelga terminó.

Para poner fin a este tipo de disturbios laborales, el gobierno creó la Junta Nacional de Relaciones Laborales (NLRB). La NLRB reconocería el estatus legal de los sindicatos, escucharía sus quejas y resolvería algunos de sus problemas. Al mismo tiempo, los propios sindicatos intentaban volverse más influyentes, incluso respetables. Los líderes de las principales asociaciones, la Federación Estadounidense del Trabajo (AFL) y el Congreso de Organizaciones Industriales (CIO), querían reducir las huelgas al mínimo. Comenzaron a canalizar la energía rebelde de los trabajadores hacia conversaciones sobre contratos y reuniones.

Algunos historiadores del movimiento obrero afirman que los trabajadores ganaron más durante los primeros años de los levantamientos de base, antes de que los sindicatos fueran reconocidos y estuvieran organizados. Si bien la AFL y el CIO tenían, cada uno, más de seis millones de miembros en 1945, su poder era menor que antes. Los beneficios derivados de las huelgas eran cada vez menos. La NLRB se inclinaba más hacia la dirección que a los trabajadores, la Corte Suprema dictaminó que las huelgas de brazos caídos eran ilegales y los gobiernos estatales aprobaron leyes que dificultaban las huelgas y las manifestaciones.

A fines de la década de 1930, lo peor de la Depresión había pasado para algunas personas. Las nuevas leyes aprobadas en 1938 limitaban la semana laboral a cuarenta horas y prohibían el trabajo infantil. La Ley de Seguridad Social otorgaba beneficios de jubilación y seguro de desempleo (pero no a todos; los agricultores, por ejemplo, quedaron fuera). Hubo un nuevo salario mínimo y el gobierno construyó algunos proyectos de vivienda. Estas medidas no ayudaron a todos los que necesitaban asistencia, pero hacían sentir a la gente que se estaba haciendo algo.

Los negros ganaron poco con el *New Deal*. Muchos trabajaron como arrendatarios, trabajadores agrícolas, trabajadores domésticos y migrantes. No calificaban para el salario mínimo ni para el seguro de desempleo. Los negros sufrían discriminación laboral: eran los últimos en ser contratados y los primeros en ser despedidos. Los linchamientos continuaron, al igual que formas de prejuicio racial menos violentas.

A mediados de la década de 1930, un joven poeta negro llamado Langston Hughes dio voz a la frustración y la esperanza en un poema llamado "Dejen a Estados Unidos ser Estados Unidos otra vez":

. . . Soy el hombre blanco pobre, engañado y abandonado,

Soy el negro con las cicatrices de la esclavitud.

Soy el indígena expulsado de la tierra,

Soy el inmigrante aferrado a la esperanza que busco—

Y que encuentra solamente el mismo viejo plan absurdo

Donde todos son enemigos de todos, donde el poderoso aplasta al débil . . .

Oh, dejen a Estados Unidos ser Estados Unidos otra

vez—

La tierra que aún no ha sido—

El *New Deal* había traído un emocionante florecimiento de las artes, como nunca antes había sucedido en la historia estadounidense. Se utilizó dinero federal para pagar a miles de escritores, artistas, músicos y fotógrafos por sus proyectos creativos. Por primera vez el público de clase trabajadora vio obras de teatro y escuchó sinfonías. Pero en 1939, los programas de artes terminaron. El país era más estable y el *New Deal* había llegado a su fin.

El capitalismo no había cambiado. Los ricos todavía controlaban la riqueza de la nación, así como sus leyes, tribunales, policía, periódicos, iglesias y universidades. Se había brindado suficiente ayuda para convertir a Roosevelt en un héroe para millones, pero el sistema que había provocado la Gran Depresión seguía vigente.

En otras partes del mundo, la guerra se estaba gestando. El líder alemán Adolf Hitler marchaba por Europa. Al otro lado del Pacífico, Japón invadía China. Para los Estados Unidos, la guerra estaba a la vuelta de la esquina.

HABÍAN TRANSCURRIDO APENAS VEINTE AÑOS desde la Primera Guerra Mundial, cuando comenzó otra gran guerra en Europa. Algunos la llaman la guerra más popular en la que Estados Unidos haya participado. Dieciocho millones de estadounidenses sirvieron en las fuerzas armadas y veinticinco millones donaron dinero de sus sueldos para apoyar la guerra.

Era una guerra contra el mal, el mal del Partido Nazi de Alemania, dirigido por Adolf Hitler. Después de llegar al poder en Alemania, los nazis comenzaron a atacar a los judíos y miembros de otras minorías. La Alemania de Hitler se había convertido en una máquina de guerra decidida a conquistar otros países. El hecho de que Estados Unidos diera un paso al

frente para defender a esas personas y países
indefensos coincidía con la imagen de la nación
que aparecía en los libros escolares, pero ¿es eso
lo que realmente sucedió? ¿Hay otras formas
de ver la Segunda Guerra Mundial? ¿Es posible
hacer preguntas que no se hicieron en medio de
la emoción patriótica de la época?

Estados Unidos en guerra

LA GUERRA COMENZÓ EN 1939, DESPUÉS DE QUE
Alemania atacara Polonia. Alemania ya se había
apoderado de Austria y Checoslovaquia. Más tarde
los alemanes invadirían y ocuparían Francia. Italia
ya había invadido la nación africana de Etiopía.
Junto con algunas potencias más pequeñas,
Alemania e Italia formaron un bando en el conflicto. Eran conocidos como el Eje. Contra ellos se
pusieron de pie los aliados. Gran Bretaña fue una
de las principales potencias aliadas. La otra fue
Rusia, que ahora tenía un gobierno comunista y
había sido rebautizada como la Unión Soviética.

El otro lado del mundo también estaba en guerra. Japón había atacado a China y se dirigía hacia el sudeste asiático, que poseía abundantes recursos de estaño, caucho y petróleo.

¿Qué hizo Estados Unidos mientras esto sucedía? Los ataques de Hitler a los judíos no llevaron a Estados Unidos a la guerra. Tampoco lo hicieron las invasiones de otros países por parte de Alemania, aunque el presidente Franklin D. Roosevelt envió ayuda a Gran Bretaña. Tampoco el ataque de Japón a China.

Los Estados Unidos entraron en guerra después de que los japoneses atacaron una base naval estadounidense en Pearl Harbor, Hawai, el 7 de diciembre de 1941. Este ataque a una parte del imperio estadounidense en el Pacífico fue la razón por la que Estados Unidos se unió a la lucha, tanto en Europa como en Asia.

Una vez que Estados Unidos se unió a Inglaterra y Rusia en la guerra, ¿cuáles eran sus objetivos? ¿Estados Unidos luchaba por razones humanitarias o por poder y ganancias? ¿Fue a luchar para poner fin al control de algunas naciones por parte de otras, o para asegurarse de que las naciones poderosas fueran amigas de los Estados Unidos?

Las nobles declaraciones sobre los objetivos del gobierno no siempre coincidían con las cosas que se decían en privado. En agosto de 1941, Roosevelt y el primer ministro británico, Winston Churchill, anunciaron sus objetivos ante el mundo después de la guerra. Dijeron que respetaban "el derecho de los todos pueblos a elegir la forma de gobierno bajo la cual vivir". Pero dos semanas antes, un alto funcionario del gobierno de EE. UU. prometió discretamente al gobierno francés que Francia recuperaría su imperio de territorios de ultramar, después de la guerra.

Italia había bombardeado ya varias ciudades cuando invadió Etiopía. Los aviones alemanes habían lanzado bombas sobre ciudades de los Países Bajos e Inglaterra. Estos no fueron ataques contra objetivos militares. Eran ataques contra la población civil. Roosevelt los calificó como "barbarie inhumana que ha conmocionado profundamente la conciencia de la humanidad".

Pero los bombardeos alemanes fueron muy pequeños en comparación con los bombardeos británicos y estadounidenses a ciudades alemanas. Incursiones de miles de aviones o de más ciudades atacadas. Ni siquiera fingían estar buscando solo objetivos militares. El clímax del bombardeo terrorista aliado fue un ataque a la ciudad alemana de Dresde. Más de cien mil personas murieron en una tormenta de fuego provocada por las bombas.

Durante la guerra, los titulares de los periódicos estaban llenos de batallas y movimientos de tropas. Detrás de los titulares, los diplomáticos y empresarios estadounidenses trabajaban arduamente para asegurarse de que, cuando terminara la guerra, el poder económico estadounidense fuera mayor. En esa época, el poeta Archibald MacLeish era subsecretario de Estado. Escribió:

> Tal como van las cosas ahora, la paz que construiremos,
> la paz que al parecer creamos, es una paz de petróleo,
> una paz de oro, una paz de navegación, una paz, en
> resumen . . . sin fin moral ni interés humano . . .

Mucha gente pensaba que el motivo de la guerra contra el Eje era acabar con la terrible situación de los judíos en la Europa ocupada por los alemanes. Pero esa no era una de las principales preocupaciones de Roosevelt. Mientras los judíos eran llevados a campos de concentración y Alemania se preparaba para comenzar a exterminar a seis millones de judíos (y millones de otras minorías y disidentes), en lo que se ha dado en llamar el

Holocausto, Roosevelt no tomó medidas para salvar a algunas de esas vidas condenadas. Lo dejó en manos del Departamento de Estado de los Estados Unidos, que no hizo nada.

Hitler afirmaba que la raza blanca alemana, la llamaba aria o nórdica, era superior a las demás. ¿Se libró la guerra para demostrar que sus ideas de superioridad racial estaban equivocadas? Los negros estadounidenses quizá no lo pensaban así. Las fuerzas armadas de la nación estaban segregadas según la raza. Incluso los bancos de donación de sangre que salvaron miles de vidas mantenían separada la sangre donada por blancos de la donada por negros. Un médico negro llamado Charles Drew había inventado el sistema para los bancos de donación de sangre, pero cuando trató de poner fin a la separación de sangre, fue despedido.

Los negros en los Estados Unidos conocían, de forma cotidiana, la realidad del prejuicio racial y, a veces, de la violencia racial. En 1943, un periódico afroamericano publicó un poema sobre los pensamientos de un hombre negro reclutado en el ejército:

Dios mío, hoy

Me voy a la guerra

(*izquierda*)
Una niña se sienta junto al equipaje familiar, esperando el autobús que la llevará a ser encarcelada en un campo de "internamiento" japonés, 1942.

A luchar, a morir,

Dime ¿para qué?

Dios mío, lucharé,

No temo ni a

Los alemanes o japoneses;

Mis miedos están aquí.

¡En Estados Unidos!

Por la forma en que Estados Unidos trató a los estadounidenses de origen japonés durante la guerra, estuvo cerca de la opresión racista y brutal contra la que, se suponía, estaba luchando. Después del ataque a Pearl Harbor, el sentimiento antijaponés era fuerte en el gobierno. Un congresista dijo: "Estoy a favor de arrestar a cada japonés en Estados Unidos, Alaska y Hawai ahora y meterlos en campos de concentración . . . ¡Hay que deshacernos de ellos!"

En 1942, Roosevelt le dio al ejército el poder de arrestar a todos los estadounidenses de origen japonés en la costa oeste: once mil hombres, mujeres y niños. Tres cuartas partes de ellos habían nacido en los Estados Unidos y eran ciudadanos estadounidenses. Los otros, nacidos en Japón, no podían convertirse en ciudadanos estadounidenses porque la ley lo prohibía.

Los japoneses fueron sacados de sus hogares y llevados a campamentos en regiones remotas del interior del país. Allí los mantuvieron en condiciones carcelarias. Permanecieron encarcelados en esos campamentos por más de tres años.

La guerra en Europa terminó en mayo de 1945, cuando una derrotada Alemania se rindió a los Aliados. Para agosto de ese año, Japón también estaba en una situación desesperada y listo para rendirse. Pero había un problema. El emperador japonés era una figura sagrada para muchos de sus súbditos y Japón quería mantenerlo en su lugar después de la rendición. Si Estados Unidos hubiera estado de acuerdo, Japón habría detenido la guerra. Pero Estados Unidos se negó y la lucha continuó. (Después de la guerra, Estados Unidos permitió que el emperador se quedara de todos modos).

Japón se rindió después de que Estados Unidos lanzara bombas atómicas sobre las ciudades de Hiroshima y Nagasaki, en agosto de 1945. Las bombas mataron a unas 150 000 personas y dejaron a muchas otras agonizando lentamente a causa del envenenamiento por radiación. Fue el primer uso de estas nuevas armas mortales en la guerra.

¿Por qué razón Estados Unidos no hizo la pequeña concesión de permitir que Japón mantuviera a su emperador, si eso ponía fin a la guerra sin el uso de armas atómicas? ¿Fue porque se había invertido ya demasiado dinero y trabajo en la bomba atómica como para no usarla? ¿O fue porque Estados Unidos quería terminar la guerra antes de que la Unión Soviética pudiera entrar en hostilidades con Japón, como planeaba hacer? Si Japón se rendía ante la Unión Soviética, entonces los rusos, no los estadounidenses, controlarían el Japón de la posguerra.

Cualesquiera que fueran las verdaderas razones para lanzar bombas atómicas sobre Japón, al menos la guerra había terminado. ¿O no?

La guerra en casa

LOS AÑOS DE GUERRA FUERON UNA ÉPOCA PATRIÓTICA en los Estados Unidos. El país parecía totalmente decidido a ganar la guerra. No había ningún movimiento organizado en oposición a la guerra. Sólo

(*izquierda*)
Ethel y Julius Rosenberg abandonan el Tribunal Federal de la ciudad de Nueva York, después de la lectura de cargos, 1950.

un grupo socialista se pronunció firmemente contra la guerra. Era el Partido Socialista de los Trabajadores. En 1943, dieciocho de sus miembros fueron a la cárcel en virtud de una ley que tipificaba como delito unirse a cualquier grupo que pidiera "el derrocamiento del gobierno por la fuerza y la violencia".

Aún así, mucha gente pensaba que la guerra estaba mal. Unos 350 000 de ellos evitaron el reclutamiento. Más de cuarenta mil se negaron rotundamente a luchar.

Los dos grupos sindicales más grandes del país, la AFL y el CIO, se habían comprometido a no hacer huelga durante la guerra. Sin embargo, hubo más huelgas durante la guerra que en cualquier otro momento de la historia estadounidense. Solo en 1944, más de un millón de trabajadores abandonaron sus trabajos en minas, acerías y plantas manufactureras. Muchos estaban enojados porque sus salarios se mantenían iguales mientras que las empresas que fabricaban armas y otros materiales de guerra obtenían enormes ganancias.

Al final de la guerra, las cosas parecían ir bien para mucha gente. La guerra había traído grandes ganancias a las corporaciones, pero también había elevado el precio de los cultivos agrícolas, aumentos salariales para algunos y suficiente prosperidad para evitar la rebelión. Era una vieja lección aprendida por los gobiernos: la guerra resuelve el problema de controlar a los ciudadanos. El presidente de la General Electric Corporation sugirió que las empresas y las fuerzas armadas deberían crear "una economía de guerra permanente".

Eso es justamente lo que ocurrió. La población estaba cansada de la guerra, pero su nuevo presidente, Harry S. Truman, creó un estado de ánimo de crisis que se denominó Guerra Fría. En la Guerra Fría, el enemigo de Estados Unidos era el país comunista que había sido su aliado durante la Segunda Guerra Mundial, la Unión Soviética.

Nuevas guerras

LA RIVALIDAD CON LA UNION SOVIÉTICA ERA REAL. La antigua Rusia estaba haciendo un regreso asombroso de la guerra. Estaba reconstruyendo su economía y recuperando su fuerza militar.

Pero la administración del presidente Truman presentó a la Unión Soviética como algo más que un rival. La Unión Soviética y el comunismo mismo eran vistos como amenazas inmediatas.

El gobierno de EE. UU. alentó el miedo al comunismo. Se hizo que cualquier movimiento revolucionario relacionado con el comunismo, en Europa o Asia, fuera presentado como un ejemplo más de que los soviéticos se estaban apoderando de más y otras regiones del mundo. Cuando los revolucionarios liderados por los comunistas obtuvieron el control del gobierno chino en 1949, China se convirtió en la nación comunista más poblada del mundo y aumentó el temor de los estadounidenses.

El creciente temor al poder soviético y al comunismo en general condujo a un gran aumento en el gasto militar estadounidense. También condujo a nuevas alianzas políticas entre conservadores y liberales.

En política, un conservador es alguien que quiere preservar el orden existente de la sociedad, el gobierno y la economía. Los conservadores tienden a dar un alto valor a la seguridad, la estabilidad y las instituciones establecidas. Un liberal es alguien que apoya el progreso, a menudo a través del cambio. Si los cambios son extremos, un liberal puede ser llamado un radical. Los liberales tienden a otorgar un alto valor a los derechos individuales, las libertades civiles y la participación directa en el gobierno. (La posición liberal se ha llegado a llamar Izquierda, mientras que la posición conservadora, Derecha.)

Estados Unidos quería unir a conservadores y liberales, republicanos y demócratas, en su apoyo de la Guerra Fría y la lucha contra el comunismo. Los acontecimientos en la nación asiática de Corea ayudaron al presidente Truman a obtener ese apoyo.

Después de la Segunda Guerra Mundial, Corea se liberó del control japonés y se dividió en dos países. Corea del Norte era una dictadura socialista, parte de la esfera de influencia de la Unión Soviética. Corea del Sur era una dictadura conservadora en la esfera de influencia estadounidense. En 1950 Corea del Norte invadió Corea del Sur. La Organización de las Naciones Unidas, que se había creado durante la guerra y estaba dominada por Estados Unidos, pidió a sus países miembros que ayudaran a Corea del Sur. Truman envió fuerzas estadounidenses y el ejército de las Naciones Unidas se convirtió en el ejército estadounidense.

Cuando las fuerzas estadounidenses avanzaron a través de Corea del Norte hasta la frontera con China, China entró en la lucha del lado de Corea del Norte. En tres años, la guerra acabó con la vida de hasta dos millones de coreanos y redujo a ruinas a Corea del Norte y Corea del Sur. Sin embargo, cuando terminó la lucha en 1953, la frontera entre las dos Coreas estaba donde había estado antes.

Si la Guerra de Corea cambió poco en Corea, tuvo un efecto en los Estados Unidos. Hizo que muchos liberales se unieran a los conservadores para apoyar al presidente, la guerra y la economía militar. Esto trajo problemas a los críticos radicales que no aceptaban esta conclusión.

La izquierda había ganado fuerza durante la Depresión y la guerra. El Partido Comunista probablemente nunca tuvo más que unos cien mil miembros, pero tuvo influencia en los sindicatos, en las artes y entre aquellos estadounidenses que habían sido testigos del fracaso del capitalismo en la década de 1930. Con el fin de hacer que el capitalismo fuera más seguro, para generar apoyo para una victoria estadounidense sobre los enemigos comunistas, los poderes establecidos del gobierno de la nación y los negocios tenían que debilitar a la izquierda. Lo lograron atacando al comunismo. La cacería de rojos, como se llamaba a los comunistas, pronto llenó la vida estadounidense.

En 1947, Truman lanzó un programa para buscar "personas desleales" en el gobierno de los Estados Unidos. Durante los siguientes cinco años, más de 6.5 millones de empleados gubernamentales fueron investigados. En su libro *Los años cincuenta*, los historiadores Douglas Miller y Marion Nowack describieron así los resultados:

> No se descubrió un solo caso de espionaje, aunque unas quinientas personas fueron despedidas en casos dudosos de "lealtad cuestionable". Todo esto se llevó a cabo con pruebas secretas, informantes secretos y a menudo pagados, y sin juez ni jurado . . . Una ola de conservadurismo y de temor recorría el país. Los estadounidenses estaban convencidos de la necesidad de una seguridad absoluta y de preservar el orden establecido.

Los acontecimientos mundiales generaron apoyo para este movimiento anticomunista. Los partidos comunistas llegaron al poder en lugares como Checoslovaquia y China. Cuando los pueblos colonizados demandaron su independencia de las potencias europeas, estallaron movimientos revolucionarios en Asia y África. Estos eventos fueron presentados al público estadounidense como signos de un complot comunista mundial.

El senador Joseph McCarthy, de Wisconsin, comenzó su propia cruzada para encontrar traidores comunistas en el Departamento de Estado y en el ejército del país. No encontró nada y finalmente se convirtió en una vergüenza para el gobierno. Sin embargo, otros líderes políticos tenían sus propias ideas sobre cómo aplastar la disidencia. Los senadores liberales, Hubert Humphrey y Herbert Lehman, sugirieron que los presuntos comunistas y traidores podrían ser detenidos sin juicio en campos de concentración. Los campamentos estaban instalados y listos para su uso.

El gobierno también hizo listas de cientos de organizaciones a las que consideraba sospechosas. Cualquiera que se uniera a estos grupos, o que incluso pareciera simpatizar con ellos, podría ser investigado. Los líderes del Partido Comunista fueron encarcelados.

En 1950, el gobierno acusó a Julius y Ethel Rosenberg, conocidos por sus vínculos con el

Partido Comunista, de compartir secretos atómicos con los soviéticos. Aunque las pruebas en contra de los Rosenberg eran débiles, fueron ejecutados como espías. Investigaciones posteriores demostraron que el caso estaba profundamente viciado. Pero en ese momento, todo, desde películas y tiras cómicas hasta lecciones de historia y periódicos, invitaba a los estadounidenses a luchar contra el comunismo.

Para 1960, la clase dirigente parecía haber debilitado a la izquierda. El resurgimiento comunista radical durante el New Deal y los años de la guerra se habían roto. La Guerra Fría mantuvo el país en una economía de guerra permanente. Existían grandes focos de pobreza, pero suficiente gente ganaba el dinero necesario como para mantener las cosas en silencio. Todo parecía bajo control. Y entonces, en la década de 1960, estallaron rebeliones en todas las áreas de la vida estadounidense.

LA REVUELTA NEGRA DE LAS DÉCADAS DE 1950 Y
1960 tomó por sorpresa a los blancos en Estados
Unidos, aunque no debió ser así. Cuando las personas son oprimidas, la memoria es lo único que
no se les puede quitar. Para aquellas personas que
tienen memoria de la opresión, la revuelta siempre está apenas un centímetro por debajo de la
superficie.

Los negros en los Estados Unidos conservaban
el recuerdo de la esclavitud. Más allá de eso, vivían
con la realidad diaria de linchamientos, insultos y
segregación. A medida que avanzaba el siglo XX,
encontraron nuevas formas de resistir.

Contraatacando

EN LA DÉCADA DE 1920, UN POETA NEGRO, CLAUDE
McKay, escribió estos versos:

> Si debemos morir, que no sea como cerdos
>
> Cazados y hacinados en un lugar sin gloria . . .
>
> Como hombres, haremos frente a la manada de cobardes
> asesinos,
>
> ¡Contra la pared, muriendo, pero contraatacando!

Las palabras de McKay fueron incluidas en el
Registro del Congreso como ejemplo de las nuevas ideas peligrosas de los jóvenes negros. Debió
parecerles algo peligroso a los líderes de la nación
que los negros hablaran de contraatacar.

Algunos negros lucharon contra el sistema
uniéndose al Partido Comunista. Los comunistas
habían estado activos en el sur. Habían ayudado
a defender a los "Scottsboro Boys", nueve jóvenes negros acusados falsamente de violación en
Alabama. Entre los afroamericanos más conocidos con vínculos al Partido Comunista estaban el
erudito W. E. B. Du Bois y el actor y cantante Paul
Robeson.

Durante la década de 1930, los comunistas
organizaron comités para dar ayuda a los necesitados. Un organizador llamado Angelo Herndon fue

arrestado y acusado de promover la revolución. Así recordaba su juicio:

> Me interrogaron en gran detalle. ¿Creía yo acaso que los patrones y el gobierno deben pagar por un seguro a los trabajadores desempleados? ¿Que los negros deben tener plena igualdad que los blancos? ¿Pensaba yo que la clase obrera puede dirigir las fábricas, las minas y el gobierno? ¿Que no es necesario tener jefes? Les dije que creía en todo eso y en más . . .

Herndon pasó cinco años en prisión antes de que la Corte Suprema dictaminara que la ley por la que había sido arrestado era inconstitucional. Para el *establishment,* es decir la clase dirigente, hombres como Herndon eran señales de una aterradora nueva actitud entre los negros. Esa actitud era la militancia: un deseo por luchar.

Hacia los derechos civiles

EL PRESIDENTE HARRY TRUMAN SABÍA QUE EXISTÍAN dos razones por las que los Estados Unidos tenían que hacer algo con respecto a la raza. Una

razón era calmar los ánimos entre los negros que estaban molestos en el país. La otra razón tenía que ver con la imagen de Estados Unidos en el mundo.

Las personas no blancas de todo el mundo acusaban a Estados Unidos de ser una sociedad racista. La Guerra Fría entre los Estados Unidos y la Unión Soviética estaba en marcha, y cada lado quería ejercer su influencia sobre todo el mundo. Pero el historial tan pobre que tenían los Estados Unidos, en cuanto a derechos civiles, podía ser un freno en la política mundial.

Truman creó un Comité de Derechos Civiles en 1946. El comité recomendó leyes contra los linchamientos y contra la discriminación racial en el lugar de trabajo, y en cuestiones relacionadas al voto. El Congreso no tomó ninguna medida. Sin embargo, Truman ordenó a las fuerzas armadas eliminar la segregación, es decir, terminar con la separación racial. Tomó diez años, pero el ejército finalmente se integró racialmente, y los negros y los blancos ya no estaban separados.

Las escuelas públicas de la nación continuaron segregadas, hasta que los valientes negros del sur se enfrentaron a la Corte Suprema en una

(*izquierda*)
Rosa Parks es entrevistada al llegar a la corte, 1956.

CLAUDETTE COLVIN

ALREDEDOR DE LAS CUATRO DE LA TARDE, EL 2 DE marzo de 1955, nueve meses antes de que a sus cuarenta y dos años lo hiciera Rosa Parks, Claudette Colvin, quien tenía quince años, defendió su derecho constitucional a usar un asiento en un autobús segregado, en Montgomery, Alabama, ayudando así a poner en marcha el movimiento por los derechos civiles. Ante las burlas, los empujones y los insultos de los blancos que la rodeaban y de los dos policías que la arrestaron, fue acusada de violar la ley de segregación, de conducta desordenada y de "agredir" a los oficiales que la arrestaron.

A continuación, ella cuenta la historia con sus propias palabras:

El 2 de marzo de 1955 subí al autobús frente a la iglesia de la avenida Dexter. Me dirigí a la mitad del

*en ese momento. En su mayoría eran niños de edad
escolar. No pensaba yo en nada en particular. Creo que
acababa de terminar de comer una barra de chocolate.
Entonces el autobús comenzó a llenarse. Los blancos
se subieron y empezaron a mirarme. El conductor
del autobús me pidió que me levantara. Estábamos
entrando en la plaza donde todos los autobuses
toman sus diferentes rutas. Subió una señora de color,
embarazada. Yo estaba sentada al lado de la ventana.
El asiento a mi lado era el único asiento desocupado.
Ella no se dio cuenta de lo que estaba pasando. No
sabía ella que el conductor del autobús me había
pedido levantarme. Solo vio el asiento vacío y se sentó a
mi lado. Una señora blanca estaba sentada al otro lado
del pasillo frente a mí, y era ilegal que uno se sentara*

en el mismo pasillo con una persona blanca.

El conductor del autobús miró por el espejo retrovisor y nuevamente me dijo que me levantara; no lo hice, sabía que él me estaba hablando a mi. Dijo: "¡Oye, levántate!". No respondí. Como no me levantaba, decidió no mover el autobús. Dijo que antes de seguir conduciendo, yo tendría que levantarme. La gente decía: "¿Por qué no te levantas? ¿Por qué no te levantas? Una niña dijo: "Sabes bien que tienes que levantarte". Luego, otra niña dijo: "No tiene que hacerlo. Solo tiene que hacer una cosa: seguir siendo negra y morir".

Los blancos se quejaban. El conductor detuvo el autobús y dijo: "Esto no puede seguir". Luego se levantó y dijo: "Voy a llamar a la policía". Primero vino un patrullero de tránsito en el autobús y preguntó:

"¿Alguno de ustedes es tan caballeroso como para levantarse y darle su asiento a esta señora embarazada?". Había dos hombres negros en la parte trasera del autobús que eran trabajadores de limpieza. Se levantaron, y la mujer embarazada fue y se sentó en la parte de atrás. Eso me dejó a mi todavía sentada junto a la ventana.

Me quedé ahí y el patrullero me preguntó: "¿No te vas a levantar?".

Respondí, "No. No tengo que levantarme. Pagué por mi pasaje, así que no tengo que levantarme. Es mi derecho constitucional sentarme aquí tanto como esa señora. ¡Es mi derecho constitucional!".

Fuente: Levine, Ellen. *Niños de la libertad: jóvenes activistas de derechos civiles cuentan sus propias historias*. Nueva York: Penguin Putnam/Puffin, 1993.

serie de juicios. En 1954, en una decisión llamada *Brown v. Board of Education*, la Corte ordenó a las escuelas públicas de la nación que detuvieran el tratamiento "separado pero igualitario" de los niños que eran separados por su raza. La gran decisión de la Corte envió un mensaje a todo el mundo: el gobierno de los Estados Unidos había prohibido la segregación. Pero el cambio llegaba lentamente. Diez años después, más de tres cuartas partes de los distritos escolares del sur seguían practicando la segregación racial.

Para los negros, el progreso no llegaba lo suficientemente rápido. A principios de la década de 1960, los negros se rebelaron en todo el sur. A fines de la década de 1960, también hubo grandes levantamientos en cien ciudades del norte. ¿Qué desencadenó esta airada revuelta?

Una mujer negra de cuarenta y tres años llamada Rosa Parks se sentó un día en la sección "blanca" de un autobús urbano. Durante mucho tiempo había estado activa en la NAACP, y estaba decidida a desafiar la separación de asientos en los autobuses de Montgomery. Fue arrestada.

Los negros de Montgomery convocaron una reunión masiva. Boicotearon los autobuses de la ciudad, negándose a viajar. En cambio, caminaron u organizaron viajes compartidos en automóvil. La ciudad estaba perdiendo muchos ingresos por las tarifas de los autobuses. Arrestaron a un centenar de los líderes del boicot.

Los segregacionistas blancos recurrieron a la violencia. Hicieron explotar bombas en cuatro iglesias negras. Dispararon una escopeta a través de la puerta principal de la casa del Dr. Martin Luther King Jr., un ministro que ayudó a liderar el boicot. Pero la gente negra del pueblo de Montgomery continuó con el boicot y, en noviembre de 1956, la Corte Suprema declaró ilegal la segregación en las líneas de autobuses locales.

Martin Luther King predica la no violencia

EN UNA REUNIÓN DURANTE EL BOICOT, MARTIN Luther King demostró el don que tenía para hacer discursos que muy pronto inspirarían a millones de personas para trabajar en pos de la justicia racial. Dijo:

El reverendo Martin
Luther King Jr.
saluda a los
participantes
en la Marcha del
Movimiento por los
Derechos Civiles en
Washington, 1963.

Hemos conocido la humillación, hemos conocido el lenguaje del abuso, hemos sido sumergidos en el abismo de la opresión. Y decidimos levantarnos tan solo con el arma de la protesta . . . Debemos usar el arma del amor. Debemos tener compasión y comprensión por aquellos que nos odian.

King llamó a los afroamericanos a practicar la no violencia, a buscar la justicia sin dañar a los demás. Este mensaje le ganó adeptos entre blancos y negros. Sin embargo, algunos negros pensaban que el mensaje de King era demasiado simple. Quienes los oprimían, pensaban, tendrían que ser combatidos encarnizadamente.

Aún así, en los años posteriores al boicot a los autobuses de Montgomery, los negros del sur enfatizaron la no violencia. Un movimiento no violento comenzó en 1960, cuando cuatro estudiantes de primer año en una universidad afroamericana, en Carolina del Norte, decidieron sentarse en el mostrador del almuerzo de una cafetería donde solo comían blancos. La tienda no les atendía, pero ellos no se fueron. Regresaron, junto con otros, día tras día, para sentarse en el mostrador.

Las "sentadas" se extendieron a otras ciudades del sur. Quienes se sentaron sufrieron violencia.

Pero inspiraron a más de cincuenta mil personas, en su mayoría negros, y algunos blancos, a unirse a las manifestaciones en cien ciudades. A fines de 1960, los mostradores de comida estaban abiertos a los negros en muchos lugares.

Viajeros por la Libertad y el Verano de Mississippi

POR MUCHO TIEMPO, HABÍA SIDO ILEGAL SEGREGAR a las personas por raza en viajes de larga distancia. Pero el gobierno federal nunca había hecho cumplir la ley en el sur, donde negros y blancos aún se mantenían separados en los autobuses que viajaban de un estado a otro. En la primavera de 1961, un grupo de manifestantes blancos y negros se dispuso a cambiar eso.

Estos Viajeros por la libertad se subieron a un autobús en Washington, D.C., con destino a Nueva Orleans. Nunca llegaron a Nueva Orleans. Los Viajeros fueron golpeados en Carolina del Sur. Un autobús fue incendiado en Alabama.

Los segregacionistas atacaron a los Viajeros con puños y barras de hierro. La policía del sur no hizo nada. Tampoco el gobierno federal, a pesar de que los agentes del FBI fueron testigos de la violencia.

Los jóvenes que habían tomado parte en la sentada formaron el Comité Coordinador Estudiantil No Violento (SNCC). Organizaron otro grupo de Viajeros por la libertad, que fue atacado por una turba de blancos y arrestados después. Para entonces, los Viajeros por la libertad estaban en las noticias de todo el mundo.

Los niños negros se unieron a las manifestaciones en todo el sur. En Albany, Georgia, un pequeño pueblo donde persistía la atmósfera de esclavitud, los negros realizaron marchas y reuniones masivas. Después de arrestar a los manifestantes, el jefe de policía tomó sus nombres. Uno de los manifestantes era un niño de unos nueve años. "¿Cuál es tu nombre?" preguntó el jefe de policía. El niño lo miró directamente y respondió: "Libertad, Libertad". Una nueva generación estaba aprendiendo a exigir sus derechos.

El SNCC y otros grupos de derechos civiles trabajaban en Mississippi registrando a los negros para votar y organizar protestas contra la injusticia racial. Hicieron un llamado a los jóvenes de otras partes del país para que ayudaran, para que vinieran al sur a pasar un "Verano en Mississippi". Ante la creciente violencia y peligro, en junio de 1964 pidieron protección federal al presidente Lyndon B. Johnson y al fiscal general Robert Kennedy. No obtuvieron respuesta.

Poco después, tres trabajadores de derechos civiles, uno negro y dos blancos, fueron arrestados en Filadelfia, Mississippi. Después de salir de la cárcel a altas horas de la noche, fueron golpeados con cadenas y asesinados a tiros. Más tarde, el alguacil, el alguacil adjunto y otros fueron encarcelados por los asesinatos.

Poder negro

EL GOBIERNO NACIONAL SE HABÍA NEGADO, UNA y otra vez, a defender a los negros contra la violencia. Aún así, el alboroto sobre los derechos civiles y la atención que atrajo en todo el mundo hizo que el Congreso aprobara algunas leyes de derechos civiles, incluida la Ley de Derechos Civiles de 1964. Estas leyes prometían mucho, pero fueron ignoradas o mal aplicadas. Luego, en 1965, una más fuerte, Ley de Derecho al Voto, hizo una diferencia en la votación del sur. En 1952, sólo el 20 por ciento de los negros que podían votar se había registrado para hacerlo. Pero para 1968, el 60 por ciento estaba registrado, el mismo porcentaje que los votantes blancos.

El gobierno federal estaba tratando de controlar una situación explosiva sin hacer ningún cambio fundamental. Quería canalizar la ira negra hacia lugares tradicionales, como los centros de votación y reuniones tranquilas con apoyo oficial.

Una reunión como esa tuvo lugar en 1963, cuando Martin Luther King encabezó una gran marcha en Washington, D.C. La multitud se emocionó con el magnífico discurso de King, "Tengo un sueño", pero el discurso no tenía la ira que muchos negros sentían. John Lewis era un joven líder del SNCC que había sido arrestado y golpeado muchas veces en la lucha por la igualdad racial. Lewis quería que la reunión expresara algo de indignación, pero sus líderes no le permitieron criticar al gobierno nacional.

Dos meses después, un militante negro llamado Malcolm X dio su punto de vista sobre la Marcha en Washington:

> Los negros estaban en las calles. Hablaban sobre cómo iban a marchar por Washington . . .
>
> Ese era el movimiento de base, en las calles. Esto asustó terriblemente al hombre blanco, asustó terriblemente a la estructura de poder blanco en Washington, D.C. . . .
>
> Esto es lo que hicieron con la Marcha sobre Washington. Se unieron . . . se sumaron a ella, tomaron el cargo . . . Se convirtió en un picnic, en un circo. Nada más que un circo, con payasos y todo . . . Fue una forma de tomar el control . . . Les dijeron a los negros a qué hora llegar a la ciudad, dónde parar, qué letreros llevar, qué canción cantar, qué discurso podían hacer y qué discurso no podían hacer, y luego dijeron que salieran de la ciudad antes del atardecer.

Las bombas seguían explotando en las iglesias negras, matando niños. Las nuevas leyes de "derechos civiles" no estaban cambiando las condiciones básicas de vida de los negros.

La no violencia había funcionado en el movimiento de derechos civiles del sur, en parte, al cambiar la opinión del país contra el sur segregacionista. Pero en 1965, la mitad de todos los afroamericanos vivían en el norte. Había problemas profundos en los guetos, los barrios negros pobres, de las ciudades de la nación.

En el verano de 1965, el gueto de Watts, en Los Ángeles, estalló con disturbios en las calles y el saqueo e incendios de establecimientos y tiendas. Treinta y cuatro personas murieron. La mayoría de ellos eran negros.

Se produjeron más brotes al año siguiente. En 1967, estallaron los disturbios urbanos más grandes en la historia de Estados Unidos en los guetos negros de todo el país. Ochenta y tres personas murieron por disparos, la mayoría en Newark, Nueva Jersey y Detroit, Michigan.

Martin Luther King todavía era respetado, pero lo reemplazaban nuevos héroes. "Black Power" era su lema. Desconfiaban del "progreso" que los blancos iban dando a cuentagotas. Rechazaban la idea de que los blancos sabían lo que era mejor para los negros.

Malcolm X era el principal portavoz de Black Power. Fue asesinado en 1965, mientras daba un discurso. Después de su muerte, millones leyeron el libro que escribió sobre su vida. Fue más influyente muerto que en vida. Otro portavoz fue Huey

Newton, de los Black Panthers, o Panteras Negras. Esta organización tenía armas y sostenía que los negros debían defenderse.

King estaba cada vez más preocupado por aquellos problemas que las leyes de derechos civiles no tocaban: los problemas de la pobreza. También comenzó a hablar en contra de la guerra que Estados Unidos estaba librando en la nación asiática de Vietnam. King dijo: "Estamos gastando todo este dinero en muerte y destrucción, y no hay suficiente dinero para la vida y el desarrollo constructivo".

El FBI intervino las conversaciones telefónicas privadas de King, lo chantajeó y lo amenazó. Un informe del Senado de los Estados Unidos de 1976 expuso que el FBI "trató de destruir al Dr. Martin Luther King". Pero la destrucción llegó cuando un tirador invisible mató a tiros a King mientras estaba en el balcón de su habitación de hotel en Memphis, Tennessee.

El asesinato de King generó más violencia urbana. Los afroamericanos vieron que la violencia y la injusticia contra ellos continuaban. Los ataques hacia los negros se repetían sin cesar en la historia de los Estados Unidos, nacidos de un pozo profundo de racismo en la psique de la nación. Pero había algo más: ahora el FBI y la policía tenían como objetivo a los organizadores negros militantes, como las Panteras Negras.

¿Tenía miedo el gobierno de que los negros desviaran su atención de temas como la votación para, en vez de eso, concentrarse en algo más peligroso como la cuestión de la riqueza y la pobreza? Si los blancos y los negros pobres se unían, el conflicto de clases a gran escala podía convertirse en realidad.

Pero si algunos negros eran invitados al sistema de poder, podrían dejar atrás el conflicto de clases. Así que los líderes de grupos negros no militantes visitaron la Casa Blanca. Los bancos propiedad de blancos comenzaron a ayudar a las empresas negras. Los periódicos y las televisiones empezaron a mostrar más rostros negros. Estos cambios fueron pequeños, pero recibieron mucha publicidad. También atrajeron a algunos jóvenes líderes negros al ámbito *mainstream*.

Para 1977, más de dos mil afroamericanos ocupaban cargos públicos en ciudades del sur. Esto era un avance importante pero todavía eran menos del 3 por ciento de todos los cargos electivos, aunque los negros constituían el 20 por ciento de la población total.

Más negros podían ir a la universidad a estudiar leyes y medicina. En las ciudades del norte se transportaba a los niños de un lado a otro para integrar a sus escuelas. Pero nada de esto estaba ayudando contra el desempleo, la pobreza, el crimen, la drogadicción y la violencia que destruía a la clase baja negra en los guetos. Al mismo tiempo, los programas gubernamentales para ayudar a los afroamericanos parecían favorecer a los blancos en lugar de los negros. Cuando los blancos pobres y los negros pobres competían por los trabajos, la vivienda y las escuelas en mal estado que el gobierno proporcionaba para todos los pobres, una nueva tensión racial creció.

No existía ningún gran movimiento negro en marcha a mediados de la década de 1970. Sin embargo, había nacido un nuevo orgullo y conciencia negras que todavía estaba vivo. ¿Qué forma tomaría en el futuro?

"QUERIDOS MAMÁ Y PAPÁ", ESCRIBIÓ DESDE VIETNAM un soldado estadounidense, "Hoy participamos en una misión que no me hizo sentir orgulloso ni de mí mismo, mis amigos o mi país". ¿Qué tipo de guerra haría sentir así a un soldado? Fue una guerra que enfureció a muchos estadounidenses y los llenó de vergüenza.

Durante casi una década, la nación más rica y poderosa en la historia intentó derrotar a un movimiento revolucionario en un pequeño país campesino —y fracasó—. La guerra que Estados Unidos libró contra Vietnam, una nación del sudeste asiático, era la batalla de la tecnología militar moderna contra seres humanos organizados. Los seres humanos ganaron.

Vietnam también produjo el movimiento antibélico más grande en la historia de Estados Unidos. Miles de personas marcharon en las calles. Los estudiantes organizaron protestas. Artistas, escritores y soldados se pronunciaron con valor en contra de la guerra. El movimiento antibélico fue vivaz y duradero. Ayudó a poner fin a la guerra.

Comunismo y combate

ANTES DE LA SEGUNDA GUERRA MUNDIAL, FRANCIA controlaba la nación del sudeste asiático de Vietnam. Al comienzo de esa guerra, las tropas japonesas ocuparon el país. Para luchar contra los japoneses, surgió un movimiento revolucionario en el pueblo vietnamita dirigido por un comunista llamado Ho Chi Minh. Al final de la guerra, los revolucionarios celebraron en Hanoi, ciudad al norte de Vietnam. Un millón de personas llenaron las calles, jubilosos de que su país por fin estuviera libre del control extranjero.

Pero las potencias occidentales le arrebatarían

esa libertad. En poco tiempo, Inglaterra y Estados Unidos se encargaron de que Francia recuperara el control de Vietnam. Los revolucionarios del norte resistieron, y en 1946 los franceses comenzaron a bombardearlos.

Fue el comienzo de una guerra de ocho años contra el movimiento comunista, llamado Vietminh. Estados Unidos dio cerca de mil millones de dólares en ayuda militar a los franceses para usarlos en Vietnam, además de cientos de miles en armamento.

¿Por qué Estados Unidos ayudó a Francia? La razón oficial era detener el ascenso del comunismo en Asia. Los gobiernos comunistas ya habían llegado al poder en China y Corea del Norte. Era el apogeo de la Guerra Fría, cuando el comunismo era visto como el mayor peligro para Estados Unidos. ¿Pero podría haber otras razones también?

Un memorando secreto del gobierno de EE. UU. de 1952 hablaba sobre los recursos del sudeste asiático. Su caucho, estaño y petróleo eran importantes para los Estados Unidos. Si un gobierno hostil a los Estados Unidos llegaba al poder en Vietnam, podía obstaculizar la influencia y los intereses de los Estados Unidos. En 1954, un memorando del Departamento de Estado de EE. UU. decía: "Si los franceses realmente decidieran retirarse [de Vietnam], EE. UU. tendría que considerar muy seriamente tomar el control en esta área".

Ese mismo año, los franceses se retiraron del norte de Vietnam. Según el acuerdo de paz, el Vietminh acordó permanecer en el norte. Se suponía que las zonas norte y sur de Vietnam se unificarían después de dos años, y se le permitiría a la gente elegir su propio gobierno. Parecía probable que eligieran a Ho Chi Minh y el Vietminh.

Estados Unidos maniobró rápidamente para evitar que Vietnam del Norte y Vietnam del Sur se unieran. Para poner a Vietnam del Sur bajo influencia estadounidense, puso a cargo del gobierno a un funcionario llamado Ngo Dinh Diem, quien era amigo de los Estados Unidos, pero no era querido por los vietnamitas.

Diem no realizó las elecciones que se tenían previstas. Alrededor de 1958, comenzaron los ataques de la guerrilla contra su gobierno en Vietnam del sur. Los guerrilleros, llamados Viet Cong, fueron ayudados por el gobierno comunista de Vietnam del Norte.

El movimiento comunista ganó fuerza en el sur. Para el pueblo vietnamita, fue más que una guerra contra Diem. Era una forma de reorganizar la sociedad para que los aldeanos ordinarios tuvieran más control sobre sus vidas. Se incrementó la oposición abierta a Diem. Monjes budistas se prendieron fuego y murieron quemados para protestar contra el gobierno de Vietnam del Sur.

En virtud del acuerdo internacional de paz, Estados Unidos podía enviar solamente 685 asesores militares a Vietnam del Sur. Envió miles más, y algunos de ellos ayudaron a combatir la guerrilla. Estados Unidos había entrado en una guerra secreta e ilegal.

Tiempo después, la administración de los EE. UU. decidió que Diem no los estaba ayudando a controlar Vietnam del Sur. La Agencia Central de Inteligencia (CIA) alentó en secreto a algunos generales vietnamitas a derrocarlo. Los generales atacaron el palacio costero de Diem y los ejecutaron a él y a su hermano.

Tres semanas después, el presidente estadounidense John F. Kennedy fue asesinado en Texas. Cuando su vicepresidente, Lyndon B. Johnson, asumió la presidencia, heredó el problema de Vietnam.

En agosto de 1964, Johnson le dijo al público estadounidense que los norvietnamitas habían disparado torpedos contra un barco de la marina de los EE. UU. Se trataba de una mentira. El barco había estado espiando para la CIA en aguas territoriales vietnamitas y no se dispararon torpedos. Pero el "ataque" le dio a Estados Unidos una razón para declarar la guerra a Vietnam del Norte. Según la Constitución de EE. UU., sólo el Congreso podía declarar la guerra. En cambio, el Congreso le dio al presidente poder para iniciar acciones militares en el sudeste asiático sin una declaración formal de guerra.

Los aviones de combate estadounidenses comenzaron los bombardeos en Vietnam del Norte. También bombardearon aldeas en Vietnam del Sur donde pensaban que se escondía el Viet Cong. A veces lanzaban un arma llamada *napalm*, gasolina en forma de gelatina, terriblemente destructiva en la carne del cuerpo humano. Un artículo del *New York Times* de septiembre de 1965 describía los resultados:

> En otra provincia del delta hay una mujer que tiene ambos brazos quemados con napalm y los párpados tan quemados que no puede cerrarlos. Cuando es

(*izquierda*)
Civiles comienzan a desalojar viviendas en la zona de Cholon, Saigón, durante un ataque, 1968.

hora de dormir, su familia le pone una manta sobre
la cabeza. La mujer perdió a dos de sus hijos durante
el ataque aéreo que la dejó mutilada. Pocos estadounidenses saben lo que su nación le está haciendo a
Vietnam del Sur con los ataques aéreos . . . Civiles
inocentes mueren todos los días en Vietnam del Sur.

Las tropas estadounidenses también llegaron a
Vietnam del Sur. A principios de 1968 había más
de medio millón en esa zona. Mientras asaltaban
pueblos en busca de guerrilleros, la diferencia
entre un enemigo y un civil parecía desaparecer.

En marzo de 1968, una compañía de soldados
estadounidenses entró en un pueblo llamado My
Lai. Reunieron a los aldeanos, incluidos ancianos y
mujeres con bebés. Después, ordenaron a la gente
que se metiera en una zanja y los fusilaron. El ejército trató de encubrir lo que había sucedido en My
Lai, pero después de que se corrió la voz, varios oficiales fueron juzgados. Un informe periodístico del
juicio describió la masacre en My Lai:

El teniente Calley y un afligido carabinero de nombre
Paul D. Meadlo, el mismo soldado que les había dado
dulces a los niños antes de dispararles, empujaron a
los prisioneros a la zanja . . . Las personas saltaban
encima de las otras; las madres trataban de proteger a

sus hijos . . . Entre 450 y 500 personas, en su mayoría mujeres, niños y hombres mayores, fueron enterrados en fosas comunes.

Calley fue sentenciado a cadena perpetua, pero solo cumplió tres años de arresto domiciliario. Un oficial del ejército admitió que muchas otras tragedias como My Lai permanecieron ocultas.

A medida que avanzaba la guerra, Estados Unidos comenzó a bombardear Laos, país vecino de Vietnam. Esto fue para evitar que el Viet Cong estableciera bases allí y para destruir las rutas de suministro utilizadas por el Viet Cong. El bombardeo en Laos se ocultó al público.

Pero cuando Estados Unidos bombardeó más tarde otro país del sudeste asiático, Camboya, la noticia llegó al público y provocó un clamor de protesta.

"Esta locura debe cesar"

LA POTENCIA DE FUEGO ESTADOUNIDENSE ERA enorme, pero no acababa con la resistencia en

Vietnam. Y en los Estados Unidos el público se oponía a la guerra. Algunos estaban horrorizados por su crueldad. Otros simplemente pensaban que era un fracaso que llevó a la muerte a cuarenta mil soldados estadounidenses, además de herir a un cuarto de millón más, a principios de 1968.

El presidente Johnson había intensificado una guerra brutal, y aun así no pudo ganarla. Se volvió tan poco popular que no podía aparecer en público sin encontrase con una manifestación contra la guerra. Los manifestantes gritaban: "LBJ, LBJ, ¿a cuántos niños mataste hoy?".

Desde el principio, los estadounidenses habían protestado contra las acciones estadounidenses en Vietnam. Algunas de las primeras protestas surgieron del movimiento de derechos civiles, tal vez porque la experiencia de los negros con el gobierno les hacía desconfiar de cualquier afirmación de que luchaban por la libertad. En 1965, jóvenes negros en Mississippi que acababan de enterarse de que un compañero de clase había sido asesinado en Vietnam repartieron un panfleto que decía: "Hasta que todos los negros sean libres en Mississippi, ningún negro de Mississippi debe luchar en Vietnam por la libertad del hombre blanco".

El Comité Coordinador Estudiantil No Violento (SNCC), una gran parte del movimiento de derechos civiles, dijo que Estados Unidos estaba violando la ley internacional en Vietnam. Demandó el fin de la lucha. Cuando seis miembros del SNCC invadieron un centro de reclutamiento de Alabama (una oficina para registrarse en las fuerzas armadas), fueron arrestados y sentenciados a varios años de prisión.

Julian Bond, un activista de SNCC, fue elegido para la legislatura de Georgia. Después de hablar en contra de la guerra y el servicio militar obligatorio, el resto de los legisladores se negó a dejarlo tomar posesión de su curul. La Corte Suprema restauró a Bond en su curul, diciendo que tenía derecho a la libertad de expresión bajo la Primera Enmienda.

En 1967, Martin Luther King Jr. se pronunció sobre la guerra, en la iglesia Riverside de Nueva York:

> Debe existir una forma de poner fin a esta locura.
> Debemos hacerlo ahora mismo. Hablo como hijo de Dios
> y hermano de los pobres vietnamitas que sufren. Hablo
> por aquellos cuya tierra está siendo devastada, cuyos
> hogares están siendo destruidos . . . Hablo por los pobres
> en Estados Unidos, que están pagando el doble precio

de la esperanza rota en casa y la muerte y corrupción en Vietnam . . . Me dirijo como estadounidense a los líderes de mi propia nación. Nosotros decidimos iniciar esta guerra. Nosotros podemos decidir terminar con ella.

Sacerdotes y monjas católicos se sumaron a la lucha del movimiento antibélico. El padre Philip Berrigan, un sacerdote que también fue veterano de la Segunda Guerra Mundial, fue una de las muchas personas que fueron a la cárcel por destruir los registros en las oficinas de la junta de reclutamiento, donde se requería que los jóvenes se registraran para el servicio militar. Su hermano Daniel, también sacerdote, fue encarcelado por un acto similar.

Miles de jóvenes estadounidenses huyeron a Canadá o Europa. Algunos evitaban el reclutamiento. Otros eran soldados, desertores. El sentimiento contra la guerra era fuerte entre los militares, ya fueran soldados o veteranos. Algunos hablaron públicamente arriesgándose a ser castigados. Una enfermera de la marina fue sometida a un consejo de guerra por marchar en una manifestación por la paz con el uniforme puesto. Dos soldados negros de la Marina fueron a prisión por hablar con otros en contra de la guerra.

(*izquierda*)
Ron Kovic, 1976.

345

Un veterano que se oponía a la guerra narró su historia en el libro *Nacido el cuatro de julio*. Ron Kovic se registró en la Marina de los Estados Unidos cuando tenía diecisiete años. Mientras servía en Vietnam su columna vertebral fue destrozada por proyectiles, dejándolo paralizado de la cintura para abajo. De vuelta en Estados Unidos, en silla de ruedas, Kovic se manifestó contra la guerra. Contó cómo fue tratado después de su arresto en una manifestación:

"¿Cuál es tu nombre?" —me pregunta el oficial detrás del escritorio—.

"Ron Kovic" —le dije—. "Ocupación, veterano de Vietnam en contra de la guerra".

"¿Qué?" —me pregunta sarcásticamente, mirándome de arriba abajo—.

"Soy un veterano de Vietnam en contra la guerra", —casi tuve que gritar en respuesta—.

"Deberías haberte muerto cuando estabas allá" —me respondió. Se volvió hacia su asistente—. "Me gustaría agarrar a este tipo y tirarlo desde el techo".

El crecimiento del movimiento antibélico no podía ser detenido. Cuando comenzó el bombardeo de Vietnam del Norte en 1965, un centenar de personas se reunieron en Boston para protestar.

Pero el 1 de octubre de 1968, un día nacional de actividad contra la guerra, cien mil se presentaron en Boston, y cerca de dos millones de personas participaron en todo Estados Unidos.

Voces célebres, al igual que voces ordinarias, se levantaron contra la guerra. Arthur Miller, conocido dramaturgo, fue invitado a la Casa Blanca. Se negó a asistir. La cantante Eartha Kitt aceptó una invitación a la Casa Blanca y sorprendió a todos al hablar, frente a la esposa del presidente, en contra de la guerra. Un adolescente que había ganado un premio fue llamado a la Casa Blanca para aceptarlo. Asistió y criticó la guerra.

Incluso aquellos que estaban entre los cercanos al gobierno no podían más. Daniel Ellsberg, un antiguo soldado de la Marina estadounidense, había colaborado para escribir una historia ultra secreta de la guerra para el Departamento de Defensa. Él y un amigo decidieron hacerla pública. Filtraron los "Papeles del Pentágono" al *New York Times*, que publicó partes del documento.

En ese momento, el republicano Richard Nixon había reemplazado al demócrata Johnson como presidente. Nixon intentó que la Corte Suprema impidiera que el *Times* publicara los

Papeles del Pentágono. Fracasó. Entonces, la administración llevó a juicio a Ellsberg y su amigo. El juicio se detuvo cuando se hicieron públicos los actos injustos e ilegales de la propia administración de Nixon, durante un evento llamado el escándalo *Watergate*.

Para el otoño de 1973, las tropas de Vietnam del Norte se establecieron en áreas de Vietnam del Sur. La administración estadounidense no veía victoria alguna a la vista. Después de una última y brutal ola de bombardeos en el norte, Estados Unidos firmó un acuerdo de paz y retiró sus fuerzas. El gobierno de Vietnam del Sur aún recibía ayuda estadounidense, pero sin el ejército estadounidense no pudo detener una invasión de Vietnam del Norte. En 1975, el país se unió bajo el gobierno comunista de Ho Chi Minh.

Vietnam representó la primera derrota global del imperio estadounidense, formado después de la Segunda Guerra Mundial. Esa derrota provino de un ejército campesino revolucionario y de un sorprendente movimiento de protesta en casa. Sin embargo, la rebelión en casa se estaba extendiendo más allá del tema de la guerra en Vietnam.

"LOS TIEMPOS ESTÁN CAMBIANDO", CANTABA BOB Dylan en la década de 1960. Dylan compuso poderosas canciones de protesta. En "Masters of War" imaginó la muerte de los hombres que orquestaban guerras para beneficiarse de ellas. Pero Dylan también cantó canciones personales de libertad y llenas de expresión. Su música capturaba el estado de ánimo de la década de 1960, y principios de la de 1970, en los Estados Unidos.

Era una época de rebelión. El movimiento por los derechos civiles y el movimiento contra la Guerra de Vietnam eran parte de un movimiento más grande a favor del cambio. La gente perdió la fe en el *establishment*, formado por las grandes empresas, el gobierno, el sistema escolar. Cuestionaban aquello que habían aprendido.

Creían que tenían que ser libres de pensar por sí mismos, y experimentaron con nuevas formas de vivir, enseñar, trabajar y generar arte.

Nuevas e inesperadas corrientes comenzaron a fluir por la sociedad estadounidense, desplazándose por rutas sorprendentes. Dos de las mayores sorpresas vinieron de las mujeres y los indígenas.

Liberación femenina

PARA 1960, MÁS DE UNA TERCERA PARTE DE TODAS las mujeres mayores de dieciséis años tenía un trabajo asalariado fuera de sus hogares. Sin embargo, solo el 2 por ciento de las madres trabajadoras contaba con servicios de guardería para sus hijos, además de que las mujeres ganaban mucho menos que los hombres. La sociedad veía a las mujeres como esposas, madres, amas de casa. Muchos hombres veían a las mujeres como seres emocionales y poco prácticos, incapaces de llevar a cabo tareas difíciles.

Incluso dentro del movimiento por los derechos civiles, donde las mujeres desempeñaron un papel importante y se enfrentaron al peligro, algunas mujeres sabían que los hombres no las consideraban sus iguales. Ella Baker, que había trabajado a favor de los derechos civiles en Harlem, antes de ir al sur para ayudar a organizar protestas, dijo:

> Supe desde el principio que, como mujer, una mujer mayor en un grupo de delegados acostumbrados a ver a las mujeres como apoyo, no había lugar para que yo asumiera un papel de liderazgo.

Pero las mujeres resistían. En 1964, promotores de derechos civiles vivían en la organización Freedom House, en Mississippi. Las mujeres se declararon en huelga contra los hombres que suponían que ellas tenían que cocinar y hacer las camas, mientras ellos organizaban el movimiento.

Los tiempos estaban cambiando. La Organización Nacional para la Mujer se formó en 1966. Al año siguiente, organizaciones de mujeres convencieron al presidente Johnson de que declarara ilegal la discriminación contra la mujer en instalaciones federales.

En ese momento, mujeres del movimiento por los derechos civiles y el movimiento antibélico

UNA VICTORIA PARA LOS DERECHOS DE LOS ESTUDIANTES

EL VALEROSO ACTO DE PROTESTA DE UN PUÑADO DE jóvenes condujo a una batalla legal por el derecho a la libertad de expresión de los estudiantes durante el punto más intenso de la Guerra de Vietnam; era un momento de agitación en el país, no solo por el descontento hacia la guerra misma, sino por la lucha de los afroamericanos y sus aliados que buscaban obtener los derechos civiles garantizados a todos los estadounidenses en la Constitución y las leyes del Congreso.

La batalla comenzó en 1965 cuando un grupo de estudiantes en Des Moines, Iowa, compartían planes para protestar contra la guerra. Entre ellos se encontraban Bruce Clark, de diecisiete años, Christopher Eckhardt, de dieciséis, y cuatro miembros de la familia Tinker: John, de quince años, Mary Beth, de trece años, Hope, de once y Paul de ocho años. Los Tinker eran una familia de activistas. Su padre, que era ministro, había sido expulsado de su iglesia después de oponerse a las leyes que decían que "solo

los blancos" podían usar una piscina; y su madre los había llevado a protestas pacíficas contra la injusticia racial. John Tinker y Christopher Eckhardt habían viajado recientemente hasta la capital de la nación para unirse a una protesta contra la guerra.

Los Tinker y sus amigos decidieron usar brazaletes negros en la escuela para protestar contra la guerra. La escuela se enteró del plan y prohibió los brazaletes. Algunos de los jóvenes los usaron de todas formas. "Cuando hay gente muriendo, a mí sí me importa", dijo John Tinker más tarde. Pero la presidenta de la junta del distrito escolar, Ora Niffenegger, no estuvo de acuerdo y dijo: "Debemos tener ley y orden. Si no lo hacemos, todo es caos". John y Mary Beth Tinker y Christopher Eckhardt fueron suspendidos de la escuela por usar los brazaletes.

Con la ayuda de la Unión Americana de Libertades Civiles, los estudiantes suspendidos y sus familias exigieron al sistema escolar de Des Moines que protegiera el derecho a protestar como una forma de

expresión. El juez falló en su contra a favor del derecho de la escuela de prohibir los brazaletes.

John, Mary Beth y Chris apelaron, y cuando el fallo de la corte de apelaciones terminó en un empate 4-4, apelaron hasta la Corte Suprema de los Estados Unidos. Cuando la Corte Suprema emitió su veredicto el 24 de febrero de 1969, John ya era estudiante de primer año en la Universidad de Iowa. La Corte Suprema falló a favor de John, Mary Beth y Chris, por una mayoría de 7 a 2. ¡Los jóvenes habían ganado su caso! El fallo en el caso de *Tinker v. El Distrito Escolar Comunitario de Des Moines* significaba que los funcionarios escolares no podían impedir que los estudiantes expresaran sus ideas y opiniones solo por estar en desacuerdo. Aunque varios fallos posteriores de la Corte Suprema dieron a las escuelas el poder de limitar el discurso de estudiantes en ciertas circunstancias, el caso *Tinker* todavía protege la libertad de expresión hoy.

El juez de la Corte Suprema, Abe Fortas, redactó la opinión legal en el caso *Tinker*. Estas son algunas de las cosas que escribió en su dictamen, que, con apenas once páginas, resultaba breve para un caso que involucraba un derecho garantizado por la Constitución:

Los funcionarios escolares no poseen autoridad absoluta sobre sus estudiantes.

Los estudiantes dentro y fuera de la escuela son personas bajo nuestra Constitución.

[Ni] los estudiantes ni los maestros son despojados de su derecho constitucional a la libertad de expresión, al cruzar la puerta de la escuela.

Las escuelas operadas por el estado no pueden ser enclaves del totalitarismo.

[La educación funciona mejor cuando se practica con] un sólido intercambio de ideas que descubre la verdad a partir de múltiples opiniones, [en lugar de] cualquier tipo de selección autorizada.

Fuente: Johnson, John W. *La lucha por los derechos de los estudiantes: Tinker v. Des Moines y la década de 1960.* Lawrence, Kansas: Ediciones de la Universidad de Kansas, 1997.

WOMEN!
Change-SEEK-ACT...
Odyssey House
ERA YES
ODYSSEYHOUSE
"Walk in My Shoes"
Drug-Free
ERA YES
ERA YES
WOMEN

organizaban sus propias reuniones y tomaban medidas sobre los problemas que las afectaban. A principios de 1968, una reunión de mujeres contra la guerra en Washington, D.C. marchó hacia el Cementerio Nacional de Arlington, y declaró "el entierro de la feminidad tradicional". Ese mismo año, un grupo llamado Mujeres Radicales fue noticia cuando protestó en el concurso de Miss América y arrojaron sostenes, pestañas falsas y pelucas dentro de lo que llamaron la "canasta de basura por la libertad".

Con la esperanza de cambiar la Constitución de los EE. UU. para garantizar la plena igualdad de los sexos, muchas mujeres trabajaron para que los estados aprobaran una Enmienda de Igualdad de Derechos (ERA). Sin embargo, parecía claro que incluso si tenían éxito la ley por sí sola no sería suficiente para cambiar las ideas de las personas sobre el lugar de las mujeres en la sociedad. Shirley Chisholm, una congresista negra, dijo:

> La ley no puede hacerlo por nosotras. Debemos hacerlo nosotras mismas. Las mujeres en este país deben convertirse en revolucionarias. Debemos negarnos a aceptar los viejos roles y estereotipos tradicionales . . . Debemos

(izquierda)
La ex congresista de Nueva York, Bella Abzug (segunda desde la derecha) se une a manifestantes que celebran el 60° aniversario de la aprobación de la Decimonovena Enmienda de la Constitución de los Estados Unidos, 1980.

reemplazar los viejos pensamientos negativos sobre nuestra feminidad con pensamientos y acciones positivos . . .

El movimiento de las mujeres de la década de 1960 fue llamado Liberación de la Mujer o a veces feminismo. Su efecto más profundo puede haber sido lo que se llamó "concientización". Las mujeres leyeron o hablaron sobre temas que les afectaban. Esto las llevó a repensar viejos roles; a rechazar la idea de que las mujeres eran inferiores; y a sentir una nueva confianza y sentido de hermandad hacia otras.

Uno de los primeros y más influyentes libros del movimiento de mujeres fue *La mística femenina*, escrito por una mujer de clase media llamada Betty Friedan. La "mística" era la imagen de la sociedad sobre la mujer que encontraba completa satisfacción como madre y esposa, renunciando a sus propios sueños. Al tratar de alcanzar esa imagen, muchas mujeres se sentían vacías y perdidas. Friedan escribió: "La única forma en que una mujer, como un hombre, se encuentran a sí mismos, se conocen a sí mismos como personas, es mediante su propio trabajo creativo".

Las mujeres pobres tenían preocupaciones urgentes. Algunas de ellas querían eliminar el hambre, el sufrimiento y la desigualdad de inmediato. Johnnie Tillmon colaboró con otras madres que recibían asistencia social para formar la Organización Nacional de Derechos para el Bienestar. Querían que a las mujeres se les pagara por el trabajo que implica el cuidado del hogar y la crianza de los hijos, argumentando que: "Ninguna mujer puede ser libre hasta que todas las mujeres se pongan de pie". Tillmon lo explicaba así:

> El hecho de recibir asistencia social es como un accidente de tráfico. Le puede pasar a cualquiera, pero especialmente les pasa a las mujeres. Y por eso la asistencia social es un asunto de mujeres. Para muchas mujeres de clase media en este país, la Liberación de la Mujer es motivo de preocupación. Para las mujeres que reciben asistencia social, es una cuestión de supervivencia.

El control de la mujer en la sociedad no lo hacía el Estado. Al contrario, sucedía dentro de la familia. Los hombres controlaban a las mujeres, las mujeres a los niños y, a veces, se violentaban entre sí cuando las cosas no iban bien. Pero, ¿y si todo cambiara?

Si las mujeres se liberaran y los hombres y las mujeres comenzaban a entenderse, ¿se darían

cuenta de que ambos estaban siendo oprimidos por algo externo a ellos? Tal vez las familias y las relaciones se convertirían en focos de fuerza y rebelión contra un sistema aun mayor, y los hombres, mujeres, e incluso niños, trabajarían juntos para cambiar la sociedad.

Un levantamiento indígena

LOS INDÍGENAS FUERON ALGUNA VEZ LOS ÚNICOS habitantes de los Estados Unidos. Más tarde, los invasores blancos los hicieron retroceder. La última masacre de indígenas tuvo lugar en 1890, en Wounded Knee Creek, en Dakota del Sur. Al final, entre doscientos y trescientos hombres, mujeres y niños indígenas habían muerto.

Las tribus indígenas habían sido atacadas, golpeadas y sufrido hambruna. El gobierno federal los dividió poniéndolos en reservaciones donde vivían en la pobreza. Una ley de 1887 trató de convertir a los indígenas en pequeños granjeros al estilo estadounidense, dividiendo las reservaciones

(izquierda)
Fear Forgets encabeza a otros sioux en las ceremonias del "Día de la Liberación", en la isla de Alcatraz, 1970.

en parcelas de tierra de propiedad individual. Los especuladores de tierras blancos se apoderaron de la mayor parte de la tierra y las reservaciones continuaron, aunque los jóvenes indígenas a menudo las abandonaban.

Por un tiempo, parecía que los indígenas desaparecerían o se mezclarían con el resto de la sociedad. A principios del siglo XX, solo quedaban trescientos mil de ellos. Pero luego, como una planta que es abandonada para que muera pero que se niega a hacerlo, la población comenzó a crecer nuevamente. Para 1960 había ochocientos mil indígenas. La mitad de ellos vivía en reservaciones. La otra mitad vivía en ciudades y pueblos de todo el país.

A medida que tomaban forma los movimientos antibélicos y por los derechos civiles en la década de 1960, los indígenas estadounidenses también estaban pensando en cómo cambiar su situación. Empezaron a organizarse.

Los indígenas iniciaron acercamientos con el gobierno de los EE. UU. a causa de un tema vergonzoso: los tratados. El gobierno había firmado más de cuatrocientos tratados con los indígenas. Había ignorado todos y cada uno de ellos. Cuando

George Washington era presidente, el gobierno firmó un tratado con las tribus iroquesas de Nueva York que otorgaba ciertas propiedades a la nación Séneca. Pero a principios de la década de 1960, durante la presidencia de Kennedy, el gobierno ignoró ese tratado y construyó una represa en esta tierra, inundando la mayor parte de la reserva de los séneca.

Pero los indígenas de todas partes del país empezaban a resistir. En el estado de Washington, un antiguo tratado había despojado de sus tierras a los indígenas, pero les dejó derechos de pesca. A medida que crecía la población blanca, los blancos querían pescar sólo para su beneficio propio. Después de que los tribunales estatales cerraron las áreas con ríos a los indígenas, éstos realizaron "protestas de pesca". Fueron a parar a la cárcel con la esperanza de que sus protestas despertaran la atención del público.

Algunos pescadores eran veteranos de Vietnam. Uno de ellos era Sid Mills. En 1968, Mills fue arrestado en el río Nisqually. Dijo: "Soy un indígena yákima y cheroqui, y un hombre. Durante dos años y cuatro meses, fui soldado en el ejército de los Estados Unidos. Serví en combate en

Vietnam, hasta que quedé gravemente herido . . . Por la presente, renuncio a cualquier otra obligación de servicio o deber para con el Ejército de los Estados Unidos".

Un evento dramático en 1969 logró capturar gran parte de la atención y dirigirla hacia las demandas de los indígenas. Alcatraz era una isla y prisión federal abandonada, en la Bahía de San Francisco. Había sido un lugar odiado conocido como "La Roca". Una noche, setenta y ocho indígenas desembarcaron en Alcatraz y se apoderaron de ella.

Entre los líderes del grupo se encontraban Richard Oakes, un indígena mohawk que dirigía el departamento de estudios indígenas en la Universidad Estatal de San Francisco, y Grace Thorpe, indígena de la tribu sac y fox, hija de Jim Thorpe, célebre estrella del fútbol y atleta olímpico. Su plan era convertir la isla en un centro de estudios ambientales de los indígenas estadounidenses.

Otros indígenas vinieron a unirse. A fines de noviembre, había más de seiscientas personas de cincuenta tribus. El gobierno cortó los servicios de teléfono, electricidad y agua en la isla. Aunque muchos indígenas tuvieron que irse, otros insistieron en quedarse. Un año después seguían allí; fue cuando enviaron este mensaje:

> Aún mantenemos la Isla de Alcatraz en nombre de la Libertad, Justicia e Igualdad, porque ustedes, nuestros hermanos y hermanas de esta tierra, han brindado apoyo a nuestra justa causa.
>
> Hemos aprendido que la violencia solo engendra más violencia y, por lo tanto, hemos llevado a cabo nuestra ocupación de Alcatraz de manera pacífica, con la esperanza de que el gobierno de Estados Unidos también actúe en consecuencia . . .
>
> ¡Somos indígenas de todas las tribus! ¡Cuidemos La Roca!

Seis meses después, las fuerzas federales invadieron la isla y removieron a los indígenas. Se llevaron a cabo otras manifestaciones indígenas para protestar por la minería a cielo abierto en tierras navajo, en Nuevo México, y para reclamar tierras tomadas por el Servicio Forestal en California. Al mismo tiempo, los indígenas estaban haciendo algo contra la destrucción de su cultura. Un indígena de Oklahoma llamado Evan Haney recordaba que aunque la mitad de los niños de su escuela eran indígenas, "nada en la escuela . . . nos enseñaba sobre la cultura indígena. No había libros de historia indígena, ni siquiera en la biblioteca". Haney sabía que algo andaba mal. Encontró libros y comenzó a aprender su propia cultura.

A medida que surgieron más libros sobre la historia indígena, los maestros comenzaron a repensar la forma en que enseñaban el tema. Evitaron viejos estereotipos y buscaron nuevas fuentes de información para sus alumnos. Los estudiantes también se convirtieron en activistas.

Un estudiante de primaria llamado Raymond Miranda escribió al editor de uno de sus libros:

Estimado editor,

No me gusta su libro *El crucero de Cristóbal Colón*. No me gustó porque dice ciertas cosas sobre los indígenas que son falsas . . . Otra cosa que no me gustó fue que en la página 69, dice que Cristóbal Colón invitó a los indígenas a España, ¡pero lo que realmente pasó fue que los secuestró!

En marzo de 1973, los indígenas de América del Norte se declararon con fuerza sobre la Reserva Pine Ridge, en Dakota del Sur. Cientos de miembros del Movimiento Indígena Estadounidense ocuparon la aldea de Wounded Knee, lugar de la masacre de 1890. La ocupación fue un símbolo de su demanda por derechos y tierras indígenas.

En cuestión de horas, agentes federales, alguaciles y policías rodearon la ciudad. Comenzaron a disparar sus armas automáticas. Los manifestantes dentro de la ciudad estaban sitiados. Cuando los indígenas de Michigan enviaron una pequeña avioneta cargada de alimentos, las autoridades arrestaron al piloto y al médico que tripulaban la nave. Unas semanas después, otros aviones arrojaron víveres para los manifestantes. Cuando los indígenas corrieron a recoger lo enviado, un helicóptero federal les disparó. Una bala perdida mató a un hombre dentro de una iglesia.

Después de más tiroteos y muertes, los indígenas y las autoridades acordaron terminar con el asedio. Ciento veinte indígenas fueron arrestados. Pero resistieron setenta y un días, crearon una comunidad dentro de Wounded Knee y recibieron mensajes de apoyo de todo el mundo.

Activismo asiaticoestadounidense

OTRO GRUPO PARTE DE LA SOCIEDAD ESTADOUNIDENSE hizo oír su voz durante las tumultuosas décadas de 1960 y 1970. Las personas de ascendencia asiática se unieron movidas por un nuevo sentido de identidad compartida, para luchar en contra del racismo y la discriminación racial.

Por décadas, comunidades estadounidenses de origen chino, japonés, coreano, filipino y del sur de Asia, se habían organizado con el fin de apoyarse mutuamente y mejorar las condiciones de vida y laborales, con el objetivo de mejorar las relaciones entre los Estados Unidos y sus países de origen. En la década de 1960, cuando comenzaron a llegar nuevos grupos de inmigrantes de Vietnam y otros lugares del sudeste asiático, ese activismo tomó nuevas formas.

Un aspecto nuevo del movimiento fue que las personas de las diversas poblaciones, especialmente los estudiantes y jóvenes, se identificaron entre sí y trabajaron juntos usando la categoría de "asiaticoestadounidense". Ese término fue creado en 1968 por Yuji Ichioka, uno de los fundadores de la Alianza Política Asiática Americana (AAPA) en la Universidad de California, Berkeley. Él usó el término "asiaticoestadounidense" para reemplazar "orientales", término muy utilizado para definir a las personas de ascendencia asiática, el cual había llegado a ser visto como un insulto.

La AAPA reunió a miembros de todos los diferentes grupos descendientes de asiáticos en los Estados Unidos, incluidos inmigrantes y aquellos nacidos en el país. Aunque la AAPA dejó de existir en 1969, tuvo una fuerte influencia en los activistas antirracistas que vendrían después.

Otro aspecto del nuevo activismo asiaticoestadounidense fue la solidaridad con otros grupos oprimidos y con movimientos, como el movimiento por los derechos civiles; el movimiento contra la guerra de Vietnam y el movimiento de derechos laborales. Grupos como Asiáticos-estadounidenses en Acción, una organización de la Costa este que había sido fundada por mujeres de ascendencia japonesa, demostraba la influencia de los Black Panthers y el movimiento contra la guerra.

Asiáticos-estadounidenses por la Igualdad (AAFE), fundada en Nueva York en 1974, comenzó como una protesta de varios meses contra una compañía de construcción en Chinatown

que no quería contratar trabajadores asiaticoestadounidenses. Los manifestantes tomaron como
modelo para sus técnicas las utilizadas en otras
partes de la ciudad por comunidades negras y
latinas, y lograron que se contratara a varios trabajadores. La AAFE existe hoy y representa a una
variedad de comunidades de asiáticos e isleños del
Pacífico, en temas como vivienda y empleo.

La década de 1960 y los inicios de 1970 trajeron
consigo muchos cambios a la sociedad estadounidense, algunos grandes y otros pequeños pero
relevantes. La gente se sentía libre de ser ella
misma. Los gays y las lesbianas sentían menos
necesidad de ocultar la verdad sobre quiénes eran
y comenzaron a organizarse para luchar contra
la discriminación. Tanto hombres como mujeres
vestían de manera menos formal. Vestimenta
cómoda como los jeans se volvieron prendas nor-
males para jóvenes de ambos sexos. Estudiantes,
padres y profesores cuestionaban la educación tradicional que había enseñado a generaciones enteras valores como el patriotismo y la obediencia a la
autoridad, ignorando —o incluso faltando el respeto— a las mujeres y a personas no blancas. Las
personas discapacitadas se convirtieron en una

fuerza, al hacer campañas en pos de una legislación que les protegiera de la discriminación.

En esos años, como parte de lo que se conoció como una "revolución cultural", la gente se hizo más consciente de lo que estaba ocurriendo con el medio ambiente. En 1962, Rachel Carson publicó *Primavera silenciosa*, un libro que generó sorpresa entre la gente al enterarse de que los productos químicos usados en la tecnología moderna estaban envenenando el aire, el agua y la tierra. El libro se convirtió en un éxito de ventas y dio paso a un movimiento a favor del cuidado ambiental. En 1978, Lois Gibbs, una mujer cuyos hijos se habían enfermado en el barrio de Love Canal, Nueva York, y que veía sufrir a otras personas, se convirtió en líder de la lucha contra las corporaciones que ponían en peligro la vida de las personas, con tal de buscar el máximo de ventas.

¡Cientos de miles de personas se unieron a organizaciones como Sierra Club, Sociedad de la Naturaleza y La Tierra Primero! Durante el Día de la Tierra, en 1970, cien mil personas marcharon por la Quinta Avenida de Nueva York y los estudiantes de 1500 universidades y diez mil escuelas de todo el país demandaban la protección del ambiente. Poco después, el Congreso aprobó una serie de leyes: la Ley de Agua Limpia, la Ley de Aire Limpio y la Ley de Especies en Peligro de Extinción. También crearon la Agencia de Protección Ambiental (E.P.A). La aplicación de estas leyes no era prioridad para el gobierno, y durante la presidencia de Ronald Reagan se redujeron los fondos destinados a E.P.A. Sin embargo, el movimiento ecologista siguió adelante con sus campañas.

Mientras todos estos movimientos agitaban a la sociedad estadounidense, otro movimiento tomaba forma en los Estados Unidos en las décadas de 1960 y 1970. Los latinos, personas de ascendencia mexicana o latinoamericana, se sumaban a la era de las transformaciones.

CAPÍTULO VEINTE

LA EMERGENCIA LATINA

Ed Morales

LA LENGUA ESPAÑOLA Y LA INFLUENCIA DE LA colonización española están presentes a todo nuestro alrededor pero, por alguna razón, rara vez son reconocidos. Nombres de lugares como Los Ángeles, Colorado, Arizona y San Diego salen fácilmente de nuestros bocas, pero para la gran mayoría de las personas, sus significados originales son desconocidos o han sido olvidados. No se menciona a menudo que en 1565 un marinero español fundó St. Augustine, Florida, la ciudad europea más antigua de los Estados Unidos continentales. Aun menos se menciona a Juan Rodríguez, mestizo de la isla de La Española (conocida como Hispaniola en inglés, ahora dividida en dos naciones, Haití y República Dominicana), que llegó al puerto de

New Amsterdam en 1613. Fue pieza fundamental para los colonos holandeses que estaban allí, al ayudarlos a establecer contacto con los indígenas de la zona.

Los latinos siempre han estado presentes en los Estados Unidos, pero en la enseñanza de la historia, su papel a menudo se limita a los sucesos que los hicieron llegar al país. Dos de estos sucesos se analizaron anteriormente en este libro: la guerra con México a mediados del siglo XIX y la Guerra Hispanoamericana, a finales del mismo. El primer conflicto armado prácticamente duplicó el tamaño de los Estados Unidos, al agregar cinco nuevos territorios que hoy conforman lo que la mayoría de los estadounidenses consideran "el Oeste". El segundo conflicto le dio a Estados Unidos el control de los asuntos de Puerto Rico y, por un tiempo, de Cuba. Esto hubiera representado también el control estadounidense sobre las Filipinas, si el pueblo filipino no hubiera organizado una larga rebelión.

Las dos guerras fueron eventos importantes, tanto en la historia de los Estados Unidos como en la de los latinos. Igualmente lo fueron las olas de migración de México y América Latina que

(*izquierda*)
César Chávez, líder de la Asociación Nacional de Trabajadores Agrícolas (NFWA), en un mitin frente a un rancho, invita a los trabajadores a unirse a la lucha por mejores salarios y derechos laborales.

UN ESTUDIANTE CONTRAATACA A LA INJUSTICIA

CUANDO JESÚS COLÓN CURSABA LA ESCUELA PRIMARIA en Puerto Rico, en la década de 1910, dio inicio a una huelga contra su profesor de historia estadounidense . . . ¡y ganó! Colón asistía a la Escuela Primaria Central en el Viejo San Juan, en un edificio en la esquina de las calles San Francisco y Luna, que había sido un cuartel militar durante la ocupación española de la isla. Años después, Colón recordó cómo su maestro de octavo grado, "Sr. Whole, un tipo alto de Montana . . . con una sonrisa engañosa en el rostro", trató de obligar a su clase a pagar diez centavos por estudiante, para reemplazar un libro que uno de los estudiantes había reportado como perdido:

Esperamos hasta que todas las clases excepto la
nuestra estuvieran sentadas en sus aulas. Ningún
estudiante apareció en la clase del Sr. Whole.

*Observábamos cada movimiento. Desde la plaza
podíamos ver todo lo que pasaba adentro, por las
ventanas de la escuela. Vimos cuando el Sr. Whole,
cansado de esperarnos, entró a la oficina del director
de la escuela. Presenté el caso de manera muy concisa
en nombre del comité y de nuestra clase. Terminé diciendo que era injusto que Mr. Whole nos cobrara diez
centavos a cada uno por algo de lo que no creíamos ser
responsables. Terminamos argumentando muy enfáti-
camente que la clase se negaba a entrar hasta que el
Sr. Whole anulara la orden de diez centavos.*

Durante su infancia en el pequeño pueblo puertorriqueño de Cayey, Colón escuchaba la voz atronadora del "lector" que había sido contratado para leer
en voz alta novelas y periódicos a los trabajadores
tabacaleros, mientras trabajaban torciendo puros.
Uno de los legados que dejaron esos lectores fue que
los trabajadores y sus familias aprendieron a valorar

la lectura y la escritura. Este legado se extendió a lugares como Tampa y Nueva York, cuando los puertorriqueños se establecieron ahí. La voz del lector jugó un papel central en la decisión de Colón de dedicarse a las luchas del pueblo trabajador.

En 1918, a la edad de diecisiete años, Colón se embarcó de polizón en un barco llamado S.S. Carolina. Lo llevó de San Juan a Nueva York, donde vivió en el centro de Brooklyn. En su habitación en una casa de huéspedes, el adolescente Colón estaba rodeado de nuevas y extrañas luces eléctricas y el sonido estruendoso del metro. Para dar sentido al mundo, leía libros de literatura, especialmente poesía.

"El poema 'If', de Kipling, era *el* poema", escribió más tarde. "A los diecisiete, mi oración de la tarde y mi primer pensamiento de la mañana. Lo repetía todos los días con la resolución de vivir hasta el último verso de ese poema. Visitaba la oficina de empleo del gobierno en Jay Street. Las conversaciones entre los puertorriqueños sentados sobre los grandes bancos de madera de la oficina de empleo tocaban los asuntos de siempre: ¿cómo encontrar un lugar digno para vivir? ¿por qué no alquilarían a negros o puertorriqueños? ¿Por qué los negros y puertorriqueños eran los primeros en ser despedidos en el trabajo?".

Colón, quien se identificaba con orgullo como afropuertorriqueño, escribió para varias publicaciones. Una de ellas fue *Liberación*, un periódico que aparecía en Nueva York, y que se oponía a Francisco Franco, el dictador fascista de España. También escribió para el *Gráfico*, favorable hacia los trabajadores, editado por Bernard Vega, un trabajador del tabaco, y para *Pueblos Hispanos*, editado por la poeta Julia de Burgos. En su libro de 1961 *Un puertorriqueño en Nueva York y otros bocetos*, contó su vida y experiencias. Colón, quien murió en 1974 a la edad de setenta y tres años, es recordado como uno de los precursores del movimiento literario *nuyorican*.

habrían de suceder a principios y mediados del siglo XX. Pero después de terminada la Segunda Guerra Mundial, en 1945, por primera vez los latinos comenzaron a emerger como un grupo reconocible. Este surgimiento cobró fuerza como respuesta a las tumultuosas convulsiones sociales de las décadas de 1960 y 1970.

Los veteranos mexicoamericanos y puertorriqueños que regresaban después de la Segunda Guerra Mundial enfrentaron la misma discriminación que habían experimentado antes de irse. Al igual que los afroamericanos, que pronto lanzarían el movimiento por los derechos civiles, los latinos estaban indignados porque no había lugar para ellos en eso que se anunciaba como el "Sueño americano".

En esa época, los latinos alzaron sus voces contra la injusticia. En la década de 1960, los trabajadores agrícolas mexicoamericanos, encabezados por César Chávez, tomaron medidas en contra de las condiciones laborales injustas y opresivas. Se declararon en huelga y organizaron un boicot nacional contra las uvas de California, hasta que los trabajadores recibieran un mejor trato.

Las luchas de los latinos contra la pobreza y

la discriminación continuaron en las décadas de
1970 y 1980. Los mineros del cobre en Arizona,
en su mayoría latinos, se declararon en huelga
cuando la empresa propietaria de las minas
recortó sus salarios, prestaciones y otras protecciones laborales. Los mineros huelguistas fueron
atacados por policías estatales, gases lacrimógenos
y helicópteros, pero resistieron durante tres años.
Finalmente, la alianza entre gobierno y empresas
los derrotó poniendo fin a la huelga.

Pero también hubo victorias. Los trabajadores
agrícolas, conserjes y trabajadores de fábricas
latinos recibieron aumentos salariales y mejores
condiciones de trabajo por medio de huelgas. En
Nuevo México, los latinos lucharon contra agencias de bienes raíces para mantener la tierra en
la que habían vivido durante décadas y salieron
victoriosos. En esa época, el 12 por ciento de los
estadounidenses eran latinos, el mismo porcentaje
que los afroamericanos. La población latina seguiría creciendo y comenzaría a dejar su huella en la
música, el arte, el idioma y la cultura estadounidenses.

Los prejuicios raciales y la discriminación
contra los puertorriqueños y mexicoamericanos

continuaron en las décadas de 1950 y 1960, lo que provocó que muchos abandonaran sus intentos previos de asociarse a la "blancura", es decir, la cultura blanca. En cambio, comenzaron a verse a sí mismos como quienes eran: personas de color, incluidos muchos de origen mestizo, negro o indígena. Aprovechando la energía política de la década de 1960, los latinos se convirtieron en parte de un momento en el cual varios grupos marginados anhelaban la liberación nacional. Sus formas originales de participación política dieron lugar a nuevas identidades independientes. Los inmigrantes puertorriqueños de Nueva York se convirtieron en "nuyoricans", mientras que los mexicoamericanos en California y el suroeste adoptaron la etiqueta de "chicanos".

La década Nuyorican de 1970

AL VIVIR EN LUGARES HACINADOS, A MENUDO JUNTO a barrios afroamericanos, los inmigrantes puertorriqueños en Nueva York se sintieron atraídos por la negritud, por una forma de ser negro que había sido reprimida en su isla natal. También desarrollaron una nueva cultura híbrida que enfatizaba el bilingüismo mediante el uso del *spanglish*. El resultado fue una identidad bicultural que fusionaba lo puertorriqueño con una actitud neoyorquina. A esta nueva identidad la llamaron "nuyorican".

La nación nuyorican nació en la Segunda Iglesia Metodista en East Harlem, en la ciudad de Nueva York, justo después de la Navidad de 1969. Esto ocurrió durante el apogeo de la era de la contracultura estadounidense, justamente entre el asesinato de Martin Luther King Jr. y el tiroteo de la Guardia Nacional contra cuatro estudiantes que protestaban contra la Guerra de Vietnam, en la Universidad Estatal de Kent, en Ohio. Pedro Pietri, un extravagante poeta que hablaba con una claridad fuera de lo común, se plantó frente a una multitud de verdaderos nuyorican en una iglesia de la cual acababan de tomar posesión, como parte de un plan que buscaba transformarla en un centro de servicio comunitario. Pietri pasó algún tiempo como soldado de infantería en el ejército de Vietnam y la experiencia lo había politizado.

El cambio, pensaba él, debe realizarse a través de una acción política contundente.

La identificación de Pietri con la negritud resonó en muchos de sus colegas puertorriqueños. Está presente en los escritos de Piri Thomas, un escritor puertorriqueño-cubano que documentó sus experiencias en Nueva York en sus memorias de 1967, *Down These Mean Streets*. Su experiencia militar en Vietnam le dio a su poesía un tono lleno de ironía o sombríamente burlón. Había sido reclutado en el ejército a mediados de la década de 1960. Pronto se vio envuelto en la pesadilla de la política exterior estadounidense: la ambición militar que produjo la frase "tierra arrasada" como una forma de lidiar con la guerra de guerrillas. Aunque Pietri no era de los que se unen a una causa, estaba en la iglesia ese día de 1969, porque había oído rumores sobre una nueva organización activista que empezaba a ganar fuerza en East Harlem.

Los bancos de la iglesia no estaban llenos de feligreses sino de miembros y simpatizantes de los Young Lords, un grupo político de izquierda inspirado en los Black Panthers. Los Young Lords habían recibido su nombre de una pandilla callejera de Chicago, pero estaban dirigidos por un grupo de jóvenes latinos que estudiaban en las universidades locales. Uno de los Lords, Juan González, había trabajado con los Estudiantes por una Sociedad Democrática (SDS), durante una toma estudiantil de la Universidad de Columbia de Nueva York, en 1968. Otro, Felipe Luciano, era miembro original del grupo de proto-rap The Last Poets. Pero muchos de los que estaban dentro de la iglesia eran personas del barrio así como organizadores inmersos en una era que exigía un cambio social.

Irónicamente, la aparición de Pietri fue algo así como una reunión de viejos amigos. Los miembros de su familia asistían a la iglesia, cuya congregación, por lo general conservadora, había ignorado las repetidas solicitudes de los Young Lords para abrir la iglesia a sus programas comunitarios. Mientras Pietri leía ante una audiencia que deseaba la revolución, algunos llegaban a la conclusión de que era hora de que algo viejo muriera y de que algo nuevo naciera. Su poema llevaba por título "Obituario puertorriqueño". En él se hablaba de inmigrantes provenientes de la isla que habían vivido sufriendo a causa de trabajos mal pagados, solo para morir en la oscuridad.

Se rememoraban con dignidad los sacrificios de innumerables trabajadores, mientras encendía el deseo de los jóvenes latinos para cambiar el mundo en el que vivían sus padres.

Durante esa semana fría y nevada entre Navidad y Año Nuevo, los Young Lords tomaron el asunto en sus propias manos. Habían venido solicitando a la mesa directiva de la Segunda Iglesia Metodista espacio para un programa de desayuno para niños necesitados, pero su solicitud no era escuchada. Inspirados por los Black Panthers, cuyo carismático miembro Fred Hampton había sido asesinado apenas tres semanas antes, los Young Lords cerraron las puertas de la iglesia con clavos de seis pulgadas y se instalaron para una ocupación que duraría once días.

¿Quiénes eran los Young Lords?

LOS YOUNG LORDS PODRÍAN SER DESCRITOS COMO una agrupación de muchachos y adultos jóvenes de clase media baja, cuya conciencia política se vio

(*izquierda*)
Young Lords en conferencia de prensa. De izquierda a derecha, al frente: David Pérez, Ministro de Defensa; Felipe Luciano, Presidente de los Lords; Juan González, Ministro de Educación. En la sección de atrás, Pablo "Yoroba" Guzmán, Ministro de Información.

reforzada por la época en que vivieron. Tuvieron la oportunidad de asistir a escuelas secundarias públicas y escuelas parroquiales de calidad, lo cual les brindó una educación ligeramente mejor que la de muchos otros habitantes urbanos latinos, y esto también contribuyó a su conciencia política.

Felipe Luciano era un carismático líder de los Young Lords. Su piel de ébano, su gracia atlética y sus antecedentes como poeta lo convirtieron en el miembro del grupo con más probabilidades de ser citado por los medios. Su familia había llegado a Nueva York en 1925, su madre había nacido en la ciudad, y logró desarrollar lazos sociales y políticos con la comunidad afroamericana. Como otros muchos afrolatinos, Luciano se sentía confundido con la idea de volverse totalmente latino, porque esto parecía borrar sus raíces africanas. Encontró su rol político y cultural como uno de los miembros fundadores de la filial de Nueva York de los Young Lords.

Los Young Lords se reunieron en SUNY Old Westbury, una universidad estatal localizada en Long Island, en las afueras de Nueva York. Formaban parte de un grupo llamado Sociedad Albizu Campos, la cual se dedicaba a leer e investigar la identidad puertorriqueña y caribeña. Mickey Meléndez, un joven de voz suave que había asistido a la escuela católica y luego a SUNY Old Westbury, entabló amistad con Pablo Guzmán, cuyo dormitorio, según Meléndez, era *el lugar* para estar en el campus.

Meléndez y Guzmán reconocieron sus afinidades culturales: ambos eran parte cubanos y parte puertorriqueños, la familia era algo importante y se interesaban en todo, desde Otis Redding hasta el rock psicodélico. Pero en la conversación comenzaron a darse cuenta de que había grandes lagunas en su conocimiento de la historia de su propio pueblo. Tenían un conocimiento poco claro del estatus de Puerto Rico como posesión colonial de los Estados Unidos; de la masacre de Ponce de 1937, cuando la policía puertorriqueña, bajo control directo estadounidense, asesinó a tiros a diecinueve personas que protestaban a favor del nacionalismo puertorriqueño; así como del tiroteo de 1954 en la Cámara de Representantes de Estados Unidos, cuando cuatro nacionalistas puertorriqueños abrieron fuego e hirieron a cinco miembros del Congreso. Pero no entendían del todo cómo esto había llegado a constituir su historia.

Abriéndose camino entre las bibliotecas, saca-
ron periódicos y leyeron las crónicas sobre esos
eventos. Al hacerlo, desentrañaron una historia
que, sentían, les había sido negada deliberada-
mente. Meléndez, de tez más clara, y Guzmán,
que era negro, habían crecido sin tener su identidad definida. Ahora, en una época que habría de
conocerse como el inicio de la política de la identidad —la tendencia a distanciarse de los partidos
políticos, a medida que las personas entablaban
alianzas a partir de sus identidades compartidas—
los dos jóvenes llegaron a conocer su lugar en
Estados Unidos.

Además de Luciano, Meléndez y Guzmán, la
naciente filial de Nueva York de los Young Lords
incluía a Juan González, quien había ayudado
a organizar la huelga estudiantil en Columbia;
Richie Pérez, que enseñaba Estudios Sociales en la
escuela secundaria; e Iris Morales, una organiza-
dora de inquilinos de East Harlem.

Al hacerse cargo de la Segunda Iglesia Metodista
en diciembre de 1969, los Young Lords habían
elaborado una plataforma de trece puntos. Hecha
a partir de plataformas similares de grupos como
Estudiantes por una Sociedad Democrática (SDS)

y los Black Panthers, la suya era una declaración de ideales y de los objetivos que se habían propuesto para sí mismos y para la sociedad.

La declaración comenzaba con lo siguiente: "el Partido de los Young Lords es un partido político revolucionario que lucha por la liberación de todos los pueblos oprimidos". Su primera demanda era la autodeterminación, o autogobierno, para Puerto Rico —para la "liberación de la isla y dentro de los Estados Unidos"—. Los siguientes puntos pedían la autodeterminación de todos los latinos, la liberación de todas las personas y el estableci-miento de una sociedad socialista, descrita como una que ofrece "liberación, ropa, comida gratuita, educación, atención médica, transporte, empleo para todos y paz. Queremos una sociedad donde las necesidades de las personas sean lo primero y donde brindemos solidaridad y ayuda a las perso-nas del mundo, en lugar de opresión y racismo". La plataforma condenaba todas las formas de racismo con las siguientes palabras:

Los pueblos latinos, negros, indígenas y asiáticos dentro de EE. UU. son colonias que luchan por su liberación. Sabemos que Washington, Wall Street y el ayuntamiento intentarán convertir nuestro nacionalismo en racismo;

pero los puertorriqueños somos de todos los colores y nos oponemos al racismo. Millones de blancos pobres se están levantando para exigir libertad y tienen nuestro apoyo. Son ellos quienes son pisoteados en los EE. UU. por políticos y por el gobierno. Cada pueblo se organiza a su manera pero nuestras luchas son una sola en contra de la opresión y venceremos. ¡PODER A TODOS LOS PUEBLOS OPRIMIDOS!

Los líderes y miembros de los Young Lords estaban en su adolescencia y algunos apenas llegaban a los veinte años. A pesar de que pensaban cuidadosamente en sus posiciones políticas y sus planes, al igual que con sus vidas de jóvenes adultos, hacían malabares mientras su organización evolucionaba. Las mujeres en el núcleo del grupo se apresuraron a hacer suyo el lenguaje sobre los derechos de la mujer en el periódico del partido y en los talleres educativos. Criticaron severamente el machismo que caracteriza a la cultura tradicional latina. En uno de los ensayos que aparecieron en *Pa'lante* (Adelante), el periódico de los Young Lords, uno de los líderes varones, Richie Pérez, también escribió una fuerte crítica al machismo.

En la primavera y el verano de 1970, los Young Lords centraron su atención en dos problemas: la

falta de recursos para el tratamiento de la tuberculosis en los barrios pobres del Alto Manhattan
y el sur del Bronx, y las pésimas condiciones en el
Lincoln Hospital, que atendía a la comunidad al sur
del Bronx. Sus acciones incluyeron la toma de un
camión con pruebas de detección de tuberculosis,
con el fin de ponerlas al servicio de la gente en East
Harlem, además de organizar la ocupación por una
semana del Hospital Lincoln. Igualmente crearon
conciencia sobre los altos niveles de plomo tóxico
presentes en la pintura usada en los departamentos
del vecindario. Sus esfuerzos dieron como resultado innovaciones como la acupuntura para el tratamiento de la adicción a la heroína, y la primera ley
que requería pruebas para conocer los niveles de
plomo en la pintura de las viviendas.

Música para una nueva identidad

LOS YOUNG LORDS FORMABAN PARTE DE UN
movimiento político y cultural nuyorican que
operaba en tres esferas: la política, la música y la

poesía. Las tres esferas cumplían un objetivo, al mostrar el valor de la vida de los trabajadores de Nueva York. Si bien los Lords y otros grupos políticos se enfocaron en lo que estaba sucediendo en la sociedad en ese momento, —y el movimiento de poesía nuyorican descrito en la siguiente sección representaba la visión de un futuro bilingüe— la música afrocaribeña conocida como "salsa" era una mirada nostálgica a la antigua vida de los migrantes.

La salsa creó muchos héroes populares en la década de 1970. Entre ellos se encontraban no solo nuyoricans sino también inmigrantes recientes de países latinoamericanos como Cuba, República Dominicana, Venezuela, Colombia, Brasil y Argentina, así como afroamericanos e incluso angloamericanos. Figuras importantes incluyeron a Eddie Palmieri, Willie Colón, Johnny Pacheco, Celia Cruz, Rubén Blades, Héctor Lavoe y Ray Barretto. Clubes como *Cheetah* en Midtown Manhattan, y clubes más pequeños en East Harlem y South Bronx gestaron la naciente escena salsera. Los carteles en los muros de aquella época muestran eventos para recaudar fondos en los que se presentaban bandas locales de salsa como

(*izquierda*)
Pareja bailando en Central Park, verano de 1976.

Pete Rodríguez (donde tocó como artista invitado un joven Rubén Blades) que ofrecía conciertos a beneficio de los Young Lords. La política y el baile se mezclaban para crear un nuevo estilo de vida tropical y urbano.

En la década de 1950, las grandes bandas tocaban música cubana para el público en general. Después de que los revolucionarios cubanos de izquierda lograran tomar el poder de su país en 1958, la música cubana dejó de inundar las tiendas de discos de Nueva York. Las bandas se hicieron más pequeñas y Eddie Palmieri comenzó a experimentar con dos trombones al frente y al centro de la banda, creando un sonido que reflejaba Nueva York. Una de las primeras canciones de Mon Rivera, un músico puertorriqueño que vivía en Nueva York, presentaba al trombonista judío Barry Rogers, quien más tarde se convirtió en uno de los trombonistas principales de Palmieri. Los estridentes cuernos expresaban a la perfección el nuevo sonido de la salsa.

Este sonido, sin miedo e intransigente, llamó la atención de Willie Colon, que vivía en el Bronx. Empezó interpretando una música latina austera en los locales del sindicato del barrio, donde observó a un joven cantante puertorriqueño llamado Héctor Lavoe. Lavoe ayudó a Colón a recuperar su español; Colón le enseñó a Lavoe algo de inglés y juntos crearon un estilo de música mixto, a fines de la era del *bugaloo,* un estilo híbrido que se convertiría en salsa. Esta nueva música ayudó a unificar la música latina de Nueva York, al adaptarla a una población emergente de neoyorquinos bilingües que deseaban la última moda urbana, así como los lazos tradicionales con la patria caribeña.

El café de los poetas nuyorican

JUNTO CON LA POLÍTICA Y LA MÚSICA, LA TERCERA esfera del movimiento nuyorican era la poesía. El Nuyorican Poets Café (El café de los poetas nuyorican), nació en 1974 cuando Miguel Algarín, un puertorriqueño criado en Nueva York, trasladó los talleres de poesía semanales que organizaba en su sala a un antiguo bar irlandés en el Lower East Side. En su apogeo, el café se convirtió en un centro de actividad cultural tan popular que atrajo a algunos de los principales poetas y escritores del movimiento Beat, como Allen Ginsberg, William Burroughs y Gregory Corso. Albergó lecturas de legendarias figuras nuyorican, por ejemplo, Miguel Piñero, Lucky Cienfuegos y Sandra María Esteves.

Piñero había crecido en la pobreza en el Bronx, después de haber llegado a los Estados Unidos de Puerto Rico siendo apenas un niño. Su madre le leía poesía en español y le enseñaba a bailar. Se convirtió en un dramaturgo exitoso cuando Joseph Papp, el propietario y curador del Public Theatre en el Bajo Manhattan, accedió a presentar su obra *Short Eyes*, un drama descarnado basado en las experiencias de Piñero en prisión. La crudeza del trabajo de Piñero reflejaba no solo su vivencia en la cárcel, sino también el mundo en el que vivía.

Otra figura literaria importante fue Julia de Burgos. Muchos la consideran la poeta más célebre de Puerto Rico. Pero fue mucho más que eso. Fue una mujer cuya voluntad de seguir sus sueños y creencias políticas la convirtieron en un símbolo de valentía y libertad para los puertorriqueños en la isla y en los Estados Unidos.

Nacida en 1914 y criada en el pueblo de Carolina, en las afueras de la capital de San Juan, Burgos provenía de un entorno de clase trabajadora: su padre era agricultor en una pequeña parcela de tierra. Logró graduarse de la Universidad de Puerto Rico con un certificado de maestra, pero fue despedida de un programa que conducía en la radio pública a causa de sus ideas políticas.

Burgos finalmente se convirtió en miembro del Partido Nacionalista, el cual sostenía que Puerto Rico debería ser independiente de los Estados Unidos. Sus primeros poemas como "Rio Grande de Loiza", mostraban su conocimiento de la historia colonial de la isla, así como la difícil situación de los africanos que habían sido esclavizados. Pronto abandonaría su isla debido a las actitudes conservadoras derivadas de su divorcio y sus raíces africanas.

Julia tuvo que encontrar su propio camino, y lo hizo sin dudarlo. Se mudó a Cuba con un nuevo compañero, un médico de la República Dominicana, y cuando esa relación terminó se mudó a Nueva York. Allí se convirtió en editora del periódico progresista *Pueblos Hispanos*, donde colaboró con el activista y escritor Jesús Colón.

LA LUCHA PARA TERMINAR CON LA SEGREGACIÓN

EN EL OTOÑO DE 1943, LA TÍA DE SYLVIA MÉNDEZ —quien tenía ocho años— la llevó junto a sus hermanos y primos a inscribirse en la escuela primaria Seventeenth Street, en Westminster, California. Los funcionarios escolares le informaron a la tía de Sylvia que podría inscribir a sus hijos de piel más clara, pero que Sylvia y sus hermanos, de piel oscura, no. Como Sylvia recordaba más tarde: "Mi tía se molestó mucho e hizo lo de Rosa Parks: no me iré a ningún lado; ¡Si no aceptas a los hijos de mi hermano, sabrás de él!".

Esa noche, los padres de Sylvia, Gonzalo y Felicitas, se enteraron de lo sucedido. "Al principio, mi papá dijo que iría a hablar con ellos, que se trataba de un error", dijo Sylvia. Pero cuando la escuela dejó en claro que no había ningún error, la mamá de Sylvia habló. "Dijo, Gonzalo, tenemos el dinero, contrataremos a un abogado". La decisión de los

Méndez de demandar al distrito escolar condujo a un conocido caso judicial: "Méndez v. Westminster".

Con apenas diez años, Sylvia compartió su testimonio ante el juez. "Iba a la corte todos los días porque yo sería una de las personas que tendría que testificar", dijo. "Y me sentaba allí en el estrado todos los días y me hacían preguntas". Aunque Sylvia no estaba obligada a testificar en el juicio, asistió casi todos los días. De esta manera fue testigo de un momento clave en la historia estadounidense.

El caso fue decidido en un tribunal federal, que dictaminó en 1947 que obligar a los niños mexicoamericanos a asistir a "escuelas mexicanas" separadas era contrario a la Constitución. Como resultado, el caso Méndez finalmente condujo al fin de la segregación en las escuelas de California. Esa decisión se produjo antes del fallo de la Corte Suprema de Estados Unidos de 1954, en el caso Brown v. Board of Education, un hito en el movimiento por los derechos civiles, el cual declaraba que la segregación racial en todas las escuelas públicas de la nación era inconstitucional.

Aunque la corte de California se había pronunciado a favor de Sylvia y su familia, creció con el legado de discriminación racial y étnica. Según explicó: "Mis padres tenían dinero, eran dueños de un bar en Santa Ana, pero no podían simplemente comprar una casa donde desearan; podían comprarlas sólo donde se los permitían, porque en esa época existían estatutos que decían que las casas a la venta podían anunciar: 'No vender a mexicanos'. De manera que en el condado de Orange no se podía vender así nomás una casa a mexicanos; por eso, los mexicanos tenían que vivir en ciertas áreas".

También recordaba a sus padres vestidos de forma elegante para llevar a la familia a un restaurante local, solo para que la camarera les negara el servicio. "En la década de 1940, íbamos a las tiendas de almacén, y primero atendían a todos los blancos, antes de atender a los mexicanos", rememora Sylvia.

Pero la madre de Sylvia, quien llegó a los Estados Unidos de Puerto Rico, en 1928, nunca dejó de alentar a su hija a desarrollar sus talentos. "Me gradué del bachillerato y quería ser telefonista y mi mamá me dijo: 'Sylvia, no hemos luchado para que te hagas telefonista, tienes que ir a la universidad', y fue ahí a donde fui. Y me dijo: '¿qué tal una enfermera?' Y le respondí que no podía ser una enfermera y tomar clases de química y microbiología, a lo cual me respondió: '¡Por supuesto que puedes!'".

Después de trabajar como enfermera durante treinta años, Sylvia Méndez se dedicó a hablar sobre el movimiento contra la segregación. También apareció en el premiado documental *Méndez vs. Westminster: For All the Children/Para Todos los Niños*. En 2011 recibió la Medalla Presidencial de la Libertad, de manos del presidente Barack Obama.

Quizá debido a la tensión derivada de haber sido forzada a encontrar un hogar tan lejos de su isla natal, Burgos comenzó a sufrir enfermedades mentales y alcoholismo. En 1953 se desvaneció sobre una acera en East Harlem y finalmente murió de neumonía en el Hospital Flowers. Su legado poético nunca se borrará del corazón de los puertorriqueños migrantes en Nueva York, ni del pueblo de Puerto Rico. Un ejemplo es este poema:

Fragmento de "Yo misma fui mi ruta"

Yo quise ser como los hombres quisieron que yo fuese:

un intento de vida;

un juego al escondite con mi ser.

Pero yo estaba hecha de presentes,

y mis pies planos sobre la tierra promisora

no resistían caminar hacia atrás,

y segúian adelante, adelante,

burlando las cenizas para alcanzar el beso

de los senderos nuevos.

A principios de la década de 1970, los puertorriqueños de Nueva York se habían visto atrapados en un ciclo de pobreza en viviendas precarias y con falta de acceso a una educación de calidad, pero estaban aprendiendo a defenderse. "Loisaida", el rincón de habla hispana del Lower East Side de Manhattan, a la que el poeta Miguel Piñero llamaba su hogar, estaba en una situación particularmente desesperada. Una crisis financiera que golpeó a Nueva York a principios de la década de 1970 había obligado a la Administración de Vivienda y Desarrollo a adoptar una política de "reducción planificada". El gasto de la ciudad destinado a las estaciones de bomberos y escuelas públicas fue reducido drásticamente. Los que pudieron irse, se fueron. En la década de 1970, el Lower East Side perdió dos tercios de su población. El número de personas que vivían en las nueve cuadras de la ciudad delimitadas por las avenidas B y C y las calles Tercera y Doce se redujo de quince mil a cinco mil. Los edificios vacíos fueron demolidos dejando grandes extensiones de escombros que fueron pobladas por los que parecían ser sobrevivientes de una guerra nuclear.

El fundador del Nuyorican Poets Café, Miguel Algarín, había estado a cargo de organizar presentaciones y debates motivados por un nuevo sentido de pertenencia. Junto a Piñero, a quien promovía y educaba, escribía y leía poesía en la que el español e inglés se mezclaban; una negociación compleja entre culturas que se sentía tan natural como un plato caliente de arroz con pollo.

Algarín creció en una clase trabajadora pero sus padres insistían en que leyera tantos libros como pudiera. También lo llevaban a la ópera. Cuando vio una ópera sobre Otelo, el trágico héroe africano negro de Shakespeare, se identificó con la apariencia mora de Otelo y se interesó en Shakespeare. Si bien Algarín fue la figura central del Nuyorican Poets Café, también tenía un doctorado en literatura inglesa y enseñó Shakespeare en la Universidad de Rutgers. Algarín sobrevivió a Piñero, Pietri y muchos de los poetas fundadores originales del Nuyorican Poets Café. A pesar de haber sido diagnosticado como VIH positivo en la década de 1990, continuó enseñando, escribiendo y dando representaciones de poesía hasta su muerte en 2020.

Una nueva generación de líderes

DURANTE LAS DÉCADAS DE 1960 Y 1970, NUEVOS líderes surgieron de entre los puertorriqueños de Nueva York, quienes tomaron diferentes caminos para empoderar a su comunidad. Hubo quienes trabajaron para mejorar las condiciones de los latinos en el sistema educativo como un camino a una carrera profesional; como Antonia Pantoja, fundadora del grupo de defensa ASPIRA. Sus esfuerzos crearon defensores latinos como Angelo Falcón, el fundador del Instituto de Política Puertorriqueña, y una serie de líderes que harían sentir su presencia en los campos del derecho, la política y la educación superior. Pantoja fue también representante de la fuerza feminista.

Otra líder destacada, Evelina López Antoinetty, fundó Padres Unidos del Bronx, que se enfocaba en el "poder de los padres" y los programas educativos diseñados para crear una comunidad de personas conscientes de su "origen, herencia y responsabilidad con la comunidad". La forma en que Antoinetty se estableció en su comunidad, en el sur del Bronx, inspiró a otros grupos que ayudaron a estabilizar el área cuando ésta se vio asediada por las crisis económicas de las décadas de 1970 y 1980.

Antoinetty estableció un centro educativo llamado La Escuelita, que ancló a un núcleo de nuevos funcionarios electos, como Herman Badillo, José Serrano y el antiguo Young Lord, Richie

Pérez. Badillo, quien fue presidente del condado del Bronx y luego representante de los EE. UU., desempeñó un papel importante en los esfuerzos para establecer una agenda política nacional latina, aunque más adelante en su carrera se amargó después de una candidatura fallida a la alcaldía y abandonó el Partido Demócrata. Serrano también se desempeñó en el Congreso de los Estados Unidos, en representación de un distrito de mayoría latina en el sur del Bronx. Pérez pasó años abogando por los latinos, quienes a menudo son los más afectados por la violencia policial durante los arrestos.

Los chicanos buscan Aztlán

A MEDIADOS DE LA DÉCADA DE 1960, LOS JÓVENES mexicoamericanos comenzaron a romper con la filosofía de los anteriores grupos de defensa, como la Liga de Ciudadanos Latinoamericanos Unidos (LULAC). La estrategia de estos grupos consistía en pedir que los mexicoamericanos fueran

(*izquierda*)
Dos jóvenes chicanos en un mitin.

clasificados como "blancos" —como protección contra el racismo— pero parecía obsoleta, debido al racismo experimentado por los veteranos de la Segunda Guerra Mundial a su regreso. En muchas zonas, sobre todo en el oeste de los Estados Unidos, todavía se practicaba la segregación en instalaciones oficiales, como edificios gubernamentales y piscinas. Las empresas privadas, como restaurantes y hoteles, también podían excluir a mexicoamericanos.

El movimiento chicano obtuvo su nombre de uno de los pueblos originarios de México, los mexicas. Al identificarse con los pueblos indígenas, los chicanos quería subrayar el hecho de que, a causa de la guerra de 1848, una gran parte del territorio al oeste de los Estados Unidos había sido cedida por México, y que siglos antes, había sido conquistada por España. El movimiento chicano se inspiró en los pueblos que habían vivido allí antes de la llegada de los españoles. Una característica clave del "chicanismo" —los principios del movimiento— era la creencia en una patria ancestral llamada Aztlán. Esta visión unía la historia y el presente de los indígenas y mestizos mexicoamericanos.

Tres nuevos líderes, que representaban distintas causas, surgieron para crear el nuevo movimiento chicano, que alentaba a los mexicoamericanos a luchar por sus derechos y por una forma diferente de ser estadounidense. César Chávez fue líder de la Unión de Campesinos (UFW) en su lucha por los derechos, particularmente en el Valle Central de California. Reies López Tijerina lideró un movimiento para restaurar tierras en Nuevo México a los descendientes de propietarios españoles y mexicanos de terrenos, de quienes por mucho tiempo se había asumido que habían perdido sus derechos después de la guerra de 1848, debido a las prácticas desleales de colonos anglosajones. El ex boxeador Corky Gonzales, en Denver, Colorado, lideró un movimiento urbano de derechos civiles centrado en las causas de los mexicoamericanos.

Gonzales fue el autor del poema "I Am Joaquín" (Yo soy Joaquín), que capturó la esencia del movimiento chicano al extraer los muchos hilos de la identidad mexicoamericana. "Yo soy la espada y la llama de Cortés / el déspota / Y / Yo soy El Águila y La Serpiente / de la civilización azteca" (traducción de Juanita Domínguez), declamó insistiendo en la naturaleza de dos rostros del ser chicano, al vincular al conquistador español con la civilización indígena que éste derrocó. Gonzales leyó su poema durante una de las primeras reuniones importantes del movimiento chicano, una conferencia de jóvenes celebrada en Denver en 1969, donde se adoptaron muchos de sus principios centrales.

La conferencia, a la que asistió la futura Young Lord, Iris Morales, fusionó aspectos de la cultura, el nacionalismo y las ideas políticas. Allí Gonzales y otros activistas armaron una declaración llamada *El Plan Espiritual de Aztlán*. Al igual que las plataformas de Black Panthers y Young Lords, el Plan Espiritual articulaba las razones del chicanismo y sus objetivos.

Ampliando una idea que se convertiría en el centro del libro *América ocupada*, de 1971, del historiador mexicoamericano Rodolfo Acuña, los chicanos se veían a sí mismos como un pueblo colonizado al interior de las fronteras de los Estados Unidos. Su veneración por la legendaria patria de Aztlán era una forma tanto de enfocar ese sentido de colonización interna, como de encontrar una salida. El poeta Alurista (Alberto Urista) creía que la principal responsabilidad de los chicanos era con su pueblo y su destino de sobrevivencia como nación.

Para él, Aztlán representaba una ruptura tanto con el ideal estadounidense como con la antigua identidad mexicoamericana. Era un espacio poético y espiritual para crear una nueva visión de la humanidad chicana. "Nosotros los chicanos, habitantes y civilizadores de los territorios del Norte, de Aztlán", escribió en *El Plan Espiritual de Aztlán*, "reclamamos la tierra que nos vio nacer y consagramos al sol la determinación de nuestro pueblo; declaramos que el llamado de nuestra sangre es nuestro poder, nuestra responsabilidad y nuestro inevitable destino".

El movimiento chicano influyó en la creación de los Brown Berets, un grupo de autodefensa inspirado en los Young Lords y los Black Panthers. También inspiró el activismo de los jóvenes estudiantes de secundaria en Los Ángeles que demandaban mejores oportunidades educativas organizando una serie de huelgas, en 1969. Durante otra protesta por los derechos civiles en 1970, el periodista mexicoamericano, Rubén Salazar, fue asesinado por la policía, cuando ésta irrumpió en una taberna local donde los manifestantes buscaban refugio.

El movimiento perdió impulso a medida que avanzaba la década de 1970. Una posición política más conservadora se estableció entre los mexicoamericanos. De cualquier forma, permaneció un profundo legado de compromiso comunitario. Muchos de los murales que salpican las comunidades mexicoamericanas, desde Chicago hasta el suroeste y California, se inspiraron en el nacionalismo chicano y la fusión de la cultura con la política.

Moctesuma Esparza fue uno de los organizadores de la Moratoria Chicana de 1970, una protesta organizada en contra de la guerra de Vietnam. Más adelante, se convirtió en un exitoso productor de cine. Uno de sus proyectos fue *Walkout*, una película de 2006, producida por la compañía HBO, sobre las protestas de la escuela secundaria de Los Ángeles en 1969. Luis Valdez, fundador de El Teatro Campesino, una compañía de teatro que actuó durante las actividades de Unión de Campesinos de César Chávez, se convirtió en un prolífico dramaturgo. Su obra *Zoot Suit*, de 1979 se convirtió en la obra de temática latina más taquillera en Broadway desde *West Side Story* (1957), hasta que el musical de 2015 del nuyorican

Lin Manuel Miranda, *Hamilton*, batió récords con su elenco negro y latino volviendo a contar la historia de los padres fundadores de Estados Unidos.

Los movimientos de mujeres que se formaron al interior del chicanismo sentaron las bases para la obra de Gloria Anzaldúa. Originaria del Valle del Río Grande, en el sur de Texas, Anzaldúa fue maestra de escuela primaria y con el tiempo impartió talleres de escritura en varias universidades, incluyendo la Universidad de California en Santa Cruz y la Universidad Estatal de San Francisco. Creó, prácticamente sola, un campo importante en los estudios latinos a través de sus libros; el más conocido fue *Borderlands/La Frontera: The New Mestiza*. Los textos en ese libro describían la construcción de su identidad como "espacio intermedio". Poseedora de atributos no solo de su herencia española/mexicana sino también de su herencia indígena, Anzaldúa, que creía en el poder de la esencia cultural indígena, se comparó a sí misma con la serpiente azteca cuya verdadera forma nunca se ha podido identificar completamente. Tenía la intención de demostrar que la identidad chicana está basada en la resistencia de las mujeres indígenas.

Anzaldúa pensaba que el bilingüismo y las identidades dobles en personas como ella, a lo largo de la frontera entre Texas y México, eran similares a los de los latinos en los Estados Unidos. También poseía una perspectiva feminista muy fuerte y se identificaba abiertamente como lesbiana, desafiando incluso los mitos patriarcales aztecas centrados en figuras masculinas. Junto con otra figura clave del feminismo latino, Cherrie Moraga, editó un célebre volumen de ensayos llamado *Este puente llamado mi espalda*, el cual se convirtió en una especie de Biblia para las feministas de color. Fue una de las fuentes del concepto de "interseccionalidad", término acuñado por la académica de derecho, Kimberlé Crenshaw, para describir la manera en que categorías como raza y género están entrelazadas o se superponen entre sí.

Anzaldúa imaginaba una especie de espacio "intermedio" llamado *nepantla*, que podía ser utilizado por mujeres mexicoamericanas y personas queer, para vivir, pensar y crear fuera de los espacios dominantes de la vida estadounidense. Consideraba opresivo que se nos pida elegir un lado, o una posición por encima de otra, y que todos poseemos contradicciones y debemos abrazarlas.

El legado de la era de la liberación nacional

LOS MOVIMIENTOS DE LIBERACIÓN DE LA DÉCADA de 1970 buscaban empoderar a los latinos en los Estados Unidos. Grupos como los Young Lords y los Chicanos actuaron de forma conjunta, y a veces junto con otros grupos políticos y culturales, además de activistas de la educación, la vivienda y los sindicatos, algunos de los cuales han sido mencionados en este capítulo.

Los movimientos de liberación fueron víctimas de muchas situaciones. Fueron infiltrados y saboteados por agencias gubernamentales, incluido el FBI. La juventud y la falta de experiencia de muchos líderes generaron algunos problemas. Finalmente, la década de 1980, la era del presidente republicano conservador Ronald Reagan, fue testigo de una reacción violenta contra las políticas progresistas. Sin embargo, el período ha dejado como legado cientos de organizaciones sin fines de lucro, miles de abogados y legisladores latinos que encontraron ahí su fuente de inspiración; además de innumerables poetas, músicos y artistas de teatro. El movimiento poético de la palabra hablada (*spoken word movement*), que continúa siendo un fenómeno cultural a nivel nacional, tiene raíces directas en el Nuyorican

Poets Café. Organizaciones como UnidosUS (antes conocido como el Consejo Nacional de La Raza) continúa abogando por los latinos y los nuevos inmigrantes. Julián Castro, ex alcalde de su ciudad natal de San Antonio, Texas, y candidato presidencial demócrata en 2020, es hijo de una activista chicana. Si bien el mensaje del movimiento latino quizá no sea tan intenso como en el pasado, Castro expresa el deseo de elevar a su gente, desde tejanos hasta latinos de todas las tendencias en todos los Estados Unidos.

El surgimiento latino de las décadas de 1960 y 1970 fue parte de una oleada más amplia de agitación, protestas y transformación. Las mujeres, el movimiento antibélico, gays y lesbianas, negros, asiáticos e indígenas estadounidenses, también alzaron sus voces para demandar justicia e igualdad. Estados Unidos nunca había tenido más movimientos a favor del cambio en tan poco tiempo. Pero durante sus doscientos años de existencia, los grupos en el poder habían aprendido cómo controlar a la gente. A mediados de la década de 1970, esos grupos en el poder comenzaron a aplicar ese conocimiento.

"¿AL GOBIERNO LO DIRIGE UN PEQUEÑO GRUPO QUE sólo busca sus propios intereses?".

En 1972, un centro de investigación planteó esta pregunta a los estadounidenses. Más de la mitad de las personas encuestadas respondieron con un "Sí". Apenas ocho años antes, solo la cuarta parte había respondido afirmativamente. ¿Qué fue lo que sucedió?

A principios de la década de 1970, los Estados Unidos estaban cambiando. El sistema estaba fuera de control. La gente había perdido la confianza en el gobierno. Muchas personas tenían una percepción negativa sobre las grandes empresas.

La Guerra de Vietnam había provocado mucha desconfianza e ira. En ella perdieron la vida cincuenta y ocho mil estadounidenses, y la gente

descubrió que su gobierno le había mentido y había perpetrado terribles acciones. Los estadounidenses también perdieron la confianza en el sistema a causa de Watergate, una desgracia política que obligó a que un presidente de los Estados Unidos renunciara a su cargo por primera vez en la historia. Otros estaban profundamente preocupados por la forma en que Estados Unidos se comportaba con otras naciones del mundo.

Watergate

LA HISTORIA DE WATERGATE COMENZÓ EN LA CASA Blanca. El republicano Richard M. Nixon era presidente. Sus partidarios formaron el Comité para la Reelección del Presidente (CREEP), con el propósito de ayudarlo a ganar un segundo mandato en la Casa Blanca, cuando los votantes acudieran a las urnas en noviembre.

En junio de 1972, cinco ladrones fueron capturados en Washington, D.C. Habían entrado por

(*izquierda*)
Turistas leen titulares de periódicos frente a la Casa Blanca, 1974.

la fuerza en una oficina en los apartamentos de Watergate, que resultó ser la oficina principal del comité nacional del Partido Demócrata. La policía descubrió que los ladrones llevaban equipo para tomar fotografías e intervenir teléfonos. Uno de ellos era James McCord Jr., un funcionario de CREEP. Otro ladrón llevaba una libreta con direcciones; entre ellas, estaba el nombre E. Howard Hunt y daba como dirección la Casa Blanca. Resultó que Hunt trabajaba para el abogado de Nixon.

Los ladrones no solo estaban vinculados a funcionarios importantes en el comité de campaña de Nixon y su administración. También tenían vínculos con la Agencia Central de Inteligencia del país (CIA). La noticia de los arrestos y las conexiones de alto nivel de los ladrones llegaron al público antes de que alguien pudiera evitarlo.

Todos se preguntaban ¿tiene el presidente algo que ver con el robo? ¿Sabía de eso? Cinco días después de los arrestos, Nixon declaró ante los periodistas que "la Casa Blanca no había tenido participación alguna en este incidente en particular".

Pero a lo largo del año siguiente, una imagen diferente emergió. Uno tras otro, miembros del personal de la administración de Nixon comenzaron a hablar, a veces para protegerse de enfrentar cargos. Proveyeron de información a los tribunales, en las reuniones del comité del Senado que investigó el caso Watergate y a los periodistas. Revelaron las fechorías de John Mitchell, el Fiscal general, que se suponía era el abogado principal del gobierno de los Estados Unidos. Entre otros culpables estaban dos asistentes cercanos a Nixon, Robert Haldeman y John Ehrlichman. El propio Nixon estaba profundamente involucrado.

El robo de Watergate no fue el único delito de la administración de Nixon. Una larga lista de eventos salió a la luz. Aquí incluimos sólo algunos:

- El Fiscal general Mitchell había controlado un fondo secreto de millones de millones de dólares para usarlo contra el Partido Demócrata. Las medidas para dañar a los demócratas incluían falsificación de cartas, robo de archivos de campaña y filtración de noticias falsas a la prensa.
- Gulf Oil Corporation y otras grandes empresas estadounidenses habían donado millones de dólares en contribuciones ilegales a la campaña de Nixon.

- En septiembre de 1971, después de que el New York Times comenzara a publicar los Papeles del Pentágono, que detallaban las acciones estadounidenses en Vietnam, la administración se enfocó en Daniel Ellsberg, quien había entregado los Papeles del Pentágono al Times. Hunt y otro partidario de Nixon habían asaltado la oficina del psiquiatra de Ellsberg para buscar información que pudiera ser usada contra Ellsberg.

- Henry Kissinger, el secretario de Estado de Nixon, había infringido la ley al grabar las llamadas telefónicas de periodistas y funcionarios del gobierno. El material producto de este espionaje se guardó en una caja fuerte en la Casa Blanca.

- Nixon había recibido una deducción fiscal ilegal equivalente a más de medio millón de dólares.

La lista seguía y seguía. Entonces, mientras los errores de la administración salían a la luz pública, el vicepresidente, Spiro Agnew, se metió en problemas. Agnew fue acusado de aceptar sobornos a cambio de favores políticos. Renunció a su cargo como vicepresidente en octubre de 1973. Nixon eligió a un congresista republicano llamado Gerald Ford para reemplazarlo.

Pero muy pronto Nixon también caería. La Cámara de Representantes estaba lista para votar para decidir si lo acusaban o no de manera oficial por mala conducta. De ser así, Nixon enfrentaría un juicio en el Senado de los Estados Unidos. Si el Senado condenaba a Nixon, sería destituido de su cargo. Nixon sabía que la Cámara votaría a favor de un juicio político y que el Senado lo condenaría.

Nixon no esperó a ser acusado por la Cámara de Representantes. Renunció voluntariamente el 8 de agosto de 1974. "Nuestra larga pesadilla nacional ha terminado", declaró Gerald Ford, quien tomó el lugar de Nixon como presidente.

¿Cómo afectó al gobierno el escándalo Watergate y la renuncia del presidente? Un empresario dijo: "Lo que tendremos es el mismo juego con diferentes jugadores". Un asesor político llamado Theodore Sorensen comentó algo similar: "Todas las manzanas podridas deben tirarse. Pero hay que conservar el barril".

El barril —es decir, el sistema— se salvó. Con Ford como presidente, las grandes empresas y las corporaciones poderosas aún gozaban de una gran influencia en Washington. Con Nixon o Ford, o cualquier otro republicano o demócrata como presidente, el sistema funcionaría más o menos de la misma forma. El poder que tienen las corporaciones en la Casa Blanca es un hecho innegable en el sistema político estadounidense, y eso no cambió después de Watergate. Las empresas que habían hecho contribuciones ilegales a las campañas de Nixon recibieron un castigo muy leve: multas diminutas, mucho menores que los millones que habían donado.

Los Estados Unidos en el extranjero

MUCHOS SECRETOS SALIERON A LA LUZ PÚBLICA durante la investigación de Watergate. Uno de ellos tuvo que ver con Camboya, país del sudeste asiático y vecino de Vietnam. En los años de 1969 a 1970, Estados Unidos lanzó miles de bombas sobre Camboya. El bombardeo de Camboya fue parte de la Guerra de Vietnam pero se ocultó al público estadounidense e incluso al Congreso. Con esta revelación aumentaron las dudas entre la gente sobre la política exterior del gobierno.

La política exterior es la forma en que el gobierno de un país interactúa con otras naciones. Por mucho tiempo, la política exterior de Estados Unidos se centró en la lucha en Vietnam. Pero esa guerra se hizo poco popular para el pueblo estadounidense, y cuando terminó, algunos líderes gubernamentales y empresariales temían que el público no apoyara otras acciones militares en el extranjero.

Henry Kissinger tenía la misma preocupación. Él continuó sirviendo como secretario de Estado de los Estados Unidos bajo la presidencia de Ford. En abril de 1975, se suponía que daría un discurso en la Universidad de Michigan. Muchos estudiantes no estaban contentos con esto por el papel que tuvo Kissinger en la guerra de Vietnam. Protestaron tanto que decidió no presentarse. Era un mal momento para la administración. ¿Cómo podía el gobierno mejorar su imagen?

"Estados Unidos debe realizar algún acto, en algún lugar del mundo, que muestre su determinación para seguir siendo una potencia mundial", dijo Kissinger. Al mes siguiente, Estados Unidos aprovechó la oportunidad para hacer esa declaración de poder.

Un carguero estadounidense llamado *Mayagüez* navegaba cerca de la isla Tang. La isla es parte de Camboya, donde un gobierno revolucionario acababa de tomar el poder. Los camboyanos detuvieron el barco y llevaron a su tripulación al continente. La tripulación declaró más tarde que habían sido tratados con cortesía.

El presidente Ford envió un mensaje a Camboya para liberar el barco y la tripulación. Después de treinta y seis horas, los aviones estadounidenses comenzaron a bombardear barcos camboyanos, incluso el barco que transportaba a los marineros estadounidenses. De inmediato Camboya liberó a los estadounidenses, pero Ford ya había ordenado un ataque a la isla Tang, aunque sabía que no había soldados allí.

Cuarenta y un estadounidenses murieron en el ataque a la isla Tang. ¿Por qué la prisa por bombardear? ¿Y por qué Ford ordenó bombardear el territorio continental de Camboya, incluso después de que se recuperaron el *Mayagüez* y la tripulación?

¿La razón? Mostrarle al mundo que el gigante, Estados Unidos, derrotado por el pequeño Vietnam, todavía era poderoso. Muchos periodistas y reporteros de televisión calificaron la operación de

(*izquierda*)
Parte de un grupo de trabajo camboyano que intenta despejar la Ruta 7, al este de Skoun, observa mientras refuerzos aéreos estadounidenses bombardean posiciones comunistas cercanas, 1970.

Mayagüez como "exitosa" y "eficiente". Los grupos en el poder, al parecer, respaldaban la idea de que Estados Unidos mostrara su autoridad en todo el mundo. Esto era verdad tanto entre liberales y conservadores, como entre demócratas y republicanos.

En el caso de *Mayagüez*, el Congreso actuó tal como había actuado en los primeros años de la guerra de Vietnam: como un rebaño de ovejas. En 1973, molesto por Vietnam, el Congreso aprobó una ley llamada Ley de Poderes de Guerra. Esta ley decía que el presidente debe consultar con el Congreso antes de emprender una acción militar. Pero en el asunto de *Mayagüez*, Ford ignoró la ley. Sus asistentes convocaron a dieciocho miembros del Congreso para informarles sobre la acción militar. Sólo unos cuantos protestaron.

Watergate había hecho quedar mal tanto a la Agencia Central de Inteligencia (CIA) como a la Oficina Federal de Investigaciones (FBI). Esas agencias habían violado las leyes que habían jurado respetar y habían colaborado con Nixon en sus acciones ilegales. Cuando el Congreso estableció comités para estudiar a la CIA y el FBI, después de Watergate, más secretos sucios fueron encontrados.

La CIA había conspirado para asesinar a líderes de naciones extranjeras, como Fidel Castro en Cuba. Había introducido de contrabando una enfermedad que afectaba al ganado cubano, la cual destruyó medio millón de cerdos propiedad de los habitantes en la isla. La CIA también había intervenido para derrotar al gobierno de Chile. Ese gobierno era encabezado por Salvador Allende, un marxista elegido libremente por el pueblo de Chile, pero Estados Unidos no estaba de acuerdo con sus ideas políticas.

En cuanto al FBI, había pasado años tratando de disolver y destruir a los grupos radicales y de izquierda. Envió cartas falsificadas, abrió el correo ilegalmente y realizó más de noventa allanamientos de morada ilegales, en solo seis años. El FBI incluso parece haber participado en el asesinato de Fred Hampton, activista afroamericano miembro de las Panteras Negras.

Toda esta información llegó al público en informes de muchas páginas, difíciles de leer. Los reporteros de televisión no dijeron mucho al respecto, y los periódicos no ofrecieron una cobertura completa. ¡El Senado incluso permitió que la CIA revisara su informe *sobre la propia* CIA, en caso de que el informe tuviera información que la CIA no deseaba que la gente leyera! De modo que si bien las investigaciones daban la impresión de una sociedad honesta que buscaba resolver sus problemas, los medios de comunicación y el gobierno no hicieron nada para alentar una discusión pública y abierta de esos problemas.

Nixon deja la presidencia . . . El Congreso investiga las malas acciones de la CIA y el FBI . . . se suponía que estas cosas lograrían ganar nuevamente la confianza del pueblo estadounidense en su gobierno. ¿Pero funcionó?

Una encuesta en 1975 encontró que la confianza de la gente en el ejército, en los negocios y en el gobierno se había desplomado desde 1966. Solo el 13 por ciento de las personas reportó tener confianza en el presidente y el Congreso.

Quizá la falta de satisfacción de la gente tenía algo que ver con la economía. El desempleo aumentaba. La gente perdía sus empleos y, una vez desempleada, quedaba sin apoyo. Cada vez más estadounidenses se sentían peor acerca del futuro.

En el año 1976, con una elección presidencial en camino, la clase dirigente tenía preocupación por la poca confianza que la gente tenía en el sistema. Ese año también fue el bicentenario de la Declaración de Independencia. Se planeó una gran celebración. Los organizadores pensaban que eso traería de vuelta el patriotismo estadounidense, poniendo fin así al ambiente de protesta que se había desarrollado desde la década de 1960.

Pero no parecía existir gran entusiasmo por el Bicentenario. En Boston se planeó una celebración por el bicentenario del Motín del té. En cambio, una multitud se presentó a una "contra-celebración" no oficial, donde la gente arrojaba cajas al puerto de Boston sobre las que estaba escrito "Petróleo del Golfo" y "Exxon". Esas cajas eran símbolos del poder de las corporaciones en Estados Unidos. El ánimo de protesta no había desaparecido.

LA POLÍTICA DE
SIEMPRE

EN 1979, DIEZ MILLONES DE NIÑOS EN LOS ESTADOS
Unidos no podían ir al médico o recibir medica-
mentos cuando se enfermaban. Dieciocho millones de niños menores de diecisiete años nunca
habían ido al dentista.

Marian Wright Edelman subrayó estos hechos.
Era la directora del Fondo para la Defensa de los
Niños, y su trabajado consistía en mejorar la vida
de los niños estadounidenses, especialmente
aquellos que vivían en la pobreza. Su deseo era
que la gente supiera sobre las fallas en la red de
seguridad que, se suponía, debía proteger a los
niños; en parte debido a que el Congreso de los
Estados Unidos acababa de recortar 88 millones
de un programa de salud infantil.

Estados Unidos estaba sumido en serios

problemas. La guerra de Vietnam y el escándalo de Watergate habían hecho que mucha gente desconfiara del gobierno. Muchos también se preocupaban por el dinero: ¿tendrían suficiente para mantenerlos a ellos y a sus familias en el futuro? ¿se hundirían en la pobreza? El medio ambiente era otra preocupación, ya que la gente se dio cuenta de peligros como la contaminación del aire y el agua.

Solo por medio de cambios audaces en la estructura social y económica podrían resolverse estos problemas. Pero ningún político de los dos partidos principales, Republicano o Demócrata, proponía grandes cambios. Al contrario, ambos partidos se mantuvieron fieles a lo que el historiador Richard Hofstadter ha llamado "la tradición política estadounidense".

Dos partes importantes de esa tradición son el capitalismo y el nacionalismo. El sistema económico capitalista alienta el crecimiento de grandes fortunas además de una terrible pobreza. El nacionalismo, la creencia de que los intereses de los Estados Unidos siempre deben ser lo primero en todo el mundo, promueve la guerra y los preparativos para ella. Hacia finales del siglo XX, el poder del gobierno oscilaba entre demócratas y republicanos, pero ninguno de los partidos ofrecía una nueva visión sobre cómo podrían ser las cosas.

Un poco a la izquierda

JIMMY CARTER, DEMÓCRATA, FUE PRESIDENTE DE 1977 a 1980. Movió a Estados Unidos hacia la izquierda, hacia el liberalismo, pero solo un poco. A pesar de algunas concesiones hacia los negros y los pobres, y de hablar de derechos humanos en el resto del mundo, la presidencia de Carter se mantuvo dentro de los límites de la política estadounidense tradicional.

Carter nombró a Andrew Young —una persona negra que había trabajado en el movimiento de derechos civiles— embajador de Estados Unidos ante las Naciones Unidas. En las naciones negras de África, Young cultivó una buena disposición hacia los Estados Unidos. La administración Carter también instó a Sudáfrica, nación gobernada por

blancos, a que pusieran fin al *apartheid*, es decir un sistema de leyes que impedía que los negros obtuvieran igualdad económica o política.

La lucha negra contra el *apartheid* había sumido a Sudáfrica en el desorden. Si ese desorden se convertía en una guerra civil total, los intereses estadounidenses podían verse amenazados. Los sistemas de radar que eran producidos en Sudáfrica ayudaban a rastrear aviones y satélites de muchas naciones, y ese país era una fuente de importantes materias primas, especialmente diamantes, los cuales se utilizan tanto en la industria como en la joyería. Si Estados Unidos había tomado una posición contra el *apartheid* por ser algo moralmente incorrecto, también tenía razones prácticas para desear que Sudáfrica fuera estable y pacífica.

Durante la Guerra de Vietnam, Carter se presentó como amigo del movimiento antibélico. Pero Carter no se había opuesto a los bombardeos del presidente Nixon, y al terminar la guerra se negó a brindar ayuda para la reconstrucción de Vietnam. Como presidente, Carter continuó con el apoyo de Estados Unidos a los gobiernos opresores de Irán, Nicaragua, Filipinas e Indonesia.

(*izquierda*) Manifestantes protestan por los altos precios de alimentos. Nueva York, 1972.

Estos gobiernos permitían el uso de métodos brutales y antidemocráticos, como la tortura y el asesinato en masa, dirigidos contra disidentes políticos. Sin embargo, recibían ayuda estadounidense, incluida la ayuda militar.

Si el trabajo de Carter era restaurar la fe pública en el sistema, su mayor fracaso había sido no resolver los problemas económicos de la gente. Si bien el presupuesto militar siguió siendo enorme, el gobierno ahorró dinero de otras formas. El Departamento de Agricultura, por ejemplo, dijo que ahorraría veinticinco millones de dólares al año, si dejaba de dar segundas raciones de leche gratuitas a los estudiantes escolares necesitados.

El precio de los alimentos y otros bienes básicos aumentaban más rápido que los salarios de los trabajadores. Mucha gente ni siquiera tenía un salario. Entre la gente joven, especialmente jóvenes negros, entre el 20 a 30 por ciento no podía encontrar trabajo.

Riqueza y pobreza en Estados Unidos

EN 1980, CARTER PERDIÓ LA ELECCIÓN PRESIDENCIAL
contra el republicano Ronald Reagan. El débil liberalismo de los años de Carter se había ido. Después
de dos periodos como presidente, a Reagan le
seguiría otro republicano, George Bush.

Las administraciones de Reagan y Bush continuaron con planes políticos similares, que
incluían el recorte a los servicios sociales para
los pobres, la reducción de impuestos a los ricos
y el aumento al presupuesto militar. Las dos
administraciones también llenaron el sistema de
tribunales federales con jueces conservadores que
interpretarían la ley para favorecer los intereses
derechistas del *establishment*, o la clase dirigente.
Por ejemplo, la Corte Suprema, en el periodo
Reagan-Bush, reintrodujo la pena de muerte.
También sostuvo que los pobres podrían verse
obligados a pagar por la educación pública.

Durante los primeros cuatro años de Reagan
como presidente, el ejército estadounidense recibió más de mil millones de dólares. Reagan trató
de financiar esto recortando prestaciones sociales
para los pobres. Los costos humanos de estos
recortes fueron profundos. Más de un millón de

niños perdieron los almuerzos escolares gratuitos, a pesar de que para algunos de ellos esos almuerzos escolares representaban más de la mitad de su nutrición diaria. La Ayuda a Familias con Niños Dependientes (AFDC), un programa de asistencia social que daba dinero a madres solteras, también fue objeto de ataques. Muy pronto, una cuarta parte de los niños del país, doce millones de niños, vivían en la pobreza.

Una madre escribió a su periódico local:

Estoy inscrita en el programa de Ayuda para Familias con Niños Dependientes, y mis dos hijos están en la escuela . . .

Al parecer tenemos oficinas de empleo que no pueden emplear, gobiernos que no pueden gobernar y un sistema económico que no puede producir empleos para personas que están listas para trabajar . . .

La semana pasada vendí mi cama para pagar el seguro de mi auto, el cual, por la falta de transporte público, necesito para ir a buscar trabajo. Duermo sobre un trozo de gomaespuma que alguien me regaló.

Así que este es el gran Sueño Americano por el que mis padres vinieron a este país: trabaja duro, obtén una buena educación, sigue las reglas y serás rico. Mi deseo no es ser rica. Lo único que quiero es poder dar de comer a mis hijos y vivir de forma digna . . .

Por sus fuertes lazos con ricas corporaciones, ambos partidos políticos, Demócrata y Republicano, criticaban los programas de asistencia social. Pero ¿qué pensaba la opinión pública sobre ayudar a los más desafortunados?

Una encuesta hecha a principios de 1992 mostró que cuando se les preguntaba sobre los "programas de asistencia social", el 44 por ciento de las personas dijo que se gastaba demasiado dinero en ellos. Pero cuando se les preguntó acerca de la "ayuda a los pobres", solo el 13 por ciento pensó que se destinaba demasiado, y el 64 por ciento pensó que no se destinaba lo suficiente. Al parecer, los estadounidenses aún se sentían generosos con los necesitados, pero el término "programa de asistencia social" se había politizado, por lo que las respuestas de las personas dependían de cómo se redactara la pregunta.

Durante los años de Reagan, la brecha entre ricos y pobres en los Estados Unidos creció dramáticamente. En 1980, los altos funcionarios de las corporaciones ganaban cuarenta veces más que el salario del trabajador promedio de una fábrica. En 1989 ganaban noventa y tres veces más.

En los sectores más pobres de la sociedad, a

todos les estaba yendo peor que antes. Los negros, los latinos, las mujeres y los jóvenes sufrieron perjuicios económicos especialmente severos. A fines de la década de 1980, por lo menos un tercio de las familias afroamericanas se encontraba por debajo del nivel oficial de la pobreza. El desempleo entre los negros era mucho mayor que entre los blancos y su expectativa de vida era menor. Las victorias del movimiento por los derechos civiles hicieron posible que algunos afroamericanos avanzaran, pero otros quedaron muy atrás.

La Tormenta del Desierto

EL GIRO MÁS DRAMÁTICO EN ASUNTOS internacionales, desde el final de la Segunda Guerra Mundial, ocurrió a inicios de la presidencia de George Bush. En 1989 estallaron protestas contra la dictadura en la Unión Soviética y las naciones de Europa del Este controladas por la Unión Soviética.

Casi de la noche a la mañana los antiguos

gobiernos comunistas se derrumbaron. Nuevos gobiernos no comunistas se establecieron. El muro que había dividido a la Alemania Occidental de la Alemania del Este se derribó ante los vítores incontrolables de los ciudadanos. Lo más notable de todo es que estas cosas sucedieron sin necesidad de una guerra civil, en respuesta a la abrumadora demanda de la gente.

El repentino colapso de la Unión Soviética tomó a los líderes políticos estadounidenses desprevenidos. Se habían destinado varios miles de millones de dólares de los contribuyentes estadounidenses para financiar una enorme acumulación militar en todo el mundo, con el objetivo de defender a los Estados Unidos de la "amenaza soviética". Ahora la amenaza se había ido. Era una oportunidad para que Estados Unidos creara una nueva política exterior. Se podrían emplear cientos de miles de millones de dólares del presupuesto militar para pagar por proyectos útiles y beneficiosos.

Pero eso no fue lo que sucedió. Hubo una especie de pánico, porque los líderes se preguntaban qué hacer para mantener un aparato militar que había costado tantos millones de dólares, y durante tantos años. Como para demostrar que

todavía era necesaria una gigantesca fuerza militar, la administración Bush inició dos guerras en cuatro años.

La primera guerra fue en Panamá, en Centroamérica, donde el general Manuel Noriega gobernaba como dictador. Durante años, Estados Unidos había pasado por alto las actividades corruptas y brutales de Noriega, porque de muchas maneras estaba de acuerdo con la Agencia Central de Inteligencia de Estados Unidos. Pero una vez que Noriega fue reconocido abiertamente como narcotraficante, su utilidad terminó.

Estados Unidos invadió Panamá en diciembre de 1989, argumentando que quería a Noriega para juzgarlo por delitos vinculados a drogas. Las tropas estadounidenses capturaron rápidamente a Noriega, quien fue sometido a juicio y luego enviado a prisión en los Estados Unidos. Pero el bombardeo estadounidense de barrios panameños mató a cientos, quizás miles, de civiles y dejó a catorce mil personas sin hogar.

Si Panamá fue una guerra "pequeña", la segunda guerra de Bush fue masiva. En agosto de 1990, Irak, nación del Medio Oriente, invadió a su vecino más pequeño, Kuwait, rico en petróleo.

(*izquierda*)
Tropas estadounidenses estacionadas en Arabia Saudita durante la Guerra del Golfo, 1991.

El 30 de octubre, la administración Bush tomó la decisión secreta de declarar la guerra a Irak.

Al pueblo estadounidense se le dijo que la guerra era para liberar a Kuwait de los iraquíes y para evitar que Irak desarrollara una bomba nuclear. En realidad, las dos principales razones para la guerra eran hacer que los Estados Unidos pudieran tener injerencia en el control del petróleo de Oriente Medio, y aumentar las posibilidades de reelección de Bush, al demostrar que podía ganar una guerra en suelo extranjero.

Durante meses, el gobierno y los principales medios de comunicación aleccionaron al público sobre la amenaza de Saddam Hussein, el brutal dictador de Irak. Aun así, menos de la mitad del público estadounidense favorecía la idea de la guerra. Eso no impidió que la administración enviara medio millón de hombres al Golfo Pérsico, junto a Irak.

En enero de 1991, el Congreso autorizó a Bush a iniciar la guerra. Comenzaron los ataques aéreos contra las fuerzas iraquíes. Bush nombró a la guerra "Tormenta del Desierto". Las noticias sobre los combates estaban estrictamente controladas por el ejército y el gobierno. La gran noticia de la guerra era las "bombas inteligentes", armas guiadas por láser. Se suponía que estas bombas eran tan precisas que podían identificar objetivos militares y salvar vidas civiles.

El público estaba decepcionado con la "inteligencia" de estas bombas. Miles de civiles iraquíes, incluidos mujeres y niños, murieron en los bombardeos, especialmente después de que la fuerza aérea de los EE. UU. volvió a usar bombas ordinarias. Un testigo egipcio describió de esta manera el ataque a un hotel al sur de la capital iraquí de Bagdad: "Impactaron el hotel, lleno de familias, y luego regresaron para atacarlo de nuevo".

La guerra duró apenas seis semanas. Luego quedó claro que los bombardeos de Irak habían causado hambre, enfermedad y muerte a miles de niños. Y aunque el gobierno de Estados Unidos había pintado a Saddam Hussein como un grave peligro, en los meses previos a la guerra, al final de la guerra éste continuó en el poder. Al parecer, Estados Unidos había intentado debilitarlo pero no deshacerse de él. Hussein había sido útil en el pasado, al evitar que la nación vecina de Irán se volviera demasiado poderosa en la región, y podría volver a ser útil.

El presidente Bush y los principales medios aplaudieron la victoria de Estados Unidos en la Tormenta del Desierto. Afirmaron que el fantasma persistente de Vietnam y el amargo fracaso, habían sido finalmente enterrados. Estados Unidos había demostrado al resto del mundo lo que era capaz de hacer.

Pero June Jordan, una poeta negra de California, tenía una opinión diferente. Comparó la alegría de la victoria en la guerra con el efecto de una droga mortal y dijo: "Insisto que es como un sacudimiento, como el de la cocaína, y dura poco".

A PRINCIPIOS DE LA DÉCADA DE 1990, UN JOVEN activista llamado Keith McHenry fue arrestado en varias ocasiones. También lo habían sido otros cientos de personas más. ¿Cuál había sido su crimen? Proporcionar comida gratuita a gente pobre, sin contar con una licencia para ello.

McHenry y otros como él, eran parte de un programa llamado *Comida, no bombas.* Sus actos de valiente desafío ayudaron a mantener vivo el espíritu de resistencia, en un momento en que el poder de la riqueza corporativa y la autoridad gubernamental parecían abrumadores.

En la década de 1960, la oleada de protestas contra la segregación racial y contra la guerra se había convertido en una poderosa fuerza nacional. La resistencia a final de la década de 1970, 1980 y principios de 1990, fue distinta. Los activistas libraban una batalla cuesta arriba contra políticos indiferentes. Se esforzaban por poder llegar a sus compatriotas estadounidenses, aunque muchas personas veían pocas esperanzas en el voto o en la protesta.

La mayoría de los políticos ignoraron esta resistencia. Los principales medios de comunicación a menudo no la mencionaban. Pero miles de grupos locales trabajaban activamente en todo el país. Los activistas trabajaban a favor del medio ambiente, los derechos de la mujer, la vivienda para personas sin hogar y para poner fin al gasto militar.

¡No más armas nucleares!

EL MOVIMIENTO A FAVOR DEL DESARME NUCLEAR comenzó a fines de la década de 1970, cuando Jimmy Carter era presidente. Era pequeño pero aguerrido. Los activistas cristianos que habían protestado contra la guerra de Vietnam habían sido los pioneros del movimiento. Fueron arrestados por actos no violentos, pero con mucha resonancia, en la Casa Blanca y el Pentágono, el cuartel militar central del país. Pasaron por áreas prohibidas y derramaron su propia sangre sobre los símbolos de la máquina de guerra.

Más personas se sumaron al movimiento antinuclear en la década de 1980, como protesta contra el enorme presupuesto militar del presidente Ronald Reagan. Las mujeres tomaron un papel protagónico. Poco después de la elección de Reagan, dos mil mujeres se reunieron en Washington, D.C. Marcharon sobre el Pentágono y lo rodearon. Ciento cuarenta de ellas fueron arrestadas por bloquear la entrada.

Algunos médicos comenzaron a educar al público sobre los estragos a la salud que provocaría una guerra nuclear. Fundaron Médicos por la Responsabilidad Social. La líder del grupo, la Dra. Helen Caldicott, se convirtió en una de las portavoces más poderosas del movimiento.

Los científicos que habían trabajado en la bomba atómica sumaron sus voces al movimiento antinuclear. Justo antes de morir de cáncer, un científico instó a la gente a organizar "un movimiento de masas en favor de la paz, como nunca antes".

El 12 de junio de 1982 se llevó a cabo una reunión multitudinaria sin precedentes, en Central Park, en la ciudad de Nueva York. Cerca de un millón de personas se reunieron para demandar el fin de la carrera armamentista que tenía a los Estados Unidos y la Unión Soviética en una competencia de arsenales mortíferos. Fue la manifestación política más grande en la historia de Estados Unidos.

Problemas sociales

LA CARRERA ARMAMENTISTA NO FUE LO ÚNICO QUE provocó protestas. La gente reaccionó con enojo a los recortes de Reagan a los servicios sociales. En 1981, los habitantes de East Boston salieron a las calles para protestar por la desaparición de fondos gubernamentales para el pago de maestros, policías y bomberos en su comunidad. Durante cincuenta y cinco días bloquearon las principales calles en las horas pico. El *Boston Globe* informó que los manifestantes eran "en su mayoría personas de

(izquierda) Marian Wright Edelman, presidenta del Fondo para la Defensa de los Niños, 1985.

mediana edad, de clase media o trabajadora que dijeron que nunca antes habían protestado por nada". Dijo el jefe de policía de Boston: "Tal vez esta gente esté aprendiendo lecciones de las protestas de los años sesenta y setenta".

Mucha gente vio un vínculo entre la política militar de la nación y su fallido sistema de bienestar social. El dinero se invertía en las armas, en lugar de hacerlo en los niños. En 1983 Marian Wright Edelman, del Fondo para la Defensa de los Niños, pronunció un discurso ante una clase de estudiantes que se graduaban. Dijo:

> Se están graduando en una nación y un mundo al borde de la bancarrota moral y económica. Desde 1980, nuestro presidente y el Congreso han estado . . . dando buenas noticias a los ricos, a expensas de los pobres . . . Los niños son las principales víctimas.

En el sur no hubo un gran movimiento como el movimiento por los derechos civiles de la década de 1960. Aun así, cientos de grupos locales organizaron a los pobres, blancos y negros. En Carolina del Norte, una mujer llamada Linda Stout, cuyo padre había muerto a causa de venenos industriales, inició el Proyecto de Paz de Piedmont. Sus miembros eran cientos de trabajadores textiles, trabajadoras de limpieza y agricultores. Muchas de ellas eran mujeres de color de bajos ingresos que encontraron una voz a través del grupo.

La guerra y sus opositores

LA GUERRA DE VIETNAM HABÍA TERMINADO EN 1975. Sin embargo, en las décadas de 1980 y 1990 volvía a llamar la atención del público. Esto sucedía cuando alguien anunciaba un cambio en la forma de concebir la guerra.

Una persona cuyas ideas cambiaron por completo fue Charles Hutto, un soldado que había sido parte de la masacre en la aldea vietnamita de My Lai, donde las tropas estadounidenses dispararon contra cientos de mujeres y niños. Al hablar en retrospectiva, Hutto le dijo a un reportero:

> Tenía diecinueve años y siempre me habían dicho que hiciera lo que los adultos me pedían . . . Pero ahora les diré a mis hijos, si el gobierno los convoca, que vayan, que sirvan a su país, pero que usen su propio juicio . . . que se olviden de la autoridad . . . que usen su propia conciencia.

Ojalá alguien me hubiera dicho eso antes de ir a Vietnam.
No lo sabía. Ahora de hecho dudo que deba existir una
cosa llamada guerra . . . Porque trastorna la mente de una
persona.

Muchos estadounidenses pensaban que Vietnam había sido una terrible tragedia, una guerra que no debió haber sucedido. Después de esa dura lección, la gente no apoyaría automáticamente una nueva guerra solo porque las clases dirigentes así lo deseaban. Es por eso que el presidente George Bush lanzó la guerra aérea contra Irak en 1991 con una fuerza abrumadora. Su intención era que la guerra terminara antes de que pudiera formarse un movimiento nacional en su contra.

Pero la resistencia y la protesta comenzaron en los meses previos a la guerra. Seiscientos estudiantes marcharon por Missoula, Montana, gritando consignas contra la guerra. En Boston, un grupo llamado Veteranos por la Paz se unió al desfile anual del Día de los Veteranos. Los espectadores aplaudieron cuando pasaron con carteles que decían "No queremos otro Vietnam".

Mientras la guerra de Bush avanzaba, el veterano de Vietnam Ron Kovic, autor de *Nacido el cuatro de julio*, pronunció un discurso que fue transmitido

(*izquierda*)
Protesta contra la guerra del Golfo, 1991.

459

por doscientas estaciones de televisión. Kovic instó a los ciudadanos a "levantarse y hablar" en contra de la guerra. Dijo, "¿cuántos estadounidenses más que regresen a casa en sillas de ruedas, como yo, hacen falta para que aprendamos la lección?"

La noche que comenzó la guerra, cinco mil manifestantes se reunieron en San Francisco y formaron una cadena humana alrededor de un edificio federal. La policía rompió la cadena golpeando con garrotes las manos de los manifestantes. Al otro lado del país, en Boston, una niña de siete años también hizo oír su voz. Escribió una carta:

> Estimado presidente Bush: No me gusta la forma en que se está comportando. Si usted quisiera, no habría guerra, no tendríamos que hacer vigilias por la paz. Si usted estuviera en una guerra no desearía salir herido. Lo que quiero decirle es esto: no quiero que tengamos guerra.

Una vez que comenzó la lucha, y los mensajes patrióticos inundaron los medios de comunicación, la mayoría de los estadounidenses dijeron que apoyaban la guerra. Aun así, algunas personas se pronunciaron valientemente en contra.

En la década de 1960, Julian Bond había sido expulsado del puesto para el que fue elegido en la Legislatura de Georgia, por atreverse a criticar la guerra de Vietnam. En esa misma sala, la representante Cynthia McKinney pronunció un discurso atacando el bombardeo de Irak. Muchos de sus compañeros legisladores se retiraron, negándose a escuchar, pero ella se mantuvo firme.

Patricia Biggs era estudiante en la Universidad Estatal del Este de Oklahoma. Ella y otra joven se sentaron en silencio en la parte superior de la puerta de entrada de la escuela con carteles que decían: "Enseñen la paz . . . No la guerra" Biggs explicó:

> No creo que debamos estar en Irak. No creo que se trate de justicia y libertad, creo que es por la economía. Las grandes corporaciones petroleras tienen mucho que ver con lo qué está pasando allí . . . Estamos arriesgando la vida de las personas solo por dinero.

Nueve días después de iniciada la guerra, más de 150 000 personas marcharon por las calles de Washington, D.C., y se escucharon discursos contra la guerra. Una mujer de Oakland, California, levantó la bandera estadounidense doblada que había recibido cuando mataron a su esposo en Vietnam. Contó a la multitud: "aprendí por las malas que no hay gloria en una bandera doblada".

La guerra de Irak duró sólo seis semanas. Al terminar, la fiebre patriótica estaba alta. En una encuesta, solo el 17 por ciento de las personas dijo que, por su elevado costo, la guerra no había valido la pena. Pero cuatro meses después, el 30 por ciento pensaba que no había valido la pena. La guerra no le funcionó a Bush para ganarse el apoyo duradero de la gente. Se postuló para la reelección en 1992, después de que el espíritu de guerra se había disipado, y perdió.

Recordando a Colón

EL AÑO 1992 MARCÓ EL QUINTO CENTENARIO DE LA llegada de Cristóbal Colón al continente americano. Colón y los conquistadores que lo acompañaban eliminaron casi totalmente a los pueblos indígenas que habitaban en La Española. Más tarde, el gobierno de los Estados Unidos destruyó las tribus indígenas, en su marcha por América del Norte. A medida que se acercaba el quinto centenario, los indígenas sobrevivientes estaban decididos a dar su opinión.

En 1990, indígenas de todas las Américas se reunieron en Ecuador para organizarse en contra de las celebraciones que se estaban planeando para celebrar la conquista de Colón. Dos años más tarde, en el quinto centenario, otros estadounidenses se unieron a ellos para hablar en contra de Colón.

Por primera vez, en todos los años que Estados Unidos había celebrado el Día de Colón, hubo protestas a nivel nacional en contra de la idea de honrar a un hombre que había secuestrado, esclavizado y asesinado a los indígenas que lo habían recibido con regalos y fraternidad. En todo el país, la gente llevó a cabo eventos contra Colón.

La controversia de Colón provocó un estallido de actividades en universidades y escuelas. Los pensadores tradicionales, o *mainstream*, veían la historia estadounidense como el avance de la cultura europea en áreas salvajes. Estaban molestos por el movimiento que buscaba mirar la historia de otras maneras; de contar las historias de los indígenas que Colón había asesinado; de los negros a quienes se les había negado la libertad; y de las mujeres que habían tenido que luchar por la igualdad. Pero no pudieron detener la oleada de nuevas ideas.

Los maestros con consciencia social crearon libros y talleres para otros maestros. Alentaron a los educadores a compartir con sus alumnos las verdades sobre Colón que quedaban fuera de los libros de texto tradicionales. Una pequeña estudiante llamada Rebecca expresó lo siguiente a propósito de la enseñanza tradicional:

> Por supuesto, quienes escriben los libros probablemente pensarán que se trata de un asunto completamente inofensivo. ¿En verdad, qué importa quién descubrió América? . . . Pero la idea de que me hayan mentido toda la vida sobre esto, y quién sabe sobre qué otras cosas más, me enfurece.

Rebecca no era la única estadounidense enfurecida. Cuando Estados Unidos entró en la década de 1990, el sistema político estaba bajo el control de los muy ricos. Las corporaciones eran dueñas de los principales medios de comunicación. El país estaba dividido entre la extrema riqueza y la extrema pobreza, separados por una clase media preocupada e insegura. Sin embargo, una cultura de protesta y resistencia había logrado sobrevivir. Había personas que se negaban a renunciar a una visión de una sociedad más igualitaria, más humana. Si había esperanza para el futuro de Estados Unidos, estaba en ellos.

CADA AÑO UNA PERSONA RECIBE EL PREMIO NOBEL de la Paz por buscar una solución pacífica a uno de los problemas del mundo. En 1996 el premio lo recibieron dos hombres que trabajaban para encontrar un fin justo para la guerra en Timor Oriental, un país asiático que luchaba por independizarse de Indonesia.

Antes de recibir el premio, uno de esos hombres, José Ramos-Horta, habló en una iglesia en Brooklyn, Nueva York. Rememoró una visita a Estados Unidos casi veinte años antes:

En el verano de 1977, estaba aquí en Nueva York cuando recibí un mensaje diciéndome que una de mis hermanas, María, de veintiún años, había muerto en un bombardeo aéreo. El avión, llamado Bronco, había sido suministrado por los Estados Unidos . . . En cuestión de meses, llegó un informe sobre un hermano, Guy, de diecisiete años, asesinado junto con muchas otras personas en su aldea, por helicópteros Bell suministrados por los Estados Unidos. El mismo año, otro hermano, Nunu, fue capturado y ejecutado con un M-16, de fabricación estadounidense.

¿Por qué razón las armas estadounidenses estaban matando gente en Timor Oriental, un país al otro lado del mundo con el que Estados Unidos no estaba en guerra? Porque Estados Unidos le daba ayuda militar a Indonesia. A fines del siglo XX, Estados Unidos se convirtió en el principal proveedor mundial de armas para otras naciones. Al mismo tiempo, continuó construyendo su propia maquinaria militar.

El gasto militar le quitaba fondos a programas sociales. Dwight Eisenhower, quien fuera presidente a mediados del siglo XX, lo sabía. En uno de sus mejores momentos, Eisenhower dijo: "Cada arma que se fabrica, cada buque de guerra que es lanzado, cada cohete que es disparado, representa un robo a los que tienen hambre y no tienen alimentos, a los que tienen frío y no están vestidos".

En la década de 1990, durante los ocho años de presidencia de Bill Clinton, Estados Unidos siguió siendo un lugar donde las personas pasaban hambre y frío. Continuó siendo una nación donde la cuarta parte de los niños vivía en la pobreza y las personas sin hogar buscaban abrigo en algún rincón en las calles de sus principales ciudades. Los líderes del país no exploraban soluciones audaces para los problemas de salud, educación, cuidado infantil, desempleo, vivienda y medio ambiente.

Moviéndose hacia el centro

CLINTON ERA UN BRILLANTE JOVEN DEMÓCRATA en 1992, cuando los estadounidenses lo eligieron para su primer mandato como presidente. Prometió traer cambios al país y su presidencia comenzó con esa esperanza. Con su reelección en 1996, Clinton dijo: "necesitamos un nuevo gobierno para un nuevo siglo".

Pero tras ocho años en el cargo, Clinton no cumplió su promesa de cambio. Al contrario, continuó haciendo lo mismo, e incluso más, que los presidentes que le antecedieron.

Al igual que otros políticos, Clinton parecía más interesado en obtener votos que en generar un cambio social. Para ganar votos, decidió mover al Partido Demócrata hacia el centro —en otras palabras, hacer que el partido fuera menos liberal y más conservador, para que no se diferenciara demasiado del Partido Republicano—. Para lograr esto, hizo apenas lo suficiente para que negros, mujeres y trabajadores, que tradicionalmente habían sido demócratas, siguieran apoyándolo. Al mismo tiempo, trató de ganarse a los votantes conservadores blancos mostrándose a favor de recortes a la asistencia social y de un ejército fuerte.

Incluso antes de ser elegido, Clinton estaba ansioso por demostrar que asumía una posición estricta en cuestiones de "ley y orden". Como gobernador de Arkansas, voló de regreso a su estado natal para la ejecución de un hombre con retraso mental. Poco después de asumir la presidencia, Clinton aprobó que la Oficina Federal de Investigaciones (FBI) atacara a un grupo de extremistas religiosos que se habían encerrado con armas en un grupo de edificios en Waco, Texas. En lugar de esperar a que la crisis pudiera resolverse mediante negociaciones, el FBI atacó con rifles, tanques y gases lacrimógenos, matando al menos a ochenta y seis hombres, mujeres y niños.

En 1996, los republicanos y demócratas del Congreso votaron a favor de una nueva ley llamada "Ley del Crimen". Clinton apoyó el proyecto de ley que permitía que un mayor número de delitos se castigaran con la muerte. También separó 8000 millones del gasto federal para la construcción de nuevas prisiones. A lo largo de su presidencia, Clinton eligió jueces federales cuyo liberalismo era de tipo suave, cuyas decisiones eran, a menudo, como las de los jueces más conservadores.

Clinton no era diferente a otros en el poder, fueran demócratas o republicanos. Para mantenerse en el poder, dirigió el enojo del público hacia grupos que no podían defenderse; éstos podían ser delincuentes, inmigrantes, personas que reciben asistencia social o algunos gobiernos hostiles a los Estados Unidos, como Irak o la Cuba comunista. Al hacer que la gente dirigiera su atención hacia estas fuentes de posible peligro, los líderes políticos desviaron la atención de las fallas en el sistema estadounidense.

Opciones

ESTADOS UNIDOS ERA EL PAÍS MÁS RICO DEL MUNDO. Con solo el 5 por ciento de la población mundial, usaba, consumía o compraba el 30 por ciento de todo lo que se producía en el mundo. Pero solo una pequeña fracción de los estadounidenses se beneficiaba de la gran riqueza del país.

A partir de fines de la década de 1970, el uno por ciento más rico de la población del país vio crecer enormemente su riqueza. Los cambios en las leyes fiscales hicieron que para 1995, el uno por ciento más rico ganara más de mil millones de dólares, además de poseer el 40 por ciento de la riqueza del país. Entre 1982 y 1995, la riqueza de las cuatrocientas familias más ricas del país había saltado de 92 000 millones a 480 000 millones de dólares. En el mismo período, el costo de vida aumentó más rápido que el salario promedio de los trabajadores comunes. Las personas que ganaban un salario promedio podían comprar un 15 por ciento menos en 1995 que en 1982.

Si sólo observáramos a la parte más rica de la población estadounidense, diríamos que la economía gozaba de salud. Mientras tanto, cuarenta millones de personas no tenían seguro médico.

Los bebés y niños pequeños en los Estados
Unidos morían de enfermedades y desnutrición,
a un ritmo más alto que en cualquier otro país
industrializado. Los empleos no siempre eran la
respuesta. En 1998, un tercio de todos los trabajadores del país no ganaba lo suficiente para estar
por encima de los niveles oficiales de pobreza.
Muchas personas que trabajaban en fábricas,
tiendas o restaurantes no podían pagar por una
vivienda, la atención médica o incluso alimentos
suficientes.

Existían dos fuentes de dinero disponibles
para pagar por los programas sociales que com-
batían la pobreza, el desempleo y otros problemas nacionales.

La primera fuente era el presupuesto militar.
Un experto en gasto militar sugirió que reducir
gradualmente el presupuesto del ejército a sesenta
millones anuales cubriría las necesidades del país,
ahora que la Unión Soviética se había derrumbado
y la Guerra Fría había terminado.

Una notable disminución al presupuesto militar habría significado el cierre de las bases militares estadounidenses en todo el mundo. Habría
significado que la nación le daría la espalda a la

guerra. El deseo humano básico de las personas de vivir en paz, unos con otros, guiaría su política exterior. Esa fue una opción que no se tomó. El presupuesto militar siguió aumentando. Al final de la presidencia de Clinton, el gasto militar era de unos 300 000 millones de dólares al año.

La segunda fuente de dinero para los programas sociales era la riqueza de los súper ricos. Un "impuesto a la riqueza" podría haber agregado 100 000 millones al año a la tesorería de la nación. Clinton aumentó la tasa de impuestos en los súper ricos y en las corporaciones, pero muy ligeramente. Fue un paso lamentablemente pequeño en comparación con las necesidades de la nación.

Juntos, los recortes al presupuesto militar e impuestos más altos a los súper ricos podrían haberle dado al gobierno hasta 500 000 millones cada año para financiar cambios importantes. Este dinero podría haber financiado la atención médica para todos, además de programas para la creación de empleos. En lugar de otorgar contratos a empresas para construir bombarderos y submarinos nucleares, el gobierno podría haber otorgado contratos a agencias sin fines de lucro que contrataran personas para construir casas, limpiar ríos y construir sistemas de transporte público.

En cambio, las cosas siguieron como antes. Las ciudades seguían en mal estado. Los agricultores se vieron obligados a abandonar sus tierras por las deudas. Los jóvenes —sin trabajo ni esperanza— recurrieron a las drogas y el crimen. La respuesta del gobierno fue construir más prisiones y encarcelar a más personas. Al final de la era Clinton, Estados Unidos tenía más de dos millones de personas en prisión, uno de los porcentajes más altos en el mundo, a excepción quizá de la China comunista.

Visiones de cambio

CLINTON AFIRMABA QUE SUS DECISIONES SE basaban en la opinión del pueblo estadounidense. Pero las encuestas de opinión de las décadas de 1980 y 1990 mostraban que los estadounidenses estaban a favor de atención médica para todos. También favorecían el empleo garantizado, ayuda

gubernamental para los pobres y para la gente sin hogar y los recortes al presupuesto militar, además de impuestos a los ricos. Ni los republicanos ni los demócratas estaban dispuestos a tomar estos audaces pasos.

¿Qué ocurriría si el pueblo estadounidense actuara siguiendo los sentimientos recogidos por esas encuestas? ¿Qué ocurriría si los ciudadanos se organizaran para demandar lo que prometía la Declaración de Independencia: un gobierno que protegiera el derecho de todos a la vida, la libertad, y la búsqueda de la felicidad? Esto requeriría un sistema económico que distribuyera la riqueza de una manera justa y humana. Representaría una cultura en la que a los jóvenes no se les inculque la búsqueda del éxito como máscara para la codicia.

En los años de Clinton, muchos estadounidenses se manifestaron en contra de la política del gobierno. Exigían una sociedad más justa y pacífica. Sin embargo, no recibieron mucha atención en los medios. Incluso una concentración de medio millón de niños y adultos, de todos los colores, que se había dado cita en la capital del país con el fin de "Apoyar a los niños", fue en su mayor parte ignorada por la televisión y los periódicos. Aún así, los

(izquierda) La policía se enfrenta a los manifestantes anti-OMC, 1999.

activistas por la paz, los derechos de las mujeres y la igualdad racial siguieron con su lucha y se apuntaron algunas victorias.

El movimiento obrero también seguía vivo. Una protesta en la Universidad de Harvard, en Massachusetts, demostró cómo diferentes grupos pueden trabajar juntos para alcanzar una meta.

Muchos conserjes de Harvard, y otros trabajadores del campus, no ganaban lo suficiente para mantener a sus familias. Algunos tenían que trabajar en dos empleos, cerca de ochenta horas por semana. Así que los estudiantes se organizaron para exigir que a los trabajadores se les pagara un "salario digno".

Los estudiantes organizaron una manifestación para sumar apoyo a su causa. Participaron concejales locales y líderes sindicales. Dos jóvenes estrellas de cine, Matt Damon y Ben Affleck, también se presentaron para hablar a favor de un salario digno. Damon había asistido a Harvard antes de ir a Hollywood. Affleck contó cómo su padre había trabajado en un puesto de servicio mal pagado en Harvard.

Cuando los administradores de la universidad se negaron a hablar con los trabajadores del campus, los estudiantes ocuparon un edificio administrativo y permanecieron en él durante varias semanas con el apoyo de cientos de personas y donaciones de todo el país. Finalmente, la universidad accedió a aumentar el salario de los trabajadores y otorgarles beneficios de salud. Muy pronto, estudiantes y trabajadores estaban organizando movimientos a favor de un salario digno en otras escuelas.

En 1999 tuvo lugar una gran concentración de manifestantes en Seattle, Washington. Querían demostrarle a la gente de Estados Unidos y del mundo entero las formas en que el poder de las gigantes corporaciones multinacionales controlaba la vida de la gente común.

La Organización Mundial del Comercio (OMC) estaba a punto de reunirse en Seattle. Los representantes empresariales y de los países más ricos y poderosos del mundo se habían dado cita allí con el fin de hacer planes para mantener su riqueza y poder. Su objetivo era llevar los principios del capitalismo a todos los rincones del mundo, a través de acuerdos de libre comercio entre naciones.

Los manifestantes afirmaron que los acuerdos de libre comercio permitirían a las corporaciones ir por el mundo en busca de mano de obra barata, y establecerse en lugares donde pudieran operar sin leyes ambientales estrictas. Los temas del libre comercio son complicados pero los manifestantes hicieron una pregunta simple: ¿deben sacrificarse la salud y la libertad de la gente común de todo el mundo, sólo para que las corporaciones puedan obtener ganancias?

Decenas de miles de manifestantes se presentaron para marchar, pronunciar discursos y portar pancartas. Eran sindicalistas, activistas a favor de los derechos de la mujer, agricultores, ambientalistas, consumidores, grupos religiosos y otros más. Los medios de comunicación enfocaron su atención en el reducido número de manifestantes que rompieron ventanas, pero la gran mayoría de los manifestantes actuaron de forma pacífica.

Cientos de personas fueron encarceladas pero las protestas continuaron. La noticia dio la vuelta al mundo. Las pláticas de la OMC se vinieron abajo demostrando que los ciudadanos organizados pueden desafiar a las corporaciones más poderosas del mundo. Mike Brannan, que escribía para un periódico sindical, capturó el estado de ánimo de los manifestantes:

El tipo de solidaridad con el que todos soñábamos estaba en el aire, mientras la gente cantaba, coreaba, tocaba música y se enfrentaba a la policía y a la OMC. La gente era dueña de las calles ese día y fue una lección tanto para nosotros como para las empresas estadounidenses.

Los manifestantes comenzaron a aparecer dondequiera que se llevaran a cabo reuniones de ricos y poderosos. Las grandes organizaciones internacionales como el Banco Mundial y el Fondo Monetario Internacional no podían ignorar el movimiento. Empezaron a hablar de su preocupación por el medio ambiente y por las condiciones de trabajo. ¿Conduciría esto a un cambio real? Era demasiado pronto para saberlo, pero al menos las voces de protesta se habían hecho presentes.

"NO CREO QUE SE PREOCUPEN POR GENTE COMO nosotros", dijo la mujer. Era cajera en una gasolinera. Su marido era obrero de la construcción. Agregó: "Tal vez si ellos, como nosotros, vivieran en una casa móvil de dos habitaciones sería diferente".

¿De quién hablaba? Hablaba de los dos candidatos a la presidencia, en 2000. El candidato republicano era George W. Bush, hijo del hombre que había sido presidente antes que Bill Clinton. El candidato demócrata era Al Gore, quien había sido vicepresidente durante ocho años.

Esa cajera no era la única persona que pensaba que ninguno de los dos candidatos realmente se preocupaba por gente como ella. Muchos pensaban lo mismo. Una mujer afroamericana que administraba un McDonald's, cuyo salario apenas estaba por encima del salario mínimo, dijo: "Ni siquiera les presto atención a esos dos, y todos mis amigos dicen lo mismo. Mi vida no cambiará".

Cerca de la mitad de los votantes del país ni siquiera se presentó a las urnas el día de las elecciones del año 2000. Muchos no veían ninguna diferencia real entre los candidatos. No tenían forma de saber que el candidato que se convertiría en presidente pronto tendría que lidiar con una crisis nacional: un ataque terrorista en los Estados Unidos que daría inicio a un nuevo ciclo de guerras.

Una elección reñida

BUSH, EL CANDIDATO REPUBLICANO, ERA CONOCIDO por sus estrechos vínculos con la industria petrolera. Sin embargo, ambos candidatos contaban con el apoyo de las grandes empresas. Bush y Gore también tenían otras cosas en común.

Ambos candidatos favorecían un ejército fuerte y la continuación del uso de minas terrestres (a pesar de que otras naciones del mundo habían prohibido estos artefactos mortales capaces de matar o herir a civiles muchos años después de terminada la guerra). Ambos apoyaban la pena de muerte y el crecimiento de las prisiones. Ninguno tenía un plan para la atención médica nacional gratuita, ni para un aumento en la construcción de viviendas a bajo costo, ni para un cambio sustancial en los controles ambientales.

Había un tercer candidato. Su nombre era Ralph Nader, y era conocido a nivel nacional como un crítico de la forma en que las grandes corporaciones controlaban la economía estadounidense. El plan de Nader para la nación se centraba en la atención de la salud, la educación y el medio ambiente. Pero Nader quedó fuera de los debates entre candidatos presidenciales que fueron transmitidos por la televisión nacional. Sin el apoyo de las grandes empresas, tuvo que recaudar dinero de las pequeñas contribuciones de las personas que creían en su programa.

Cuando llegó el día de las elecciones, ésta resultó ser la elección más extraña en la historia de Estados Unidos. Gore recibió cientos de miles de votos más que Bush. Sin embargo, de acuerdo con la Constitución, los presidentes no son elegidos por el voto directo del pueblo, a veces llamado voto popular. En lugar de esto, cada estado tiene un número específico de electores. Los votos de los electores determinan quién se convierte en presidente.

En dos ocasiones en la historia de Estados Unidos, en 1876 y 1888, se eligió a un presidente que no había sido elegido por la mayoría de los votantes. Eso es porque los votos de los votantes no siempre coinciden con el voto popular. Por ejemplo, si el 45 por ciento de los votantes de un estado votaron por el candidato A, y el 55 por ciento votaron por el candidato B, es posible que los votos electorales no se dividan entre los dos candidatos. El candidato B podría obtener todos los votos electorales.

Así es como funcionan las cosas en el estado de Florida, y eso fue lo que provocó una discusión acalorada sobre las elecciones presidenciales del 2000. En todo el país, la votación electoral entre Gore y Bush fue extremadamente reñida. Estaba tan cerrada, que los votos electorales de Florida decidirían la elección.

Pero no quedaba claro si Gore o Bush había recibido más votos en Florida. Al parecer, muchos votos no habían sido contados, sobre todo en distritos con un gran número de votantes negros. Además, las papeletas habían sido descalificadas por motivos técnicos; y las marcas hechas en las papeletas por las máquinas de votación no eran claras.

En resumen, el voto popular de Florida estaba en duda. El voto electoral de Florida pendía de un hilo, al igual que la presidencia. Pero Bush, el candidato republicano, tenía ventaja. Su hermano era gobernador de Florida y la secretaria de estado de Florida, Katherine Harris, también era republicana. Su trabajo le dio el poder de certificar, o declarar oficialmente, quién tenía más votos. Se apresuró a contar algunas de las papeletas y anunció que Bush había ganado la votación en Florida. Esto convirtió a Bush en el nuevo presidente.

Los demócratas apelaron a la Corte Suprema de Florida. El tribunal, dominado por demócratas, ordenó a Harris que no certificara un ganador hasta que se completara el recuento del voto popular. Harris fijó una fecha límite para el recuento y, aunque todavía se disputaban miles de votos, declaró a Bush ganador por 537 votos.

Gore se preparó para desafiar su decisión. Quería que continuara el recuento, como había ordenado la Corte Suprema de Florida. Para evitar que esto sucediera, el Partido Republicano llevó el caso a la corte más alta de la nación, la Suprema Corte de los Estados Unidos.

Cuatro jueces de la Corte Suprema pensaban que el recuento de Florida debía continuar. Argumentaron que la Corte no tenía derecho a interferir en la forma en que la Corte Suprema de Florida había interpretado la ley electoral estatal. Pero los cinco jueces conservadores de la corte anularon la decisión de la Corte Suprema de Florida y detuvieron el recuento. Al final, el fallo de la Corte Suprema de los Estados Unidos avaló la certificación de Harris. Bush consiguió los votos electorales de Florida.

John Paul Stevens fue uno de los jueces liberales que votó a favor de no interferir con la Corte Suprema de Florida. Con cierta amargura, resumió los resultados de la decisión de la Corte:

Aunque es posible que nunca sepamos con total certeza la identidad del ganador de la decisión presidencial de este año, la identidad del perdedor es perfectamente clara. Es la confianza de la nación en el juez como guardián imparcial del estado de derecho.

(*derecha*)
La torre sur del World Trade Center estalla en llamas, Nueva York, 11 de septiembre de 2001.

El ataque terrorista y la respuesta

NUEVE MESES DESPUÉS DE QUE BUSH ASUMIERA EL cargo, el 11 de septiembre de 2001, un terrible suceso hizo que todos los otros asuntos pasaran a un segundo plano. Secuestradores a bordo de tres aviones dirigieron los enormes jets cargados de combustible contra las torres gemelas del World Trade Center, en la ciudad de Nueva York, y contra el Pentágono en Washington, D.C.

Los estadounidenses de todo el país vieron horrorizados cómo las torres se derrumbaban en un infierno de concreto y metal. Miles de personas que trabajaban en las torres quedaron sepultadas entre los escombros. También lo fueron cientos de bomberos y policías que habían acudido a su rescate.

Diecinueve hombres del Medio Oriente, la mayoría de Arabia Saudita, habían llevado a cabo este ataque contra esos enormes símbolos de la riqueza y el poder estadounidenses. Estaban dispuestos a morir para asestar un golpe mortal a la superpotencia que consideraban su enemiga.

El presidente Bush declaró inmediatamente una "guerra contra el terrorismo". El Congreso se apresuró a otorgar al presidente el poder de emprender acciones militares sin la declaración formal de guerra que exige la Constitución de los Estados Unidos. Solo un miembro del Congreso no estuvo de acuerdo: Barbara Lee, una representante afroamericana de California.

La administración creía que el ataque había sido ordenado por Osama bin Laden, un árabe saudita que apoyaba una forma militante del islam, la religión musulmana. Se creía que estaba escondido en algún rincón de Afganistán, por lo que Bush ordenó el bombardeo de Afganistán.

El presidente se propuso capturar o matar a Osama bin Laden y destruir su organización islámica militante llamada Al-Qaeda. Pero después de cinco meses de bombardeo, Osama bin Laden seguía libre. Bush tuvo que admitir ante el Congreso que "decenas de miles de terroristas entrenados siguen en libertad" en "decenas de países".

Bush y sus asesores deberían haber sabido que el terrorismo no puede ser derrotado por la fuerza. La evidencia en muchos países y épocas demuestra que cuando los países responden a actos terroristas con fuerza militar, el resultado es más terrorismo.

El bombardeo de Afganistán fue devastador para el país, que ya había sufrido una invasión de

la Unión Soviética en 1979, seguida de una guerra civil. Aunque el Pentágono afirmó que Estados Unidos bombardeaba solo objetivos militares, grupos de derechos humanos y medios de comunicación informaron que al menos mil civiles habían muerto. Pero la prensa y las principales cadenas de televisión no mostraban a los estadounidenses la magnitud del sufrimiento humano producido en Afganistán. Al contrario, los medios alentaban un estado de ánimo que favorecía la venganza.

El Congreso aprobó una ley llamada Ley Patriota. Otorgó al Departamento de Justicia el poder de detener a los no ciudadanos por simples sospechas, sin acusarlos de un delito y sin las protecciones garantizadas en la Constitución. Y aunque el presidente Bush pidió a los estadounidenses no descargar su enojo contra los estadounidenses de origen árabe, el gobierno detuvo a las personas para interrogarlas. La mayoría eran musulmanes. Más de mil fueron detenidos sin cargo alguno.

En un ambiente de guerra se hizo difícil para los ciudadanos criticar las acciones del gobierno. Un telefonista jubilado estaba en su gimnasio cuando hizo un comentario crítico del presidente Bush.

(*izquierda*) Manifestantes con carteles se reúnen en una manifestación contra la guerra, Washington, 2001.

Más tarde fue interrogado por la Oficina Federal de Investigaciones (FBI). Una joven encontró a dos agentes del FBI en su puerta. Dijeron que habían recibido informes sobre afiches en su pared en los que criticaba al presidente.

Aún así, algunas personas se pronunciaron en contra de la guerra. En manifestaciones por la paz en todo el país, portaban carteles con lemas como "Nuestro dolor no es un grito de venganza" y "Justicia, no guerra".

Los familiares de las personas que habían muerto en los ataques del 11 de septiembre escribieron al presidente. Lo instaron a no responder con violencia a la violencia; a no bombardear al pueblo de Afganistán. El marido de Amber Amundsen, un especialista del ejército, había muerto en el ataque al Pentágono. Ella escribió:

He escuchado discursos llenos de enojo de algunos estadounidenses, incluidos muchos líderes de nuestra nación, en los que se recomienda una alta dosis de venganza y castigo. A esos líderes me gustaría dejarles en claro que, a mi familia y a mí, sus palabras llenas de ira no nos consuelan. Si eligen responder a esta brutalidad incomprensible, perpetuando la violencia contra otros seres humanos inocentes, no lo harán en nombre de mi esposo.

Algunas familias de las víctimas del 11 de septiembre viajaron a Afganistán para reunirse con familias afganas que habían perdido a seres queridos en el bombardeo estadounidense. Una de las estadounidenses era Rita Lasar, cuyo hermano había muerto en el ataque. Lasar dijo que dedicaría el resto de su vida a trabajar por la paz.

Los críticos del atentado pensaban que el terrorismo tenía profundas raíces en el descontento contra Estados Unidos. La forma de detener el terrorismo era solucionar estos agravios.

Algunas de las quejas de parte del mundo islámico eran fáciles de identificar. Estados Unidos tenía tropas estacionadas en Arabia Saudita, donde se encuentran los santuarios más sagrados del islam. Durante diez años, Estados Unidos impidió que Irak comerciara con otros países, una medida que se suponía que era política, pero que causó, según las Naciones Unidas, la muerte de cientos de miles de niños al impedir el ingreso de alimentos y medicinas al país. Estados Unidos también apoyó a la nación de Israel en su ocupación de la tierra reclamada por los musulmanes palestinos.

Para cambiar su posición sobre estos asuntos, Estados Unidos tendría que retirar las fuerzas militares en todo el mundo. Tendría que ceder poder político y económico sobre otros países. En resumen, Estados Unidos tendría que dejar de ser una superpotencia. Esto era algo que los intereses de la esfera militar e industrial de ambos partidos políticos no podían aceptar.

Tres años antes del 11 de septiembre de 2001, un ex oficial de la Fuerza Aérea de los EE. UU., Robert Bowman, escribió sobre los ataques terroristas contra embajadas estadounidenses en África. Describió las raíces del terrorismo:

> No nos odian porque practicamos la democracia o porque valoramos la libertad o defendemos los derechos humanos. Nos odian porque nuestro gobierno niega estas mismas cosas a los pueblos del Tercer Mundo, cuyos recursos codician nuestras corporaciones multinacionales. Ese odio que hemos sembrado ha vuelto para perseguirnos en forma de terrorismo . . . En lugar de enviar a nuestros hijos e hijas a todos los rincones del mundo a matar árabes para que podamos tener el petróleo que existe bajo sus suelos, deberíamos enviarlos a reconstruir su infraestructura, suministrar agua limpia y alimentar a los niños hambrientos . . . En resumen, debemos hacer el bien en lugar del mal. ¿Quién intentaría detenernos? ¿Quién nos odiaría? ¿Quién desearía

bombardearnos? Esta es la verdad que el pueblo estadounidense necesita escuchar.

Voces como la de Bowman fueron en su mayoría excluidas de los medios estadounidenses tras
los ataques del 11 de septiembre. Pero existía la
posibilidad de que su poderoso mensaje pudiera
difundirse entre el pueblo estadounidense, cuando
vieran que enfrentarse a la violencia con más violencia no resolvía el problema del terrorismo.

DESPUÉS DE LOS ATAQUES TERRORISTAS DEL 11 DE
septiembre de 2001 en la ciudad de Nueva York
y Washington, Estados Unidos hizo de la "guerra
contra el terrorismo" su misión. Pronto esa misión
llevaría a las tropas estadounidenses a la guerra
en Irak, en el Medio Oriente. Mientras las voces
en casa se pronunciaban en contra de la guerra,
la administración del presidente George W. Bush
enfrentaba otros problemas. Un huracán mortífero
hizo que gente en todo el mundo pusiera en duda
el compromiso del gobierno de EE. UU. con la
justicia social; asimismo, los debates sobre inmigración hicieron que la gente se preguntara qué significaba ser estadounidense. En las elecciones del
2006, los votantes de los Estados Unidos demostraron que estaban listos para un cambio.

Afganistán después de la invasión estadounidense

CUANDO LAS FUERZAS DE ESTADOS UNIDOS bombardearon e invadieron Afganistán, no lograron capturar a Osama bin Laden ni destruir la organización Al-Qaeda. Sin embargo, la operación militar mató a miles de civiles afganos y obligó a cientos de miles a abandonar sus hogares.

Los líderes estadounidenses justificaron este terrible número de víctimas con el argumento de que la invasión había sacado del poder a los talibanes.

Los talibanes eran un grupo islámico fundamentalista que había gobernado Afganistán con mano de hierro. Entre otras cosas, los talibanes insistían en interpretaciones estrictas del islam que negaban derechos a las mujeres. La derrota de los talibanes llevó al poder a un grupo llamado Alianza del Norte. Su historial estaba lejos de ser impecable. A mediados de la década de 1990, la Alianza del Norte había cometido numerosos actos de violencia contra la población de Kabul y otras ciudades afganas.

En su Discurso sobre el Estado de la Unión de 2002, Bush afirmó que deshacerse de los talibanes significaba que "las mujeres eran libres" en Afganistán. Esta afirmación era falsa, según una organización de mujeres afganas. Y dos años después de la invasión estadounidense, el *New York Times* ofrecía una desalentadora crónica sobre la situación en Afganistán. Las mujeres no eran libres, los bandidos vagaban por el territorio, los jefes militares controlaban grandes áreas y los talibanes estaban de regreso.

Dieciséis meses después de la guerra, un escocés que llevaba ayuda médica a las aldeas afganas escribió angustiado lo que había visto: "El país está de rodillas . . . Es uno de los países con más minas terrestres del mundo . . . 25 por ciento de los niños mueren a la edad de cinco años". Tristemente, concluyó: "Uno pensaría que a comienzo del siglo XXI no continuaríamos reduciendo a cenizas a un país y su gente, usando una débil excusa". Pero en agosto de 2006, los ataques aéreos seguían matando a civiles afganos, y el *New York Times* informaba sobre "corrupción, violencia y pobreza" generalizadas.

El ataque a Afganistán no trajo consigo ni democracia ni seguridad, y no debilitó el terrorismo. En todo caso, la violencia desatada por los

Estados Unidos enfureció a la gente en el Medio
Oriente y creó más terroristas.

¿Armas de destrucción masiva?

CON AFGANISTÁN TODAVÍA EN CRISIS, LA
administración Bush comenzó a preparar el
escenario para una guerra contra Irak. Richard
Clarke, asesor del presidente sobre temas de
terrorismo, dijo más tarde que inmediatamente
después de los ataques del 11 de septiembre,
la Casa Blanca buscó razones para atacar Irak,
aunque no había pruebas que vincularan a Irak
con los ataques.

Bush y los funcionarios del gobierno cercanos
a él querían que el público estadounidense pen-
sara que Irak y su dictador, Saddam Hussein, eran
una amenaza para los Estados Unidos y para el
mundo. Acusaron a Irak de ocultar "armas de destrucción masiva", incluidos planes para construir
una bomba nuclear.

Un equipo de las Naciones Unidas realizó

cientos de inspecciones en todo Irak. No encontró armas de destrucción masiva ni evidencia de que Irak estuviera preparando un arma nuclear. Sin embargo, el vicepresidente de Estados Unidos, Richard Cheney, insistió en que las armas eran reales. Condoleezza Rice, la secretaria de Estado, habló ominosamente sobre "un hongo atómico", como la nube causada por el bombardeo atómico de Hiroshima, Japón. El gobierno también señaló los actos crueles e ilegales de Hussein, como el uso de venenos químicos para masacrar a cinco mil iraquíes de la minoría étnica kurda. Pero Hussein había matado a esos kurdos en 1988, y en ese entonces Estados Unidos no levantó la voz para oponerse. En ese entonces, Irak y Estados Unidos estaban del mismo lado contra Irán, otra nación en el Medio Oriente.

¿Cuál fue la verdadera razón para la guerra contra Irak en 2002? Tal vez la razón estaba bajo tierra. Irak tenía la segunda reserva de petróleo más grande del mundo, después de Arabia Saudita. Desde el final de la Segunda Guerra Mundial, en 1945, Estados Unidos había decidido controlar el petróleo del Medio Oriente. El petróleo influyó en las decisiones estadounidenses sobre Oriente

Medio durante las presidencias demócratas y republicanas. La administración del presidente Jimmy Carter, un demócrata liberal, había producido la "Doctrina Carter". Según esta doctrina, Estados Unidos demandaba su derecho a defender sus intereses en el petróleo del Oriente Medio "por cualquier medio necesario, incluida la fuerza militar".

En septiembre de 2002, la administración Bush dijo que emprendería acciones militares en Irak por cuenta propia, sin el apoyo de otros países. Esto violaba la carta de las Naciones Unidas, que permite acciones militares solo en defensa propia, y solo cuando lo apruebe el Consejo de Seguridad de la ONU. Sin embargo, Estados Unidos se alistó para declarar la guerra a Irak. Hubo protestas en todo el mundo. El 15 de febrero de 2003, entre diez y quince millones de personas en todo el mundo se manifestaron al mismo tiempo contra la guerra que se avecinaba.

Comienza la guerra de Irak

A PESAR DE LAS PROTESTAS, EL GOBIERNO DE LOS
Estados Unidos lanzó un ataque masivo contra
Irak, el 20 de marzo de 2003. La "Operación
Libertad Iraquí", como se la llamó, arrojó miles
de bombas sobre Irak y envió más de cien mil
soldados a ese país. Cientos de soldados estadounidenses fueron asesinados. Miles de iraquíes
murieron, muchos de ellos civiles.

Después de tres semanas, las fuerzas estadounidenses ocuparon la capital de Irak, Bagdad. Al
cabo de seis semanas, se declararon terminadas
las principales operaciones militares. El presidente Bush se paró triunfalmente en un portaavio-
nes estadounidense frente a una enorme pancarta
que decía: "Misión cumplida".

Pero la misión de controlar Irak no se cumplió.
La violencia creció cuando los insurgentes iraquíes
atacaron al ejército estadounidense. La captura de
Saddam Hussein en diciembre de 2003 no hizo
nada para detener los ataques.

Los iraquíes resentían cada vez más la ocupación estadounidense de su país. Tropas estadounidenses detuvieron a iraquíes sospechosos de
ser insurgentes. Miles de iraquíes fueron hechos

prisioneros. Cuando aparecieron fotos en las que aparecían tropas estadounidenses torturando prisioneros iraquíes, existía evidencia de que este comportamiento contaba con la aprobación del secretario de defensa de los Estados Unidos. Todo esto alimentó las llamas de la hostilidad iraquí hacia los Estados Unidos. Las encuestas mostraban que la gran mayoría de los iraquíes deseaban que las tropas estadounidenses salieran de Irak.

La administración Bush se negó a considerar la posibilidad de retirarse de Irak. Mientras tanto, las bajas estadounidenses iban en aumento. A mediados de 2006, habían muerto más de 2500 estadounidenses. Miles más resultaron heridos, a menudo de forma muy grave. La administración hizo todo lo posible para que el público estadounidense no pudiera ver los ataúdes ni los veteranos sin piernas y sin brazos.

Si bien las bajas estadounidenses fueron malas, las bajas iraquíes fueron peores. A mediados del 2006, cientos de miles de iraquíes habían muerto. El país era un caos. La gente carecía de agua potable y electricidad y vivía en medio de la violencia y el caos.

Al inicio de la guerra, la gran mayoría de los

estadounidenses había aceptado el argumento de la administración Bush de que Saddam Hussein poseía "armas de destrucción masiva" y que la invasión de Irak era parte de la "guerra contra el terrorismo". Los principales medios de comunicación no cuestionaron esto y el Partido Demócrata apoyó en gran medida la guerra.

Pero conforme avanzaba la guerra, la situación se hizo más clara. La Operación Libertad Iraquí no había traído ni democracia, ni libertad, ni seguridad a Irak. El gobierno de los Estados Unidos había engañado al pueblo estadounidense al hablar de "armas de destrucción masiva" que no existían. Había afirmado que los ataques del 11 de septiembre de 2001 estaban vinculados a Irak, cuando no existían pruebas para demostrarlo. Había apoyado la tortura y el encarcelamiento sin juicio de miles de personas en Irak y en los Estados Unidos.

La administración también estaba usando la guerra como una excusa para violar los derechos constitucionales de los estadounidenses. Según la Ley Patriota, Estados Unidos podría detener a personas en Afganistán y otros lugares y acusarlas de terrorismo. En lugar de tratarlas como

prisioneras de guerra con derechos, de acuerdo a las leyes internacionales, el gobierno creó una nueva etiqueta: "combatientes enemigos ilegales". Fueron encerradas en la Bahía de Guantánamo, una instalación militar estadounidense en Cuba. De esta prisión salieron rumores de tortura y algunos presos se suicidaron.

En el otoño de 2006, el Congreso de los Estados Unidos aprobó un proyecto de ley que permitía a la Agencia Central de Inteligencia (CIA) continuar con los rigurosos interrogatorios de presuntos terroristas en prisiones secretas por todo el mundo. El proyecto de ley también eliminó el derecho al *habeas corpus* para los "combatientes enemigos ilegales", incluidos los ciudadanos estadounidenses. La pérdida de este derecho, que está garantizado en la Declaración de Derechos de la Constitución de los Estados Unidos, significaba que los presos no serían llevados ante un tribunal para impugnar su arresto.

(*izquierda*)
La activista contra la guerra Cindy Sheehan habla con los medios de comunicación en la Casa Blanca, 2005.

El movimiento contra la guerra

LAS PROTESTAS CONTRA LA GUERRA EN IRAK
tuvieron lugar en todo Estados Unidos. Eran más
pequeñas que las grandes manifestaciones contra
la guerra en la era de Vietnam, pero mostraban
que las decisiones políticas de la administración
Bush estaban perdiendo apoyo.

Cindy Sheehan, cuyo hijo Casey murió en Irak,
se pronunció enérgicamente contra la guerra.
Cuando se instaló cerca del rancho de Bush en
Crawford, Texas, obtuvo el apoyo de todo el país.
En un discurso ante una reunión de Veteranos por
la Paz en Dallas, Sheehan se dirigió al presidente
Bush: "Dígame la verdad. Dígame que mi hijo
murió por petróleo".

Como la guerra en Irak continuaba, los jóvenes que se habían unido al ejército comenzaron
a pensarlo dos veces. Diedra Cobb, de Illinois, se
declaró objetora de conciencia, es decir, alguien
cuyas creencias morales le impiden combatir.
Cobb escribió: "Me uní al ejército pensando que,
muy posiblemente, estaba defendiendo algunos
de los ideales más poderosos en el país más
grande y poderoso de la tierra . . . Algo bueno
tenía que salir de la carnicería, al final. Pero aquí

es donde cometí mi error, porque en la guerra no hay final".

Entre el comienzo de la guerra y finales de 2004, según CBS News, desertaron 5500 soldados. Muchos se fueron a Canadá. Uno de ellos era un ex sargento de un batallón de *marines*. Dijo en una audiencia en Toronto que él y sus compañeros *marines* dispararon y mataron a más de treinta hombres, mujeres y niños desarmados, incluido un joven iraquí que salió de su automóvil con los brazos en alto.

Un periódico inglés, *The Independent*, informó sobre los desertores estadounidenses. Decía: "El sargento Kevin Benderman no puede quitarse las imágenes de la cabeza. Hay pueblos bombardeados y gente desesperada. Hay perros comiendo cadáveres arrojados a una fosa común. Y lo más incesante de todo es la imagen de una joven iraquí, de no más de ocho o nueve años, con un brazo gravemente quemado y lleno de ampollas, y el sonido de sus gritos".

Cada vez era más difícil hacer que los jóvenes estadounidenses se unieran a las fuerzas armadas, por lo que los militares intensificaron sus esfuerzos de reclutamiento. Los reclutadores se

dirigieron a los adolescentes. Visitaron las escuelas secundarias, acercándose a los estudiantes durante los partidos de fútbol y en las cafeterías escolares. Los grupos contra la guerra aceptaron el desafío. Visitaron escuelas para contar a los jóvenes el otro lado de la historia.

Para 2006, las encuestas mostraban que la mayoría de los estadounidenses estaba en contra de la guerra y no confiaba en el presidente Bush. Algunos periodistas comenzaron a hablar con valentía, incluso en medios que antes habían apoyado a la administración o permanecían callados. El 30 de mayo, el Día de los Caídos, Andy Rooney dijo a los televidentes del programa de televisión *60 Minutos* que él era un veterano de la Segunda Guerra Mundial. Luego dijo: "Usamos la frase 'dieron sus vidas', pero ellos no dieron sus vidas. La vida les fue arrebatada . . . Ojalá pudiéramos dedicar el Día de los Caídos no a la memoria de los que han muerto en la guerra, sino al ideal de salvarle la vida a los jóvenes que van a morir en el futuro, si no encontramos alguna manera, tal vez alguna nueva religión, que elimine la guerra de nuestras vidas".

Salt Lake City, en Utah, generalmente se

(*izquierda*) Manifestantes sostienen una enorme bandera estadounidense durante la manifestación de inmigración en el centro de Dallas, 2006.

considera un lugar conservador que respaldaría la guerra en Irak. Pero miles de personas celebraron lo dicho por el alcalde "Rocky" Anderson, cuando llamó al presidente Bush un "presidente deshonesto, belicista y violador de los derechos humanos". El tiempo que Bush lleva en el cargo, dijo Anderson, "será juzgado como la peor presidencia que nuestra nación haya tenido que vivir jamás".

Dos tormentas

LA ADMINISTRACIÓN DEL PRESIDENTE BUSH SE esforzó por mantener al país en un estado de ánimo rabiosamente nacionalista, un estado de ánimo de "nosotros contra ellos" que generaría apoyo para la guerra de Irak y otras medidas políticas de la administración. El resultado de este fuerte sentimiento nacionalista fue una ola de rencor contra millones de inmigrantes, especialmente mexicanos llegados al país sin estatus legal. Se pensaba que estos inmigrantes quitaban trabajos a personas de los Estados Unidos, a pesar de que varios estudios demostraban que no dañaban a la economía sino que la ayudaban.

El Congreso aprobó planes para construir un muro de 750 millas a lo largo de las fronteras del sur de California y Arizona. Se suponía que habría de mantener alejados a los mexicanos que intentaran escapar de la pobreza en su país de origen. El gobierno de EE. UU. no pareció ver la ironía en un muro para evitar que mexicanos pobres ingresaran al territorio que Estados Unidos alguna vez le arrebató a México, en la década de 1840.

En la primavera de 2005, el Congreso debatió leyes para castigar a las personas que se encontraban ilegalmente en los Estados Unidos. Enormes manifestaciones tuvieron lugar en todo el país, especialmente en California y el suroeste del país, en las cuales millones de personas exigían la igualdad de derechos para los inmigrantes. En las manifestaciones de apoyo participaban inmigrantes y ciudadanos estadounidenses. Uno de sus lemas fue: "Ningún ser humano es ilegal".

La administración Bush tuvo que enfrentar un creciente rechazo a la guerra en Irak y las críticas a su política de inmigración. Fue entonces que ocurrió un desastre natural. En agosto de 2005, el huracán Katrina golpeó los estados de Mississippi y Louisiana en la costa del Golfo. Los diques que protegían a la ciudad de Nueva Orleans del río Mississippi cedieron. Juntas, la tormenta y la inundación, destruyeron gran parte de la ciudad, hiriendo y causando la muerte de miles de personas, además de dejar a otros cientos de miles sin hogar.

Los estadounidenses y el mundo quedaron estupefactos ante la lentitud e ineficacia con la que el gobierno federal respondía a la hora de ayudar a los sobrevivientes en la ciudad afectada. "La gente en todos los rincones del mundo no puede creer lo que está viendo", decía un artículo del *Washington Post*. "Desde Argentina hasta Zimbabue, las fotos en primera plana con muertos y gente desesperada en Nueva Orleans, casi todos pobres y negros, han indignado y puesto en crisis la supuesta idea del poder estadounidense. ¿Cómo puede estar pasando esto, se preguntan, en una nación cuya riqueza y poder parecen algo casi sobrenatural en los lugares más pobres del mundo? . . . La reacción internacional ha pasado en muchos casos de la conmoción, la simpatía y la generosidad, a una creciente crítica a la respuesta de la administración Bush ante la catástrofe del huracán Katrina".

La experiencia de Katrina también le recordó a la gente que mientras millones en África, Asia, e incluso en los Estados Unidos, morían de desnutrición y enfermedades, y mientras los desastres naturales cobraban muchas vidas en todo el mundo, el gobierno de los Estados Unidos destinaba su inmensa riqueza a la guerra y la construcción del imperio.

En noviembre de 2006, los estadounidenses fueron a las urnas para elegir a miembros de la Cámara de Representantes y del Senado. Los votantes tenían muchos temas en mente. Uno de los más importantes debió haber sido la desastrosa guerra en Irak y la manera en que se malgastaba gran parte de la riqueza de la nación.

Cuando se contaron los votos, el Partido Demócrata había arrebatado el control a los republicanos, tanto en la Cámara de Representantes como en el Senado, aunque por un estrecho margen. Esto no significaba que los estadounidenses estuvieran muy entusiasmados con los demócratas.

Significaba un "No" a la administración del presidente republicano, George W. Bush. Los votantes habían quitado del poder al partido del presidente y les habían dado a los políticos la oportunidad de dirigir al país hacia una nueva dirección. Fue un excepcional momento democrático en la historia reciente del país.

CAPÍTULO VEINTISIETE

NUESTRAS VOCES DEBEN SER ESCUCHADAS

Ed Morales

EN LOS AÑOS QUE SIGUIERON AL 2006 TUVIERON lugar importantes cambios políticos en los Estados Unidos. En 2008, los estadounidenses eligieron a su primer presidente negro, Barack Obama. Ocho años después, los republicanos recuperaron la presidencia con la elección de Donald Trump. Este período también vio una explosión de activismo, en gran parte impulsado por jóvenes, a medida que se formaron nuevos movimientos en torno a cuestiones y problemas sociales. Después de que la codicia y la mala gestión de las grandes corporaciones financieras condujeran a una recesión económica, se formó el movimiento *Occupy Wall Street* para protestar en contra de su poder. El movimiento *MeToo* protestó contra el acoso

sexual, las agresiones y los delitos contra las mujeres. El movimiento *Black Lives Matter* surgió en respuesta a la violencia policial contra afroamericanos. En medio de este fermento, los latinos también respondieron ante estos tiempos de cambio.

A medida que los latinos avanzan hacia el siglo XXI, es importante entender el camino que han recorrido en los últimos cincuenta años. Mucho ha cambiado desde la era de los movimientos de liberación nacional en las décadas de 1960 y 1970, incluida la propia población latinoamericana. En 1960, solo el 16 por ciento de los latinos en los Estados Unidos había nacido en el extranjero, pero para 2017 esa cifra aumentó al 33 por ciento. A partir de 2021, cuando el presente texto fue escrito, aproximadamente la mitad de los latinos que nacieron en los Estados Unidos tenían menos de dieciocho años. El futuro de la comunidad latina será decidido por los jóvenes.

Algunos latinos pertenecen a grupos que han estado en los Estados Unidos bien establecidos por mucho tiempo. Aquellos de descendencia mexicana han ocupado el oeste del país desde antes de que pasara a manos de los EE. UU. en 1848. Los puertorriqueños han sido ciudadanos

(*izquierda*)
Mural en Los Ángeles titulado "Muro que habla, canta y grita".

estadounidenses desde 1917. Los cubanos se han beneficiado de la Ley de Ajuste Cubano, una ley aprobada por el Congreso para facilitar el camino hacia el estatus de residencia y ciudadanía. Hoy en día, el porcentaje que ocupan estos tres grupos en la población latina de EE. UU. está disminuyendo, mientras que el porcentaje de personas de otras partes de América Latina va en aumento. La llegada de inmigrantes de nuevos países ha transformado la forma en que los latinos son vistos en los Estados Unidos. Los inmigrantes de El Salvador, por ejemplo, han creado comunidades vibrantes en ciudades como Washington, D.C. y Los Ángeles. Guatemaltecos y hondureños se han establecido en Houston.

Los inmigrantes de la República Dominicana han llegado de manera constante a los Estados Unidos. Muchos fueron empujados al norte a principios de la década de 1960, cuando el país estaba sumido en la agitación tras el asesinato de su dictador Rafael Trujillo. Estos inmigrantes y sus descendientes están agrupados en Nueva York y otras ciudades, incluidas Boston y Filadelfia. Han creado importantes centros de poder en barrios como Washington Heights en Nueva York, que produjeron líderes políticos como Guillermo Linares, quien sirvió en el gobierno del estado y la ciudad de Nueva York, y Adriano Espaillat, miembro de la Cámara de Representantes de los Estados Unidos. Más recientemente, la poeta Elizabeth Acevedo ha ganado un gran reconocimiento por sus colecciones *The Poet X* y *Clap When You Land*, y grupos musicales como *Aventura* han abierto el camino a géneros dominicanos como la bachata.

Los dominicanos son el quinto grupo latino más grande en los Estados Unidos, con una población de alrededor de 1.5 millones. Representan el segundo grupo latino más grande en la ciudad de Nueva York, detrás de los puertorriqueños. La facilidad con la que se puede viajar entre las ciudades de la costa este y la República Dominicana ha ayudado a mantener a los dominicanos estadounidenses en estrecho contacto con la isla, a través de visitas regulares y el envío de dinero a casa. Al mismo tiempo, la noticias de la política isleña llegan hasta las comunidades dominicanas en los Estados Unidos, porque los dominicanos estadounidenses que son ciudadanos dominicanos tienen permitido votar en las elecciones de la isla.

El aumento de la inmigración mexicana en los

últimos veinte años ha resultado en la migración a ciudades del sur que antes no tenían poblaciones latinas muy numerosas. Además, ha habido un aumento considerable en el número de mexicanos en Nueva York, que durante mucho tiempo había sido dominada por latinos caribeños. De 1990 a 2010, la población mexicana de la ciudad creció un 400 por ciento. Hoy, los mexicanos representan alrededor del 13.5% de los latinos en Nueva York. Durante la mayor parte de este período, no experimentaron la presión anti inmigrante que existe en el suroeste y a lo largo de la frontera con México, pero después de que Donald Trump asumió la presidencia en 2017, el Servicio de Inmigración y Control de Aduanas (ICE, por sus siglas en inglés) de EE. UU. aumentó considerablemente sus esfuerzos para capturar y deportar inmigrantes indocumentados de todo el país, incluso en Nueva York y la región del noreste del país.

La mayoría de la población mexicana en Nueva York proviene de la ciudad de Puebla, que está al sur de la Ciudad de México. En años más recientes, migrantes de los estados mexicanos de Oaxaca y Michoacán han hecho sentir su presencia. Uno de ellos, Marco Saavedra, es un joven activista a favor de la reforma migratoria. Él y su familia administran *La Morada*, un restaurante en la sección Mott Haven, al sur del Bronx, que se ha convertido en un local favorito y en un centro de reunión de activistas.

Saavedra nació en Oaxaca y fue traído de México a los Estados Unidos cuando era niño. Posteriormente recibió la condición de refugiado y libró una larga batalla legal para que le concedieran asilo. A principios de 2021 ganó esa batalla y se le concedió la residencia permanente en los Estados Unidos. Saavedra es una especie de héroe local. En 2012, él y un compañero activista lograron ser arrestados de forma deliberada por la Patrulla Fronteriza. Su estrategia era investigar las condiciones dentro del Centro de Detención Krone, en North Miami, para poder compartir información con otros inmigrantes y activistas y encontrar formas de evitar las deportaciones. Su historia se convirtió en parte de una película, *Los infiltrados*, dirigida por Alex Rivera y Cristina Ibarra, quienes han realizado varias películas sobre las luchas de los inmigrantes de México y América Central.

Los ánimos a favor de una reforma migratoria comprehensiva dieron paso, gradualmente, a esfuerzos más enfocados en torno a la Ley de Desarrollo, Alivio y Educación para Menores Extranjeros (DREAM), que se ha propuesto en el Congreso desde 2001, pero aún no se ha aprobado. La ley protegería a los menores indocumentados en Estados Unidos, evitando que sean deportados si se cumplen ciertas condiciones. En ocasiones, el activismo relacionado con el DREAM Act fue similar al de los movimientos para la liberación LGBTQ, ya que alentó a los jóvenes indocumentados a "salir" ante los demás, a propósito de su estatus legal de ciudadanía, de la misma manera que lo hicieron los homosexuales.

Dos destacados activistas, Erika Andiola y César Vargas, se sumaron a la campaña presidencial de Bernie Sanders, en 2016, con la esperanza de lograr una vida digna para los indocumentados. Juntos, confrontaron al representante de Iowa, Steve King, en un restaurante, lo que ayudó a revelar su intolerancia cuando hizo varios comentarios despectivos sobre el bajo nivel de civilización que, según él, México ha alcanzado. (King fue expulsado del Congreso en 2019 por comentarios ofensivos sobre delitos sexuales). Andiola, quien encontraba motivación en su madre, la cual pasó años en procesos de deportación, se convirtió en una defensora incansable y se desempeñó como líder del Centro de Refugiados e Inmigrantes para la Educación y Servicios Legales (RAICES), una importante organización de derechos de los inmigrantes en Texas. Vargas se convirtió en la primera persona indocumentada en ser aceptada en la asociación de abogados del estado de Nueva York en 2016.

El ascenso de Trump a la presidencia hizo la vida cada vez más difícil para los latinos. Desde el inicio de su campaña, constantemente estigmatizó a los inmigrantes de México y de Centroamérica como violadores, delincuentes y narcotraficantes. Esta crítica implacable e intolerante puso bajo sospecha a casi todas las personas descendientes de latinoamericanos. Llegó al punto en que los ciudadanos estadounidenses de origen mexicano, e incluso los puertorriqueños que eran ciudadanos de Estados Unidos, fueron detenidos por funcionarios de inmigración en aeropuertos y estaciones de tren.

Al principio de la campaña presidencial de Trump, un desagradable incidente involucró a Jorge Ramos, reportero de noticias de la estación en español Univision. Ramos intentó cuestionar a Trump a propósito de sus comentarios sobre inmigrantes. Antes de que pudiera terminar de hacer su pregunta, el equipo de seguridad de Trump lo sacó a la fuerza mientras el candidato gritaba: "¡Regresa a Univision!". Todos los que observaron aquello sabían que realmente quería decir "Regresa a México". Después de convertirse en presidente, Trump insinuó que un juez mexicano estadounidense, que había sido asignado a un caso sobre corrupción en la Universidad Trump, no podía ser imparcial porque era mexicano; dicho comentario fue considerado racista.

El 3 de agosto de 2019, una persona demente de veintiún años llamada Patrick Wood Crusius, condujo más de once horas a través de Texas para masacrar a veintitrés personas, la mayoría de ascendencia latinoamericana, en un Walmart de El Paso, Texas. El tirador le dijo a las autoridades después de su arresto que quería matar a tantos mexicanos como fuera posible. Crusius era un supremacista blanco que aparentemente temía estar en riesgo de ser "reemplazado" por personas que él veía como no estadounidenses. Este miedo recordaba a los gritos escuchados dos años antes en un mitin de nacionalistas blancos en Charlottesville, Virginia, cuando un hombre que conducía un automóvil mató a una mujer que participaba en una manifestación en contra del mitin. Después del tiroteo en El Paso, Trump, quien no reconoció que los escritos de Crusius hacían eco de su propia advertencia sobre una "invasión", declaró que "no había lugar para el odio" en Estados Unidos, pero sus palabras sonaron huecas.

Un acontecimiento importante de la década de 2010 fue la lucha por el reconocimiento y la aceptación de los latinos descendientes de africanos. A medida que el movimiento *Black Lives Matter* comenzó a tomar forma, surgieron grupos como *Afrolatin@ Forum, AfroLatin@ Project* y *Black Latinas Know Collective*. Su misión era remediar el racismo que había estado presente pero que no era reconocido entre la comunidad latina. Tomando como base a líderes afrolatinos del pasado, incluido el organizador socialista Jesús Colón, Felipe Luciano y Pablo Guzmán, de los Young Lords, así como los académicos Arturo Schomburg y Miriam Jiménez Román, nuevas voces compartieron sus historias sobre cómo latinos de piel más clara los habían ignorado y excluido.

El dilema de los afrolatinos se expresa en una simple frase: "Demasiado latino para ser negro y demasiado negro para ser latino". A menudo, cuando interactúan con afroamericanos, son rechazados y acusados de abrazar su identidad latinoamericana, hispana o caribeña como forma de evitar la "negritud". Al mismo tiempo, los latinos de piel clara o los mestizos a menudo cuestionan la autenticidad de los afrolatinos como latinos. Los afrolatinos hablan sobre la incredulidad de los latinos de piel clara o mestizos, al ver que pueden hablar español, y también de la marginación en el lugar de trabajo, particularmente en entornos profesionales. Estos agravios, junto con casos como el de Jessica Krug —profesora estadounidense blanca que se hizo pasar por afropuertorriqueña hasta que fue evidenciada por estudiantes afrolatinas de la Universidad George Washington— se han sumado a las quejas de que la idea de "latino" conlleva aspectos de privilegio blanco.

Muchos afrolatinos tienen apellidos ingleses, o que suenan "blancos", herencia quizá de antepasados que huyeron de las colonias de habla inglesa hacia las hispanoamericanas. Pensemos en Bernie Williams, ex jardinero de los Yankees de Nueva

York, que nació y se crió en Puerto Rico, y la actriz Tessa Thompson, quien es panameña y mexicana. No solo ciertas identidades afrolatinas hoy en día no nos resultan obvias, sino que la historia afrolatina misma ha sido ocultada. Por ejemplo, afrodescendientes han vivido en México y Argentina desde la época colonial, pero su presencia en estos países ha sido eliminada, en gran medida, de los libros de historia tanto en Estados Unidos como en Latinoamérica. Lo mismo ha ocurrido en comunidades mixtas, formadas por africanos e indígenas, que aparecieron en Florida cuando todavía pertenecía a los españoles, y en el suroeste de los Estados Unidos.

Otro tema de identidad se refiere al término "latino". La resistencia a esta categoría de identificación ha crecido entre aquellas personas del oeste y suroeste de Estados Unidos que se identifican como indígenas o nativos. Esta tendencia comenzó, en cierta medida, durante el movimiento chicano de la década de 1960. Desde entonces, el movimiento ha sido criticado por adoptar ciertos estereotipos sobre los pueblos indígenas.

Las críticas hechas a la categoría "latino" que pretende abarcarlo todo se enfocan también en las dificultades que enfrentan los migrantes indígenas de estados mexicanos como Oaxaca y Michoacán. Muchos de ellos provienen de comunidades en las que no se hablaba mucho el español, pero cuando llegan a las escuelas de California o Nueva York, las escuelas asumen que necesitan educación bilingüe español-inglés. La realidad es que en muchas partes de México, así como en varios países de América Latina, las comunidades indígenas viven relativamente aisladas de las ciudades o pueblos centrales, y hablan lenguas originarias como el náhuatl o el quechua.

Estos y otros desafíos han generado cuestionamientos sobre el uso de categorías universales para designar a todas las personas de ascendencia latinoamericana en los Estados Unidos. Algunas personas rechazan una identificación tan amplia y prefieren usar solo identificaciones nacionales como "puertorriqueño", "mexicano" o "dominicano". Muchos jóvenes sienten que debido a que "Latinoamérica" obtuvo su nombre de las naciones colonizadoras de España y Portugal, la etiqueta "latino" representa una opresión colonial que "borra" la presencia de los afrolatinos y de aquellos que se identifican como indígenas en el continente americano.

Otro factor en la identidad es el género. En los últimos años, el término "Latinx", para referirse a los latinoamericanos de cualquier género, ha ido ganado popularidad lentamente. El uso de la x hace que incluya a lo diverso, al rechazar el dualismo de hombre o mujer, latino o latina, que existe en la sociedad, un dualismo que está siempre presente en el idioma español mismo, en el que todos los sustantivos son masculinos o femeninos.

Las personas latinx enfrentan muchos desafíos en el siglo XXI, pero nuevas voces acuden a la invitación para un cambio creativo y sostenible. Las generaciones más jóvenes están participando en un amplio espectro político. Hombres y mujeres latinxs conservadores, centristas y progresistas, han sido elegidos para cargos políticos. Otros se organizan y trabajan en organizaciones sin fines de lucro como Make the Road y Center for Popular Democracy. Este último grupo está dirigido por Ana María Archila, una madre soltera que lucha en nombre de los derechos de las mujeres que han experimentado conducta sexual inapropiada en el lugar de trabajo y en otros lugares.

Una de las nuevas figuras políticas latinx más visibles es Alexandria Ocasio-Cortez. Nacida en el Bronx y criada en el área metropolitana de Nueva York, obtuvo una sorprendente victoria en 2018, a la edad de veintiocho años, cuando fue elegida para la Cámara de Representantes de EE. UU. por un distrito que incluye partes del Bronx y Queens. Ocasio-Cortez atrajo votantes debido a su amplio atractivo como puertorriqueña, feminista, además de socialdemócrata, con objetivos políticos muy parecidos a los del senador Bernie Sanders, de Vermont. Inmediatamente después de entrar al Congreso, Ocasio-Cortez se alineó con otras jóvenes representantes electas, como Ilhan Omar, Ayanna Pressley y Rashida Talib, para formar lo que se conoció como "The Squad" (El escuadrón), el cual demanda un cambio en una dirección más progresista en la política estadounidense. Igualmente, junto con la congresista Nydia Velázquez, de Nueva York, redactó la Ley de Autodeterminación de Puerto Rico. Si se aprueba, la ley daría a los puertorriqueños en la isla una voz mucho mayor para determinar si continúa siendo un territorio o es promovido a la categoría de estado.

En 2021, Joe Biden fue el sucesor de Trump como presidente. Su vicepresidenta, Kamala Harris, había sido senadora por California. Para ocupar su escaño en el Senado, la gobernadora de California nombró a Alex Padilla, quien había servido durante mucho tiempo en el estado como funcionario demócrata y que se describe a sí mismo como "orgulloso hijo de inmigrantes mexicanos". Ritchie Torres, un puertorriqueño negro gay del Bronx, fue elegido para la Cámara de Representantes. Al mismo tiempo, el Congreso aprobó leyes para crear un museo nacional latino, el cual anteriormente había sido bloqueado por la administración Trump. Parecía que los votantes latinos finalmente estaban encontrando su voz a través de una mayor representación en el escenario nacional.

Sin embargo, los latinos están atentos. Estamos muy conscientes de la frontera militarizada a lo largo del suroeste y Texas, y de las leyes aún vigentes que permiten a las autoridades deportar inmigrantes por delitos menores. Seguimos luchando ante la falta de conciencia y comprensión sobre quiénes somos, de nuestra historia y de nuestras necesidades. Después de que muchos de sus compañeros de clase murieron en el tiroteo de la Escuela Parkland, en Florida, en 2018, la estudiante cubanoamericana X González se dedicó a la organización para el control de armas. Estaban listos para desenmascarar lo que llamaron "completas mentiras" en la inadecuada respuesta gubernamental a la violencia armada. Hablaron sin pelos en la lengua para que todos escuchen. Los latinos debemos estar listos para hacer lo mismo, donde y cuando nuestras voces deben ser escuchadas.

"LEVÁNTENSE COMO LEONES"

A MENUDO ME PREGUNTAN CÓMO ESCRIBÍ ESTE LIBRO. Una de las razones es que, después de veinte años de enseñar Historia y Ciencias Políticas, deseaba escribir un libro de historia diferente; uno distinto a los que había tenido en la escuela y de aquellos que hacen leer a los estudiantes de todo el país.

En ese momento, supe que no existe tal cosa como un hecho puro. Detrás de cada uno de los hechos que un maestro o un escritor presenta al mundo, hay una decisión. La decisión dice: "Este hecho es importante, y los otros hechos, que estoy omitiendo, no son importantes". Me parecía que algunas cosas que habían quedado fuera de la mayoría de los libros de historia eran importantes.

El comienzo de la Declaración de Independencia dice que "Nosotros el pueblo" escribimos el documento. Pero en verdad los autores de la Declaración eran cincuenta y cinco hombres blancos privilegiados. Pertenecían a una clase que quería un gobierno central fuerte que protegiera sus intereses. Hasta el día de hoy, el gobierno ha sido usado para satisfacer las necesidades de los ricos y poderosos. Este hecho permanece oculto en el lenguaje que dice que todos —ricos, pobres y de clase media— deseamos lo mismo.

La raza es otro tema. Cuando comencé a estudiar historia, no tenía idea de cuántas distorsiones había en la enseñanza y la escritura de la historia, cuando se ignora a las personas que no son blancas. Sí, los indígenas estaban allí pero después desaparecían. Los negros eran visibles mientras eran esclavos, luego fueron liberados y se volvieron invisibles. Era la historia del hombre blanco. Las masacres de indígenas y negros recibían poca atención, si acaso eran mencionadas. Otros temas y cuestiones también eran pasados por alto en la forma tradicional de enseñar la historia. El sufrimiento de los pobres no recibía mucha atención. Las guerras abundaban, pero las historias no nos hablaban mucho sobre los hombres, mujeres y niños, de todos los bandos, que fueron asesinados o que resultaron mutilados cuando los líderes tomaron la decisión de irse a la guerra. Con frecuencia, la lucha de los latinos en California y el suroeste a favor de la justicia era ignorada. También lo eran las reivindicaciones de gays y lesbianas por sus derechos, así como el cambio que provocaron en la cultura del país.

El título de este libro no es del todo exacto. La "historia de un pueblo" promete más de lo que alguien puede ofrecer, y es el tipo de historia más difícil de recuperar. De todos modos la llamo así porque, con todos sus límites, es una historia irrespetuosa de los gobiernos pero respetuosa de los movimientos populares de resistencia.

Casi todos los libros de historia sugieren que en tiempos de crisis debemos buscar a alguien que nos salve. En la crisis revolucionaria, los Padres Fundadores nos salvaron. En la Guerra Civil, Lincoln nos salvó. En la Depresión, Franklin D. Roosevelt nos salvó. Nuestro papel es simplemente ir a votar cada cuatro años. Pero de vez en cuando, los estadounidenses rechazan la idea de un salvador. Sienten su propia fuerza y se rebelan.

Hasta ahora, sus rebeliones han sido contenidas. La clase dirigente, el club de líderes empresariales,

LOS JÓVENES ACTIVISTAS ESTÁN CAMBIANDO EL MUNDO

HOWARD ZINN CONOCIÓ EL PODER QUE TIENEN las personas que levantan sus voces y que de forma colectiva producen cambios. En este libro él describió algunos de los movimientos y protestas a favor de la igualdad, la justicia, y las reformas que han dado forma a la historia estadounidense y que han cambiado la sociedad. Desde su escritura, jóvenes de todos los rincones de Estados Unidos han seguido alzando sus voces.

El vigoroso movimiento Black Lives Matter surgió en 2013 como protesta contra el trato desigual y, a menudo, brutal que han recibido los estadounidenses negros; de forma específica, en contra de los asesinatos cometidos por policías. A inicios del 2020, George Floyd, un hombre negro, fue asesinado por un oficial de policía en el estado de Minnesota, quien se arrodilló sobre su cuello durante más de nueve minutos; y en Louisville, Kentucky, una mujer negra llamada Breonna Taylor fue asesinada a tiros por la policía en una redada fallida. Black Lives Matter cobró nuevos impetus y un gran número participantes eran personas jóvenes.

Aly Conyers, una adolescente de Washington, DC, se sumó a las manifestaciones después del asesinato de Floyd. Junto con su hermano Ace, fundó un grupo llamado Faces of the Future para "movilizar a muchos jóvenes de forma muy organizada para que nuestras voces sean escuchadas". En Nashville, Tennessee, seis jóvenes mujeres usaron las redes sociales para organizar una protesta. Bajo el nombre Teens4Equality, encabezaron una marcha pacífica a la que asistieron miles de personas. Con apenas diecisiete años, el influencer de redes sociales Jackie James, fue uno de los muchos que comenzaron a usar las plataformas TikTok para hablar sobre el racismo, la desigualdad y la necesidad de justicia social.

De igual manera, la crisis del coronavirus inspiró también a los jóvenes a actuar. Ashlyn So, una adolescente asiática estadounidense de California, comenzaba su carrera como diseñadora de modas cuando comenzó la pandemia mundial de corona- virus en la primavera de 2020. Aprovechó sus habil- idades de costura para hacer mil máscaras faciales, las cuales escaseaban en ese momento, para traba- jadores esenciales y ancianos. Ese mismo año, los crímenes de odio contra los estadounidenses de ori- gen asiático y los habitantes de las islas del Pacífico en los Estados Unidos aumentaron en un 150 por ciento, en parte porque ciertos políticos y medios decidieron etiquetar a la pandemia, identificada por primera vez en China, como el "virus de China" o "el virus chino". En respuesta a este, So organizó una manifestación contra el racismo, un programa para ofrecer alarmas portátiles a los estadounidenses de origen asiático de edad avanzada y una petición para incluir más historia de quienes se identifican como AAPI (estadounidenses de ascendencia asiática y de las islas del Pacífico, por sus siglas en inglés) en los planes de estudios escolares. Otro activista que se opuso a la creciente violencia contra los asiáticos es Arin Siriamonthep, un estudiante tailandés estadounidense. Cuando cursaba el último año de la escuela secundaria en Long Island, Nueva York, fundó Asians Speak Up, un foro en línea que alienta a los jóvenes asiático-estadounidenses a contar sus historias y compartir el orgullo por su herencia.

Hoy en día los jóvenes activistas forman un grupo diverso que se organiza en contra distintos problemas y desafíos. Con quince años de edad, Cierra Fields de la Nación Cherokee luchó para aumentar la edad de consentimiento sexual, con el fin de prevenir el abuso de niñas tribales. Más tarde se convirtió en directora de la Alianza Nacional de la Juventud Indígena Urbana. Como sobreviviente de cáncer de piel, Fields también habla sobre los problemas de salud que afectan a los indígenas estadounidenses. Malavika Kannan, una estudiante universitaria india estadounidense y autora ganadora de premios, se enfoca en contar las historias de personas de comunidades que no están bien representadas en la cultura dominante. En 2018 fundó el Proyecto Homegirl para capacitar a mujeres jóvenes de color en la organización política.

La violencia a causa de armas es una amenaza creciente en la vida estadounidense, incluso en las escuelas. Muchos jóvenes defensores en contra de la violencia por armas son sobrevivientes de tiroteos en escuelas, como X González, Sarah Chadwick y David Hogg, quienes vivieron un tiroteo masivo en 2018 en su escuela secundaria de Parkland, Florida, en el que murieron diecisiete personas. Estos y otros jóvenes activistas han pronunciado discursos, escrito libros, organizado movimientos políticos y recaudado fondos para trabajar en favor de una mejor reglamentación y control de armas en los Estados Unidos.

Las crisis climática y ambiental han animado a muchos activistas jóvenes. Kevin Lionga Aipopo de Oregón, un samoano y afroamericano que es organizador estudiantil, poeta y activista climático, se ha desempeñado como líder de 350 Pacific, un grupo de isleños del Pacífico que trabajan por la justicia climática. Jamie Margolin tenía quince años cuando ayudó a fundar Zero Hour, un grupo juvenil de activismo climático, después de que los incendios forestales devastaran su estado natal de Washington. Asad Syed estaba en la escuela secundaria en Connecticut cuando fundó una división juvenil de un grupo medioambiental local. En noveno grado, ayudó a producir Meat Saga, una serie de videos de siete partes sobre alimentos sostenibles y los daños de la agricultura industrial. Estos y muchos otros jóvenes estadounidenses son prueba de que el espíritu de protesta —y el deseo de un mundo mejor y más justo— están más vivos que nunca.

generales y políticos, siempre ha logrado mantener la idea de una supuesta unidad nacional, con un gobierno que dice representar a todo el pueblo. Pero a la clase dirigente le gustaría que los estadounidenses olviden aquellos momentos en que personas que parecían indefensas fueron capaces de resistir, y los momentos en que quienes parecían satisfechos exigieron un cambio. Todos, negros, mujeres, indígenas, jóvenes, trabajadores, han encontrado formas de hacer que su voz sea escuchada y de provocar transformaciones.

La mayoría de las historias dicen poco sobre la revuelta. En ellas, el énfasis cae en las acciones de los líderes, no en las acciones de los ciudadanos comunes. Pero la historia que mantiene viva la memoria de la resistencia de los pueblos nos invita a pensar en nuevas formas de poder.

Imaginemos al pueblo estadounidense unido por primera vez como parte de un movimiento a favor de un cambio fundamental. Imaginemos el poder de la sociedad arrebatado de las manos de las inmensas corporaciones, de militares y políticos que atienden los intereses corporativos y militares.

Se haría necesario reconstruir la economía para volverla eficiente y justa. Empezaríamos por

nuestros barrios, ciudades y lugares de trabajo.
Se encontraría trabajo para todos. La sociedad
se beneficiaría de la enorme energía, habilidad y
talento que ahora no es utilizada. Las cosas básicas
(alimentos, vivienda, atención médica, educación,
transporte) estarían disponibles para todos.

El gran desafío sería lograr que todo esto cambie
a través de la cooperación, no a través de sistemas de
castigo y recompensa. Los movimientos sociales del
pasado nos ofrecen pistas sobre cómo se comporta-
rían las personas si trabajaran juntas para construir
una nueva sociedad. Las decisiones serían tomadas
por pequeños grupos de personas, trabajando como
iguales. Tal vez, con el tiempo, se desarrollaría una
cultura nueva, diversa y no violenta. Valores como la
cooperación y la libertad guiarían las relaciones entre
personas y la crianza de sus hijos.

Todo esto nos aleja de la historia, hacia el reino
de la imaginación. Pero no está del todo separado
de la historia. En el pasado hay señales de que esto
es posible; en el movimiento obrero, por ejemplo,
o los Viajeros por la libertad o los cambios culturales de los años 60 y 70.

Dos fuerzas se precipitan ahora hacia el futuro.
Una lleva puesto un espléndido uniforme. Es el

pasado "oficial", con toda su violencia, sus guerras, sus prejuicios contra quienes son diferentes, acaparando las riquezas de la tierra sólo para unos cuantos, y el poder político es mantenido en manos de mentirosos y asesinos.

La otra fuerza lleva puesta ropa en harapos, pero está llena de esperanza. Es el pasado del "pueblo" con su historia de resistencia, de desobediencia civil contra la maquinaria militar, de protestas contra el racismo, el multiculturalismo y la rabia creciente contra las interminables guerras.

¿Cuál de estas fuerzas ganará el futuro? Es una carrera en la que todos podemos decidir unirnos o ser meros observadores. Pero debemos estar conscientes de que nuestra elección tendrá un efecto en el resultado.

Las mujeres obreras de los talleres textiles en la ciudad de Nueva York, a principios del siglo XX, encontraron inspiración para su propio movimiento de resistencia en los versos del poeta Shelley:

Levántense como leones tras el breve sueño

¡En número invencible!

A la tierra libren de vuestras cadenas,

De ese rocío que al dormir les cayera.

¡Ustedes son muchos y ellos pocos son!

Abolicionismo Movimiento para abolir o acabar con algo, como la esclavitud

Anarquismo La idea de que los gobiernos son opresores por naturaleza y que las personas deben vivir libres de la autoridad del estado, la iglesia y el poder corporativo, y compartir la riqueza de la tierra

Anexar Tomar el control de un territorio y agregarlo a un país

Capitalismo Sistema económico en el que las propiedades que producen ganancias (como granjas y fábricas) son propiedad de individuos o corporaciones; la competencia dentro del mercado libre es la que decide cómo se distribuirán y fijarán los precios de los bienes y servicios

Certificado para servicios no remunerados Un contrato que obliga a una persona a trabajar para otra por un tiempo determinado

Chicano Una persona de descendencia mexicana que se identifica con los indígenas originarios de México; el término expresa un deseo de combinar la cultura indígena y mexicana

Comunismo La idea de que el capitalismo ha dejado de ser útil, que debe ser reemplazado por un sistema en el que la economía se administre colectivamente y su riqueza se distribuya de acuerdo con las necesidades de las personas

Conservador Tendencia a apoyar las instituciones ya establecidas y los valores tradicionales y que desconfía del cambio social

Democracia Gobierno regido por el pueblo, el cual usualmente elige representantes para formar el gobierno

Depresión Un período de baja actividad económica y alto desempleo

Derecha Tendencia políticamente conservadora

Élite Un grupo que tiene el poder dentro de una sociedad, a menudo porque tiene dinero, porque ha heredado la autoridad o porque posee un estatus de nobleza

Emigrante Alguien que deja su país de origen para vivir en un país diferente

Especulador Alguien que compra grandes cantidades de tierra, pero no con el fin de usarlas sino para revenderlas a un precio mayor

Federalista Partidario de una autoridad central o federal fuerte; partidario de los intereses nacionales sobre los derechos de los estados

Feminismo La creencia de que las mujeres son iguales a los hombres y merecen los mismos derechos

Huelga Acción de personas en un sindicato que han decidido no trabajar

Indígena Alguien que es nativo de un lugar; un habitante originario

Inmigrante Alguien que llega a un país para vivir

Imperialismo La construcción de un imperio

Latinx Un término usado para los descendientes de Latinoamérica que nacieron o viven en los Estados Unidos; el término elimina la referencia al género masculino o femenino; una manera de incluir a la comunidad *LGBTQ*, así como a quienes se identifican como no binarios

Liberal De izquierda o radical

Liberalismo Tendencia a apoyar libertades civiles y favorecer el cambio social

Masacre Matar a varias personas, por lo general de forma brutal o de manera violenta

Milicianos Ciudadanos armados que pueden actuar como soldados en caso de una emergencia

Monopolio Situación económica en la que toda una industria está controlada por una sola corporación, o por unas cuantas personas

Nacionalismo Lealtad a un país o grupo étnico propio; idea caracterizada por la creencia de que ese país o grupo son más importantes que otros, o tiene una posición superior, y que sus intereses siempre deben ser apoyados

Nuyorican Una persona de ascendencia puertorriqueña, nacida o criada en los Estados Unidos, y que es bilingüe y/o bicultural

Racismo La creencia en que las diferencias raciales hacen que algunas personas sean mejores o peores que otras; también, tratar a las personas de manera diferente debido a su raza

Radical Extremadamente crítico del sistema social existente

Ratificación El proceso mediante el cual se vota sobre algo aprobado para convertirlo en ley

Sindicato Asociación de trabajadores que negocian sus salarios y prestaciones de manera colectiva, en lugar de hacerlo individualmente

Socialismo Una sociedad de igualdad en la cual no son las ganancias sino la utilidad lo que determina qué se ha de producir

Sufragio El derecho a votar

Terrorismo Actos de violencia, por lo general contra civiles, realizados por razones políticas por personas que no representan formalmente a un estado ni a sus fuerzas armadas

Índice